Alexa-Beatrice Christ · Peter Engels
Friedrich Wilhelm Knieß · Sabine Lemke

Das war das 20. Jahrhundert in

DARMSTADT

Herausgegeben vom Magistrat der
Wissenschaftsstadt Darmstadt – Stadtarchiv

Wartberg Verlag

Über Darmstadt sind im Wartberg Verlag erhältlich:

(1) Darmstadt im Feuersturm – Die Zerstörung am 11. September 1944
(2) Das war das 20. Jahrhundert in Darmstadt
(3) Hurra, wir leben noch! Darmstadt nach 1945
(4) Darmstadt – Kindheit in den 50er Jahren
(5) Darmstadt – Gestern und heute – Eine Gegenüberstellung
(6) Darmstadt – Farbbildband
(7) Darmstadt – Auf den ersten Blick
(8) Geheimnisvolles Darmstadt
(9) Darmstadt-Eberstadt – wie es früher war
(10) Erste Liebe Linie 5 – Darmstädter Straßenbahngeschichte(n)

1. Auflage 2006
Alle Rechte vorbehalten, auch die des auszugsweisen Nachdrucks
und der fotomechanischen Wiedergabe.

Satz und Layout: designhärtel, Gudensberg
Druck: Bernecker, Melsungen
Buchbinderische Verarbeitung: Büge, Celle

© Wartberg Verlag GmbH & Co. KG
34281 Gudensberg-Gleichen, Im Wiesental 1, Telefon (0 56 03) 9 30 50
www.wartberg-verlag.de
ISBN: 3-8313-1457-8

Vorwort

Jedermann sind die großen Ereignisse, gesellschaftlichen Kräfte oder Politikernamen präsent, die auf globaler Ebene die Geschicke des 20. Jahrhunderts bestimmten. Die Grunddaten der beiden Weltkriege gehören wohl ebenso zum Allgemeinwissen wie die Kenntnis von der rasanten Entwicklung der Telekommunikation, beginnend beim Radio über das Fernsehen bis hin zum Internet.
Und wer Adolf Hitler und Joseph Stalin historisch einzuordnen weiß, dem dürften auch einige ihrer weltpolitischen Gegenspieler wie Roosevelt, Truman, Churchill und Adenauer geläufig sein. Die genannten Namen verweisen auf den während des 20. Jahrhunderts europaweit ausgetragenen Wettstreit der freiheitlichen Demokratie mit den totalitären Diktaturen des Nationalsozialismus und Kommunismus. Mit dieser Tatsache wird die Mehrheit der heute Lebenden nicht nur historisches Faktenwissen, sondern auch selbst erlebte oder erlittene Zeitgeschichte verbinden.

Eine europäisch geprägte Kommune wie Darmstadt konnte sich während des 20. Jahrhunderts nicht losgelöst von diesen Erscheinungen entwickeln. Der vorliegende Bildband belegt dies Jahr für Jahr aufs Neue mit Datentabellen, Illustrationen und erläuternden Artikeln zum lokalen Zeitgeschehen. Das Buch zeigt aber auch, welch ganz eigenständige Beiträge die Darmstädter Bürgerschaft in dieser Epoche zu Politik, Kultur und Sport leisten konnte, ganz gleich ob sich ihre Stadt nun im Rang einer hessischen Hauptstadt sonnen durfte, oder ob sie ihr kommunales Selbstverständnis, wie in jüngerer Zeit zu beobachten, hauptsächlich von ihrer Bedeutung als Zentrum der Kunst und der Wissenschaft herleitete.

Die chronikalische Anlage des Buches will die Beziehung zu älteren Werken der Darmstadt-Literatur keineswegs verleugnen. Die Autorinnen und Autoren fühlten sich in erster Linie dem „Darmstädter Kalender" von Eckhart G. Franz und Christina Wagner aus dem Jahre 1994 verpflichtet, aber auch die darin erwähnten älteren Werke von Adolf Müller und Georg Wiesenthal wurden für diese Publikation abermals einer kritischen Sichtung unterzogen.
Eine unerlässliche Quelle für die Jahre nach 1945 waren die beiden Darmstädter Tageszeitungen, das Darmstädter Tagblatt (bis 1986) und das Darmstädter Echo. Vornehmlich ihre jeweils zum Jahresende publizierten Rückblicke waren uns von größtem Nutzen.
Vom Archiv des Darmstädter Echo sind uns zudem Arbeiten der Fotografen Roman Größer, Günther Jockel, Jürgen Schmidt und Claus Völker zur Verfügung gestellt worden. Hierfür bedankt sich das Autorenteam bei allen Mitarbeiterinnen und Mitarbeitern des Echo-Archivs, insbesondere aber bei Frau Susanne Bouschung und Frau Heike Kaiser. Auch den genannten Fotografen sei für die bereitwillig erteilte Erlaubnis zum Wiederabdruck ihrer Arbeiten gedankt.

Die Fülle des verwendeten Bildmaterials wurde größtenteils aus den Beständen des Stadtarchivs Darmstadt zusammengetragen. Der Abbildungsteil hätte jedoch bei Weitem nicht so abwechslungsreich und vor allem farbig ausfallen können, wenn uns nicht dankenswerterweise weitere Institutionen und Privatpersonen mit Vorlagen aus ihren Sammlungen unterstützt hätten. Es würde zu weit führen, hier nun alle im ausführlichen Quellenverzeichnis erwähnten Einrichtungen und Personen aufzuzählen. Stellvertretend seien jedoch genannt Frau Gisela Immelt von der Plakat- und Kartensammlung der Hessischen Landes- und Universitätsbibliothek Darmstadt sowie Frau Dana Rothstein und Herr Nikolaus Heiss.

Alexa-Beatrice Christ, Peter Engels,
Friedrich Wilhelm Knieß und Sabine Lemke

1900 — Das neue Jahrhundert beginnt

Am 1. Januar beginnt das 20. Jahrhundert. Obwohl es – wie 100 Jahre später ebenfalls – auch kritische Stimmen gibt, die der Auffassung sind, das 19. Jahrhundert ende erst am 31. Dezember 1900, wird der Beginn des Jahrhunderts „nach offizieller Anordnung" auf diesen Tag gelegt. Das neue Jahr beginnt in Darmstadt mit dem Läuten aller Glocken. In der Nacht herrscht in der Stadt reges Treiben. 83 Personen werden zur Anzeige gebracht: 27 wegen Schießens, 50 wegen Abbrennens von Feuerwerkskörpern und sechs wegen groben Unfugs. Das Schießen gleicht in einzelnen Stadtteilen einer „förmlichen Kanonade". Am Neujahrstag begrüßt ein Bläserchoral vom Turm der Darmstädter Stadtkirche das neue Jahr. Mittags um 12 Uhr findet auf dem Marienplatz „große Parole mit Wachparade" statt. Die Fahnen der Darmstädter Regimenter werden mit frischem Lorbeer und mit den von Großherzog Ernst Ludwig verliehenen „Säkularbändern" geschmückt. Am 2. Januar versammeln sich der großherzogliche Hof, Mitglieder der Regierung, hohe Militärs und Honoratioren der Stadt zum Galadiner im Schloss.

Neue Zeitrechnung für öffentliche Uhren

Die Stadtverordnetenversammlung beschließt am 22. März, die elektrische Zentralregulierung der öffentlichen Uhren nach dem System der Berliner Gesellschaft „Normalzeit" einzuführen. Die öffentlichen Uhren an Schloss, Rathaus, Krankenhaus, Kirchen, Bahnhöfen und anderen Gebäuden weichen zum Teil erheblich voneinander ab. Dies macht sich vor allem bei der Abstimmung der Fahrpläne der elektrischen Straßenbahn mit denen der Eisenbahn bemerkbar. Künftig erhalten alle angeschlossenen Uhren tägliche elektrische Zeitimpulse zur Uhrenregelung. Die Wartung und Überwachung der Uhren übernimmt die Verwaltung des städtischen Elektrizitätswerks.

Abgeordnete des 31. Hessischen Landtags und das Kanzleipersonal im Plenarsaal des Landtags, 1900. Die 49 Abgeordneten treten am 13. Februar zu ihrer ersten Sitzungswoche im neuen Jahrhundert zusammen

Volkszählung

Nach der am 1. Dezember durchgeführten Volkszählung leben in Darmstadt 72 381 Personen (einschließlich der 5057 Köpfe zählenden Garnison), davon sind 36 189 männlich und 36 192 weiblich. Die Bevölkerungszunahme seit der letzten Zählung 1895 beträgt 13,55%, seit der Zählung 1890 mehr als 20%. Darmstadt wächst auch in den kommenden Jahren weiterhin stürmisch.

Der 1858 unter Beteiligung der Darmstädter Gesangsvereine gegründete Maintal-Sängerbund veranstaltet sein 14. Bundesfest unter Beteiligung mehrerer Hundert Sänger am 4.–6. August 1900 in Darmstadt

Der Passagierdampfer „Darmstadt" des Norddeutschen Lloyd transportiert im August 1900 deutsche Truppen zur Bekämpfung des Boxeraufstands nach China; auch Teile der Darmstädter Regimenter werden nach China verlegt

Mit einem Festzug siedelt die Bessunger Turngemeinde 1865 am 10. November aus dem bisherigen Vereinslokal „Zum goldenen Löwen" in die von Architekt Reinhard Has geplante neue Turnhalle in der Heidelberger Straße über. Zur Einweihung spielt die Kapelle des 2. Feldartillerieregiments das „Halleluja" von Händel

---

WAS SONST NOCH GESCHAH

3. Februar: Großherzog Ernst Ludwig eröffnet die Marineausstellung im Prinz-Karl-Palais in der Wilhelminenstraße.

24. März: Auf der Mathildenhöhe wird der Grundstein für das von Joseph Maria Olbrich entworfene „Atelierhaus" der Künstlerkolonie gelegt, das den Namen „Ernst-Ludwig-Haus" tragen wird.

9. April: Bei der ersten Ausspielung der im Vorjahr gegründeten Großherzoglich Hessischen Landeslotterie gewinnt das Glückslos Nr. 24881 den Hauptgewinn von 30 000 Mark.

28. April: Gründung des „Viktoria-Melitta-Vereins, Heilstättenverein für das Großherzogtum Hessen", der sich die Fürsorge für Lungenkranke zur Aufgabe macht, insbesondere die Errichtung von Heilstätten und Genesungsheimen.

25. Mai: Die neu gewählte Handwerkskammer für das Großherzogtum Hessen tritt zu ihrer konstituierenden Sitzung zusammen. Aufgaben der Kammer sind vor allem die bessere Organisation der handwerklichen Aus- und Fortbildung, die Förderung von Handelsgenossenschaften und die Qualitätswerbung durch Ausstellungen.

9. Juli: Nachdem am 18. Juni die Bestätigung der Promotionsordnung für das im November 1899 der Technischen Hochschule Darmstadt erteilte Recht zur Verleihung des „Dr. Ing." erfolgt ist, verleiht die Hochschule Großherzog Ernst Ludwig als erster Persönlichkeit die Würde eines „Dr. Ing. ehrenhalber".

14.–17. September: Auf dem Exerzierplatz findet eine vom Hessischen Landwirtschaftsrat veranstaltete „landwirtschaftliche Landesausstellung" statt, die die Entwicklung und die Leistungsfähigkeit der hessischen Landwirtschaft aufzeigt.

20. November: Die Technische Hochschule zählt 1367 Studierende und 274 Hospitanten, darunter 54 Damen. Mit insgesamt 1641 Hörern wird eine neue Rekordzahl erreicht.

24. Dezember: Bei der Explosion von Feuerwerkskörpern im Hause Mühlstraße 70 kommen zwei Frauen und ein Kind ums Leben.

„Ein Dokument Deutscher Kunst"

Am 25. Mai 1901, einem sonnigen Frühsommertag, stellt sich die 1898 von Großherzog Ernst Ludwig begründete Künstlerkolonie Darmstadt erstmals mit einer Ausstellung vor. Unter dem programmatischen Titel „Ein Dokument Deutscher Kunst" präsentiert sie auf der Mathildenhöhe eine Künstlerstadt en miniature mit zeitgemäßen Wohnhäusern und einem Atelierhaus, in deren Gesamtheit sich eine noch nie dagewesene Symbiose des Lebens und der Kunst spiegeln soll. Die gesamte Architekturplanung stammt von dem Wiener Architekten Joseph Maria Olbrich, der sich ebenso wie Peter Behrens ein Wohnhaus nach komplett eigenem Entwurf errichtet, während sich die übrigen Künstler hauptsächlich um die Innenausstattung der Häuser kümmern. Patriz Huber entwirft Möbel, Schmuck und Lederarbeiten, Paul Bürck steuert Wandmalereien und graphische Arbeiten bei, Rudolf Bosselt Kleinplastiken, Plaketten und Schmuck, während sich Ludwig Habich und Hans Christiansen als Innenarchitekten ihrer eigenen Häuser betätigen.

Eröffnung der Ausstellung „Ein Dokument Deutscher Kunst" am 15. Mai. Auf der Freitreppe vor dem Ernst-Ludwig-Haus wird ein für diesen Anlass verfasstes Fest- und Weihespiel von Peter Behrens aufgeführt

Ernst-Ludwig-Haus

Das am 24. März 1900 begonnene Arbeitshaus der sieben Künstler wird von Olbrich mit nicht unbescheidener Geste wie ein Weihetempel für die Kunst des Jugendstils gestaltet. Die Kolossalstatuen „Mann und Weib" von Ludwig Habich zu Seiten des Einganges nehmen Bezug auf den christlichen Schöpfungsmythos und Rudolf Bosselts bronzene Siegesgöttinen im Eingang stehen bereit, um die junge Kunst mit dem Siegeslorbeer zu bekränzen. Wie ein veritabler Tempel ist das Ernst-Ludwig-Haus zudem als zentraler Orientierungspunkt der gesamten Künstlerkolonie vorgesehen. Es steht in axialem Bezug zu den Künst-

Zwei anlässlich der Künstlerkolonie-Ausstellung herausgegebene Postkarten mit dem Haus Behrens sowie einem Verkaufsstand für Kataloge und Lotterielose

ler- und Privathäusern, die sich – ähnlich einem Forum – entlang der Nord-Süd-Achse gruppieren.

Im Hauptgeschoss sind Künstler-Ateliers untergebracht sowie ein repräsentativer Festraum, dessen Wandmalereien von Paul Bürck stammen. Im Souterrain liegen die Wohnungen von Patriz Huber und Paul Bürck, eingerichtet nach deren eigenen Entwürfen.

Ausflugslokal Oberwaldhaus

Zur Einweihung des städtischen Wirtschaftslokales „Oberwaldhaus" am Steinbrücker Teich, nach dreijähriger Bauzeit, lässt Wirt Wilhelm Hohlfeld, der schon den Karlshof gepachtet hat, ein üppiges Festmahl auffahren. Es gibt Ochsenschwanzsuppe, Zander in Weißwein, Lendenbraten, Kroketten, Stangenspargel mit Lachsschinken, Brathuhn, Kopfsalat sowie eingemachte Früchte und Fürst-Pückler-Eis. OB Adolf Morneweg bringt den ersten Trinkspruch auf das neue Haus aus und betont, er und die Stadtverordneten seien sich bei der Errichtung dieses Lokales ausnahmsweise einmal völlig „eins mit einem Bedürfnisse der Bevölkerung" gewesen. Das von den Architekten Franz Frenay und Johannes Kling im spätgotischen Stil errichtete Gebäude steht auf einem 15 000 Quadratmeter großen Grundstück, das die Stadt 1899 für 30 000 M von Großherzog Ernst Ludwig erworben hat und ersetzt ein älteres, bei den Darmstädtern ehemals sehr beliebtes Ausflugslokal an der Fasanerie.

Das am 10. Mai eingeweihte Oberwaldhaus bietet im Freien Sitzplätze für 1000–2000 Personen, im Inneren einen Saal für 80 Personen, ferner 6 Logierzimmer und eine Wirtswohnung (Zeitgenössische Postkarte)

1901

WAS SONST NOCH GESCHAH

7. Januar: Der „Victoria-Melita-Verein für Errichtung billiger Wohnungen" hält seine Gründungsversammlung ab. Nach der Ende 1901 erfolgten Scheidung des Großherzogspaares wird er in „Ernst Ludwig Verein. Hessischer Zentralverein für billige Wohnungen" umbenannt.

19. Januar: Eine Sympathiekundgebung für den Krieg der Buren gegen England in Südafrika findet vor großer Zuhörerschaft im Orpheum statt.

24. Januar: Mit einem Geländetausch schafft die Chemie-Firma E. Merck die Voraussetzungen für ihren Umzug von dem innerstädtischen Fabrikgelände bei der Mühlstraße an die Stadtgrenze nach Arheilgen.

21. März: Der Maler Carl Grote in Hannover erhält von den Stadtverordneten den Auftrag für eine perspektivische Darstellung Darmstadts aus der Vogelschau, die 1902 in 1000 Exemplaren als Öldruck erscheint.

Das Stadtparlament beschließt die Anlage des Schillerplatzes, wofür mehrere Häuser zwischen Rittergasse, Marktstraße, Schirngasse und Schlossgraben abgebrochen werden.

1. April: Die Volksbibliothek, die seit 1897 im Haus Luisenstraße 20 untergebracht ist, wird von der Stadt übernommen und heißt nun „Öffentliche Lese- und Bücherhalle".

23. Juni: Mit einer Feier im Städtischen Saalbau wird die Starkenburg-Loge Darmstadt des jüdischen B'nai-Brith-Verbandes begründet.

27. September: Der zweite Deutsche Handwerks- und Gewerbekammertag wird in Darmstadt abgehalten.

7. Oktober: Die Reineck'sche Privatschule für Mädchen in der Zimmerstraße feiert das 50-jährige Jubiläum ihres Bestehens.

19. November: Die erst am 6. Oktober eingeweihte Turnhalle der Turngesellschaft (Woogsturnhalle) brennt nieder. Das Unglück fordert drei Todesopfer.

Die Stadtverordnetenversammlung genehmigt den Vertrag mit der Süddeutschen Eisenbahngesellschaft über Bau und Betrieb von Vorortbahnen.

1902 — In Verehrung, Liebe und Dankbarkeit

WAS SONST NOCH GESCHAH

2. Januar: Erstmals ziehen sozialdemokratische Vertreter in die Darmstädter Stadtverordnetenversammlung ein.

15. Februar: Nach der Scheidung des Großherzoglichen Paares legt Großherzogin Victoria Melita ihre Ehrenkommandantur des 117. Infanterie-Regiments nieder. Ihre Initiale auf den Epauletten und Schulterstücken der Uniformen wird durch die der Großherzogin Alice ersetzt.

6. März: Bei einem parlamentarischen Abend im Ständehaus unterhält sich Großherzog Ernst Ludwig mit sozialdemokratischen Abgeordneten der zweiten Kammer. Von nun an steht er in Berlin im Ruf als „Roter Großherzog".

12. Mai: Im Regierungsblatt wird die Konzessionserteilung zum Bau und Betrieb der elektrischen Straßenbahnlinien vom Ernst-Ludwigs-Platz bis zur Heinrichstraße, von der Hermannstraße bis zur Landskronstraße und von der Taunusstraße bis zum Darmstädter Forsthaus bekannt gegeben.

1. Juli: Paul Bürck, Hans Christiansen und Patriz Huber scheiden als Mitglieder der Künstlerkolonie aus.

Von Paul Bürck gestaltetes Konzertplakat zum Platanenfest des Mozartvereins

2. Dezember: Nachdem die Stadtverordnetenversammlung bereits am 7. August die Mittel zur Errichtung einer zahnärztlichen Poliklinik für Schulkinder genehmigt hat, wird im Haus Luisenstraße 20 die erste deutsche Schulzahnklinik eingerichtet.

Der unvergesslichen Großherzogin von Hessen und bei Rhein. In Verehrung, Liebe und Dankbarkeit. Gewidmet von Frauen und Jungfrauen Hessens", so lautet die Inschrift im Sockel des von Ludwig Habich und Adolf Zeller geschaffenen Alice-Denkmals auf dem Wilhelminenplatz, das am 12. September 1902 von Großherzog Ernst Ludwig enthüllt wird. Es ehrt die wegen ihres beispiellosen sozialen Engagements außerordentlich beliebte Großherzogin Alice, die sich nach der Pflege ihrer an Diphterie erkrankten Familie selbst infizierte und 1878 nur wenige Wochen nach dem Tod ihrer vierjährigen Tochter Marie im Alter von 35 Jahren starb. Schon als junge Prinzessin hatte sie 1867 zusammen mit der Frauenrechtlerin Luise Büchner den Alice-Verein für Frauenbildung und -erwerb und den Alice-Frauenverein für Krankenpflege gegründet, aus dem die Alice-Schwesternschaft vom Roten Kreuz zur konfessionslosen Ausbildung junger Krankenpflegerinnen hervorging. Bei der Festrede wird die Fürstin für ihre Tätigkeit in der Kranken-, Armen- und Waisenpflege sowie ihrem Wirken im Bereich der Frauenbildung „als eine ihrer Zeit weit voraus denkende Trägerin eines neuen humanitären Kulturideals" gewürdigt.

Feierliche Enthüllung des Alice-Denkmals auf dem Wilhelminenplatz

Vogelperspektivische Ansicht der Stadt Darmstadt von 1902

Staatliches Seminar für Volksschullehrerinnen in Bessungen

Am 6. Juni 1902 eröffnet in Bessungen das erste „Staatliche Seminar für Volksschullehrerinnen" im Großherzogtum Hessen. In einem mehrjährigen, auf die Volksschule aufbauenden Kurs erhalten nun auch angehende Elementarlehrerinnen, die bisher meist nur praktisch angelernt worden waren, eine qualifizierte Ausbildung. Schon das Hessische Volksschulgesetz von 1874 hatte eine Seminarausbildung für Lehrerinnen an Mädchenschulen vorgesehen. In dem seit 1877 an der Darmstädter Viktoriaschule angegliederten Lehrerinnenseminar wurden jedoch bisher nur weibliche Lehrkräfte für die höheren Töchterschulen ausgebildet. Die ersten 17 Schülerinnen des Volksschullehrerinnen-Seminars in Bessungen werden 1905 nach bestandenem Examen in den Beruf entlassen.

Das neu errichtete Gaswerk in der Frankfurter Straße wird am 12. Oktober in Betrieb genommen. Es ist für bis zu 150 000 Einwohner ausgelegt und erreicht eine Tagesspitzenproduktion von 30 000 Kubikmeter

Griechisch-Battenbergische Hochzeit 1903

Anlässlich der Vermählung der Prinzessin Alice von Battenberg mit Prinz Andreas von Griechenland am 7. Oktober – die Ziviltrauung findet im Alten Palais, die protestantische in der Schlosskirche und die griechische in der Russischen Kappelle statt – kommt es zu einem der letzten großen fürstlichen Familientreffen in Darmstadt. Zur Hochzeitsgesellschaft zählen auch Zar Nikolaus II. von Russland und Zarin Alexandra Feodorowna mit ihren Töchtern, den Großfürstinnen Anastasia, Maria, Olga und Tatjana, König Georg von Griechenland, Königin Alexandra von Großbritannien, Prinz Heinrich von Preußen mit Prinzessin Irene. Unvergessen bleibt Alices Versprecher bei der orthodoxen Trauung, als sie „ja" und „nein" verwechselt. Zu diesem Ereignis waren die erforderlichen, wegen ihres Gewichts von Trägern gehaltenen Hochzeitskronen eigens aus St. Petersburg mitgebracht worden. Auf dem Kopf trägt die Braut einen Myrtenkranz. Der 60 Kilogramm schwere Hochzeitskuchen für die rund 200 Gäste kam aus London, an der eigentlichen Hochzeitstafel ist der Kreis jedoch auf 40 Personen beschränkt. Viele Darmstädter haben auf Einladung der Brauteltern zum Polterabend ins Alte Palais Gelegenheit, an diesen Feierlichkeiten teilzunehmen.

Die Ludwigssäule im festlichen Schmuck (aus einer Postkarte Papierhaus Elbert)

Straßenum- und Neubenennungen

Nach der Scheidung des Großherzogs Ernst Ludwig von seiner ersten Frau beschließt die Stadtverordnetenversammlung, Vereine und Einrichtungen, die ihren Namen ehemals der Großherzogin Viktoria Melita verdankten, umzubenennen. So heißt der Viktoria-Melita-Weg fortan Prinz-Christians-Weg. Nur das Melita-Brünnchen am Prinzenberg trägt weiterhin den Namen der geschiedenen Großherzogin. Am 10. September beschließt die Stadtverordnetenversammlung die Benennung neuer Straßen im Martinsviertel nach berühmten und um die Stadt Darmstadt verdienter Männer wie den Begründer des Gewerbevereins Christian Leonhard Philipp Eckhardt (1783–1866), den fürstlichen Baumeister des Zeughauses, des Kollegienhauses und eines Teils des Residenzschlosses Johann Martin Schuknecht (1724–1790), sowie Christian Friedrich Becker (1830–1875), der sich in Nachfolge von James Hobrecht Verdienste um das Darmstädter Wasserwerk erwarb. Des Weiteren werden der Liebfrauenplatz, die Darmstraße und die Herderstraße benannt.

Postkarte anlässlich des 100. Geburtstags Justus von Liebigs mit Abbildung seines Geburtshauses

WAS SONST NOCH GESCHAH

Januar: Gründung eines Ausschusses zur Vermittlung kunstgewerblicher Entwürfe von Mitgliedern der Künstlerkolonie an hessische Handwerker und Gewerbebetriebe. Insbesondere profitieren davon die Darmstädter Möbelfabriken, die Herdfabrik Roeder und das graphische Gewerbe.

17. Januar: Die Hessische Landes-Hypothekenbank, die vor allem zur Finanzierung des Wohnungsbaus gegründet wurde, nimmt ihre Arbeit auf.

3. April: Begrüßung des Großherzogs nach seiner mehrmonatigen Ostindienreise mit einem Empfang der Regierungsvertreter und des Oberbürgermeisters am Bahnhof sowie mit einer fahnengeschmückten Stadt.

12. Mai: Enthüllung des Liebig-Denkmals auf dem Luisenplatz.

Mai: Ehrung des 1803 geborenen Malers August Lucas mit Ausstellungen in der Kunsthalle und im Großherzoglichen Museum. Zum Andenken wird am 27. August der „Lucasweg" nach ihm benannt.

20. Mai: Beteiligung der Stadt Darmstadt neben anderen hessischen Städten an der Dresdener Städte-Ausstellung zur Darstellung des kulturellen und wirtschaftlichen Vermögens. Zur Erinnerung wird der Stadt Darmstadt die silberne Verdienstmedaille verliehen.

10. September: Beschluss der Stadtverordnetenversammlung neue Straßen im Martinsviertel nach berühmten und um die Stadt Darmstadt verdienter Männer zu benennen.

19. November: Beisetzung des in Russland an Typhus verstorbenen „Prinzesschens", Großherzog Ernst Ludwigs erst 8-jähriger Tochter Elisabeth auf der Rosenhöhe.

Trauerzug durch die Stadt – hier: durch die obere Rheinstraße

Am 1. Oktober wird die neue elektrische Straßenbahnlinie vom Bahnhof bis auf den Schlossgartenplatz eröffnet. Fahrt der Straßenbahn durch das Johannesviertel, hier in der Liebigstraße, an der Ecke Landwehrstraße

1904 Ausstellung der Künstlerkolonie

WAS SONST NOCH GESCHAH

21. Januar: In Darmstadt wird die Sonntagsruhe eingeführt; Ausnahmen gelten u. a. für Bäcker, Metzger und Konditoren.

23. Januar: Ein schweres Unglück trifft die Kochschule des Alice-Frauenvereins: durch Genuss von verdorbenen Bohnenkonserven sterben im Januar und Februar 14 Personen.

8./9. April: Der neu gegründete Gesamtverband der Vereine akademisch gebildeter Lehrer Deutschlands veranstaltet in Darmstadt seinen ersten Verbandstag, gemeinsam mit der 10. Hauptversammlung des Hessischen Oberlehrervereins. Der Hauptvortrag im Kaisersaal rühmt die Bedeutung der höheren Schule „für den Staat und für die geistige Kultur des deutschen Volkes und die daraus sich ergebenden Folgerungen für die Stellung des höheren Lehrerstandes".

14. April: Die Stadtverordnetenversammlung beschließt die Errichtung eines städtischen historischen Museums und Archivs.

15. Mai: Aus Anlass der Feier des 25-jährigen Bestehens des Evangelischen Kirchengesangvereins für Hessen tragen die vier vereinigten Kirchengesangvereine Darmstadts in der Stadtkirche Chorgesänge aus dem 11.–17. Jahrhundert vor.

3./4. Juni: Wohltätigkeitsfest zum Besten des russischen Roten Kreuzes im Garten des Alten Palais unter der Schirmherrschaft von Zarin Alexandra und Großfürstin Elisabeth, beides Schwestern von Großherzog Ernst Ludwig.

6. Oktober: Das Gesuch der Gemeinde Nieder-Ramstadt an die Stadt Darmstadt um Verlängerung der Elektrischen Straßenbahn vom Böllenfalltor bis dorthin wird abgelehnt.

12. Oktober: Einweihung des neuen Gebäudes der Reichsbank in der Kasinostraße.

3. Dezember: Der neu gegründete „Verband der Kunstfreunde in den Ländern am Rhein" hält in Darmstadt seine erste Generalversammlung ab und eröffnet am 4. Dezember auf der Mathildenhöhe seine erste Wanderausstellung.

Johann Vinzenz Cissarz, Plakat für die zweite Ausstellung der Darmstädter Künstlerkolonie auf der Mathildenhöhe

Am 16. Juli eröffnet Großherzog Ernst Ludwig die zweite Ausstellung der Künstlerkolonie auf der Mathildenhöhe, die bis 10. Oktober dauert. Im Mittelpunkt steht Olbrichs „Drei-Häuser-Gruppe" am unteren Alexandraweg, deren Bauherr Großherzog Ernst Ludwig ist. Olbrich zeigt hier Wohnformen für den „Normalverbraucher", dementsprechend sind auch die Inneneinrichtungen nach Entwürfen von Olbrich, Johann Vinzenz Cissarz und Paul Haustein ausgeführt. Das „Blaue Haus" und das „Eckhaus" aus der Gruppe werden nach Ende der Ausstellung verkauft, das „Graue Haus" dient fortan als Wohnung für den Hofprediger. Im Ernst-Ludwig-Haus sind Sonderausstellungen von Cissarz, Haustein, Ludwig Habich und Daniel Greiner zu sehen. Außerdem sind als temporäre Bauten ein Restaurant und ein Konzertpavillon errichtet worden. Da die Künstler ihre Ansprüche gegenüber 1901 zurücknehmen und etwas bescheidener auftreten als bei dieser ersten Ausstellung, ist die Schau von 1904 wirtschaftlich erfolgreich.

Werbeplakat des Verkehrsvereins, 1904

400. Geburtstag Philipps des Großmütigen

Am 13. November gedenkt ganz Hessen des 400. Geburtstags des Landgrafen Philipps des Großmütigen, der in Hessen die Reformation einführte. Darmstadt zeigt sich aus diesem Anlass im Flaggenschmuck. Nach einem Festgottesdienst legt der Vorsitzende des Ausschusses der Studierenden der TH am Denkmal Philipps auf dem Platz neben dem Hoftheater (heute Karolinenplatz) einen Kranz nieder. Anschließend findet in Anwesenheit Großherzog Ernst Ludwigs, der Minister und Gesandten ein Festakt im Saalbau statt, der vom Historischen Verein für das Großherzogtum Hessen ausgerichtet wird. Die Festrede hält Oberlehrer Fritz Herrmann. Den Tag beschließt eine Aufführung des von Pfarrer R. Weitbrecht in Wimpfen verfassten Festspiels „In Treue Fest" durch Darmstädter Bürger. Der Historische Verein legt aus Anlass des Jubiläums eine umfangreiche Festschrift vor. Zu Ehren des Fürsten werden durch Beschluss der Stadtverordnetenversammlung die Kasernenstraße und ein Teil der Bahnhofsstraße in „Landgraf-Philipps-Anlage" umbenannt.

Postkarte zum Jubiläum „400. Geburtstag Philipps des Großmütigen"

Neubau der Mornewegschule

Der Neubau der Mittelschule II (Mornewegschule) in der Hermannstraße wird am 11. April bezogen. Es handelt sich um ein Doppelschulhaus für Jungen und Mädchen mit Turnhalle und getrennten Toilettengebäuden. Der Mittelbau enthält u. a. Lehrer- und Rektorzimmer, Bibliothek, Lehrmittelräume, Musik- und Zeichensaal, die Flügelbauten haben jeweils 16 Klassenräume für je 48 bis 60 Kinder.

Modernisierung des Landestheaters 1905

Nach gut 25-jähriger Benutzung ist das nach dem Theaterbrand von 1871 wieder errichtete Landestheater reif für eine umfassende Modernisierung. Vor allem die Feuerschutzvorkehrungen hinken ihrer Zeit hinterher und sind noch nicht an die seit der Brandkatastrophe von 1881 im Wiener Ringtheater mit 384 Toten geltenden Standards angepasst. Im Frühjahr 1904 bewilligt der Landtag die erforderlichen Mittel und schon nach Ablauf der Spielzeit im Juni beginnt die Entkernung des Hauses. Planung und Bauleitung liegen bei dem erfahrenen Theaterarchitekten Hermann Helmer vom Büro Fellner & Helmer in Wien. Sichtbarste Änderung im Inneren ist die Befreiung des Zuschauerraumes vom stuckierten Prunk der Gründerzeit. Am Äußeren fällt das neu hinzugekommene Attikageschoss auf, hinter dem sich zusätzliche Büroräume verbergen, ferner

Der Innenraum des Großherzoglichen Hof-Operntheaters nach den Umgestaltungen in den Jahren 1904–1905

der Magazinanbau an der Herrngartenseite. Das nun 1400 Plätze umfassende Theater wird am 17. September, dem Geburtstag Großherzogin Eleonores, mit einer Festvorstellung von Richard Wagners „Fliegendem Holländer" eröffnet.

Gartenbau-Ausstellung

Anlässlich des 70-jährigen Bestehens des Gartenbauvereins findet vom 19. August bis 17. September 1905 im Darmstädter Orangeriegarten die vom Gartenbauverein und den Darmstädter Handelsgärtnern veranstaltete Allgemeine Gartenbau-Ausstellung statt. Die Veranstaltung zählt zum Zyklus der Darmstädter Künstlerkolonie-Ausstellungen und ihr Gesamtplan stammt von ihrem leitenden Architekten Joseph Maria Olbrich. Im ganzheitlichen Konzept der Künstlerkolonie hatten Gartenanlagen bereits bei der Ausstellung von 1901 eine herausragende Rolle gespielt. Die Ausstellung des Jahres 1905 stellt sowohl herkömmliche Gartenanlagen als auch Sondergärten aus der Hand mehrerer Architekten und Künstler vor. Aus dem Überschuss der überaus erfolgreichen Ausstellung von ca. 30 000 Mark finanziert man als Erinnerungszeichen zwei von Olbrich entworfene Sandsteinbrunnen, die heute auf der Piazzetta an der Stadtkirche stehen.

Neues Amtsgericht der Architekten Karl Hofmann und Wilhelm Thaler mit einer Verbindungsbrücke zu dem älteren Landgerichtsgebäude am Mathildenplatz

Prinzessin Eleonore zu Solms-Hohensolms-Lich

Der offizielle Festkalender des Jahres 1905 steht ganz im Zeichen der Wiederverheiratung Großherzog Ernst Ludwigs mit Prinzessin Eleonore zu Solms-Hohensolms-Lich. Die mehrtägigen Vermählungsfestivitäten beginnen am 31. Januar mit dem feierlichen Einzug der Braut in die Stadt, die um 16.00 Uhr mit ihrem Salonwagen am Main-Neckar-Bahnhof eintrifft. Am 2. Februar wird im Altschloss vor dem Bild der Holbein-Madonna die Ziviltrauung durch Staatsminister Karl Rothe vollzogen, unmittelbar danach folgt das kirchliche Trauungszeremoniell in der Schlosskapelle. Nach dem Hochzeitsmahl im Kaisersaal des Schlosses reist das Brautpaar noch am Nachmittag nach dem Jagdschloss Romrod ab. Die Feierlichkeiten besitzen einen ernsten Charakter, da die Trauerzeit für die am 12. Mai 1904 verstorbene Mutter Eleonores noch nicht verstrichen ist.

Blick vom Orangeriegebäude auf die Blumenparterres und in die von Joseph Maria Olbrich gestalteten Gärten

Festpostkarte anlässlich der Vermählung

WAS SONST NOCH GESCHAH

31. Januar: Festlicher Einzug der Prinzessin Eleonore von Solms-Hohensolms-Lich in die prächtig geschmückte Stadt anlässlich ihrer Heirat mit Großherzog Ernst Ludwig am 2. Februar.

9. Februar: Die Stadt unterstützt streikende Bergleute im Ruhrrevier mit einer Geldspende von 2000 Mark.

1. März: Die Stadtverordneten lehnen Anträge auf Einführung des 8-Uhr-Ladenschlusses ab.

27. April: Wegen der geplanten Errichtung des Bismarck-Denkmals auf dem Ludwigsplatz beschließen die Stadtverordneten die Versetzung des Darmstadtia-Brunnens auf den Taunusplatz.

7. Mai: Beginn der dreitägigen Jubelfeiern zum 100. Todestag Friedrich von Schillers mit zwei Festakten im Saalbau und Volksfesten in zahlreichen Lokalen.

29. Juni: Die Stelle des beamteten Stadttürmers wird abgeschafft.

9. Juli: Erster Spatenstich für den Bau der Pauluskirche.

30. September: Weihe der von Architekt Ludwig Becker aus Mainz geplanten katholischen St. Elisabethkirche am Schlossgartenplatz.

1. Oktober: Bezug des neuen Amtsgerichtsgebäudes am Mathildenplatz. Der Neubau auf dem Grundstück der Alten Münze ermöglicht die räumliche Zusammenfassung der Amtsgerichte I und II, die bisher getrennt in der Hügel- und Neckarstraße untergebracht waren.

25. Oktober: Der Keramiker Julius Scharvogel wird Gründungsdirektor der neu zu errichtenden Großherzoglichen Keramik-Manufaktur in der Noackstraße.

30. Oktober: Die Stadtverordnetenversammlung beschließt den so genannten „Altstadtdurchbruch" für die Anlage der Landgraf-Georg-Straße, mit dem man noch 1905 beginnt.

15. November: In Hessen finden Landtagswahlen statt. Der 33. Landtag konstituiert sich am 19. Dezember und wird am 20. Dezember feierlich eröffnet.

1906 — Einweihung des Landesmuseums

WAS SONST NOCH GESCHAH

29. Januar: Joseph Maria Olbrich stellt in einem öffentlichen Vortrag seinen Bebauungsplan für die im Nordosten Darmstadts gelegene Gartenvorstadt „Hohler Weg", das heutige Komponistenviertel, vor.

25. Februar: An dem Jubiläums-Fastnachtszug zum 50-jährigen Bestehen der Narhalla nehmen 15 000 Zuschauer aus Darmstadt und Umgebung teil.

1. März: Die Stadtverordnetenversammlung genehmigt mit 28 zu 10 Stimmen den für die Errichtung des Hochzeitsturms und des Ausstellungsgebäudes auf der Mathildenhöhe geforderten Betrag von 330 000 Mark.

9. Juni: In unmittelbarer Nachbarschaft zu der sich noch im Bau befindenden Pauluskirche wird der Grundstein für die von Paul Meißner geplante Landeshypothekenbank gelegt.

1. Juli: Das Deutsche Rote Kreuz richtet eine sich ständig in Wachbereitschaft befindende freiwillige Sanitätshauptkolonne für Rettungsdienste und Krankentransporte ein.

29. Juli: In der Großherzoglichen Zentralstelle für die Gewerbe wird das Tuberkulose-Museum eröffnet, das zur Aufklärung der Bevölkerung und Eindämmung der Seuche beitragen soll.

22. September: Die 1851 von Philipp Schmitt gegründete Akademie für Tonkunst bezieht den Neubau in der Elisabethenstraße.

24. Oktober: Die von Georg Goebel betriebene Maschinenfabrik Gandenberg feiert ihr 50-jähriges Bestehen. Nur einen Monat später, am 23. November, brennt die Fabrik fast völig nieder.

8. November: Mit 101 Kanonenschüssen wird der Bevölkerung die Geburt des Erbgroßherzogs Georg Donatus bekannt gegeben.

25. November: Die Synagoge der orthodoxen israelitischen Religionsgesellschaft in der Bleichstraße wird eingeweiht.

4. Dezember: Anlässlich der Taufe des Erbgroßherzogs Georg Donatus gibt das Großherzogliche Paar die Gründung der „Großherzoglichen Zentrale für Mütter- und Säuglingsfürsorge" bekannt.

Am 27. November 1906 wird das zwischen 1897 und 1902 erbaute Landesmuseum mit einem Festakt offiziell eröffnet. Es beherbergt die aus kunst- und kulturgeschichtlichen sowie naturkundlichen Objekten bestehende großherzogliche Sammlung, die bisher in Räumlichkeiten des Neuschlosses untergebracht war. Seit 1855 befasste man sich in Darmstadt mit der Planung eines neuen Museumsgebäudes. Der zunächst favorisierte Entwurf eines typisch wilhelminischen Repräsentationsbaus wurde von Großherzog Ernst Ludwig, der 1892 die Regierung angetreten hatte, abgelehnt. Er beauftragte stattdessen den aus Darmstadt stammenden Berliner Architekten Alfred Messel, der die Fassade auf das Hoftheater und das gegenüberliegende Residenzschloss abstimmte. Auf Wunsch des Großherzogs wurde der Museumsturm nach den alten Schlossplänen von Remy De la Fosse gestaltet.

Ansicht des Landesmuseums 1906. Aus dem Postkartenbuch des Leutnants Wilhelm Hofmann in Germersheim, dem Schwiegersohn des Darmstädter Bauunternehmers Heinrich Müller

Feierliche Enthüllung des „Eisernen Kanzlers"

Am 1. April 1890 ernannten die Mitglieder der Stadtverordnetenversammlung den ersten Kanzler des Deutschen Reiches, Otto von Bismarck, zum Ehrenbürger der Stadt Darmstadt. Gleich nach dessen Tod im Jahre 1898 wurde die Errichtung eines aus privaten Mitteln finanzierten Denkmals angeregt. Es bildete sich ein Komitee Darmstädter Bürger, das die eingehenden Spenden verwaltete und über Standort und Form des Denkmals zu entscheiden hatte. Nach achtjähriger Vorbereitungszeit wird das von Ludwig Habich und Friedrich Pützer als Brunnenanlage gestaltete Denkmal auf dem Ludwigsplatz errichtet und am 1. April 1906 feierlich enthüllt. Es verdrängt den 1864 von Johann Baptist Scholl d. J. geschaffenen Hassia-Brunnen, der an den Taunusplatz versetzt wird.

Postkarte von der Einweihung des Bismarck-Denkmals auf dem Ludwigsplatz

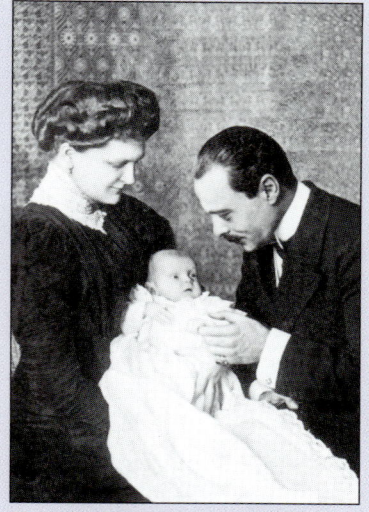

Das Großherzogliche Paar mit dem im November geborenen Erbgroßherzog Georg Donatus

Großherzogliche Keramische Manufaktur

Nach der Fertigstellung des neu errichteten Manufakturgebäudes in der Noackstraße nimmt die Großherzogliche Keramische Manufaktur im April 1906 mit der Herstellung erster Muster die Arbeit auf. Das Künstlerkolonie-Mitglied Jakob Julius Scharvogel leitet das auf Gartenterrakotta und Baukeramik spezialisierte Unternehmen bis 1913. Mit den für die Manufaktur typischen farbig glasierten Steinzeugfliesen werden mehrere öffentliche Gebäude wie das Wiesbadener Wilhelm-Friedrichs-Bad, die Bad Nauheimer Kuranlagen und der Darmstädter Fürstenbahnhof ausgestattet. Nach Scharvogels Weggang im Jahre 1913 wird der von wechselnden Pächtern und Besitzern geführte Betrieb in den 1930er Jahren geschlossen.

Die von Curt Kempin gestaltete Postkarte zum Jubiläums-Fastnachtszug der Narhalla nimmt sich die geplante Gartenvorstadt Hohler Weg vor

Eine moderne Kirche im Paulusviertel — 1907

Die im Niebergallweg nach den Entwürfen von Friedrich Pützer erbaute Pauluskirche besticht schon durch ihre Lage: in einem fast ganz im Villenstil gehaltenen Stadtteil, in Waldnähe, und von allen Darmstädter Kirchen die höchstgelegene. Trotz ihrer frühchristlichen, romanischen und gothischen Elemente gilt sie als eine moderne Kirche, die den Zusammenhang mit der Vergangenheit nicht leugnet. Ausgeführt aus Backsteinen und mit rauem Naturputz verkleidet, eingedeckt mit Mönchs- und Nonnenziegeln wirkt sie eher schlicht und entspricht somit der Formensprache des Protestantismus. Nichtsdestotrotz erinnert sie mit ihrem weithin sichtbaren, massigen Turm und der Gesamtheit der sie umschließenden Gebäudegruppe an eine trutzige Burg, die im Innern durch den braungrauen Verputz und die dunkle Holzvertäfelung eine heimelige Atmosphäre verbreitet. Die prachtvollen Altargeräte schuf Professor Ernst Riegel von der Künstlerkolonie, der Darmstädter Bildhauer Robert Cauer entwarf und führte die Kreuzigungsgruppe im Giebel des Hauptportals aus. Zur festlichen Einweihungsfeier erschienen Honoratioren aus Staat, Stadt und Kirche und es war der Großherzog selbst, der schließlich den Schlüssel dem Superintendenten mit den Worten überreichte: „Ich übergebe Ihnen diesen Schlüssel, damit das Haus dem geweiht werde, dem wir alle dienen."

Ausstellung des Buchdruckgewerbes vom 26. Mai bis 23. Juni im Großherzoglichen Gewerbemuseum, Neckarstraße. Plakatentwurf von W. Richter, Darmstadt

Die Anfänge der Kyritzschule

Die Stadtverordnetenversammlung beschließt am 17. Oktober das Gebäude „Kyritzsches Stift", Ecke Kirch- und Kapellstraße, niederzulegen und eine dem Wert des Anwesens entsprechende Kapitalsumme als „Kyritzsche Stiftung" zu bezeichnen und für Schulzwecke zu verwenden. Demgemäß wurden 100 000 Mark der für den Bau der Bezirksschule im nördlichen Stadtteil in der Emilstraße aufgewandten gesamten Bausumme als Kyritzsches Stiftungskapital bezeichnet, was durch entsprechende Inschrift zum Ausdruck gebracht wird. Im Vermögensnachweis der Stadt wird daher die Schule in der Emilstraße als „Stadtmädchenschule II und Kyritzsche Stiftung" aufgeführt.

Ernst-Ludwig-Presse

Gründung der bibliophilen Ernst-Ludwig-Presse am 11. Oktober, die unter der künstlerisch-technischen Leitung von Friedrich Wilhelm Kleukens als Privatunternehmen des Großherzogs die Arbeit aufnimmt.

Narhalla-Postkarte

Röhm und Haas werden am 6. September in das Handelsregister Esslingen eingetragen und ziehen am 22. Juli 1909 nach Darmstadt, wegen seiner Nähe zu den Lederfabriken, um. Die chemische Fabrik, wie sie sich in Darmstadt mit ihrem ersten Briefkopf präsentiert

Was sonst noch geschah

1. Januar: Auf der Mathildenhöhe werden die „Lehrateliers für angewandte Kunst" fertig gestellt und als Vorläuferinstitution der Werkkunstschule in Betrieb genommen.

Das Büro des Verkehrsvereins wird in der am 22. Dezember 1906 fertig gestellten Wartehalle auf dem Ernst-Ludwigs-Platz eröffnet.

15. Februar: Der Hausbesitzerverein meldet 950 leere Wohnungen und 62 ebensolche Läden. Dieser Zusammenbruch der überhitzten Baukonjunktur macht das neue Wohnviertel am Rhönring (Martinsviertel) zum „Hypothekenfriedhof".

1. April: Arheilgen wird an die städtische Gasversorgung angeschlossen.

21. April: Für die katholischen Gemeindemitglieder Eberstadts und Pfungstadts wird eine neue Pfarrstelle eingerichtet.

24. April: Oscar Wildes „Salome" mit Lili Marberg in der Titelrolle wird als „eine der größten Sensationen des zeitgenössischen Theaters" gefeiert. Bemerkenswert ist die Mitwirkung des Großherzogs Ernst Ludwig an der Gestaltung der Aufführung.

6. Juni: Die Stadtverordneten beschließen eine Einführung der „allgemeinen Sonntagsruhe" mit einem „Ortsstatut". Ausnahmen gelten für Bäcker und Metzger und einige andere Berufe.

1. Juli: Ludwig Weber eröffnet den ersten „Darmstädter Kinematographen" an der Ecke Rhein-/Grafenstraße im bisherigen Papierwarengeschäft Lautz. Es ist das erste Kino („Edison-Theater") Darmstadts.

31. August: Zur Publikation landeskundlicher Quellen und Darstellungen wird in Darmstadt eine „historische Kommission für das Großherzogtum Hessen" gegründet.

27. September: Die SPD druckt die erste Ausgabe ihres Organs „Der Hessische Volksfreund" im Darmstädter Gewerkschaftshaus.

26. Oktober: Zu Gunsten der Unterstützungskasse des Landesvereins Hessischer Zeitungs-Redakteure wird im Städtischen Saalbau ein großes „Pressefest" gefeiert.

1908 Die Vollendung der „Stadtkrone"

WAS SONST NOCH GESCHAH

12. Februar: Großherzogin Eleonore übernimmt das Protektorat über die Wohltätigkeitsanstalt „Volksküche", einen 1891 gegründeten Verein, der im Haus Waldstraße 18 (Adelungstrasse) täglich bis zu 400 Mahlzeiten kostenlos oder für geringes Entgelt an Bedürftige austeilt.

12. März: Zur Erhöhung der Sicherheit in den Waldungen um Darmstadt beschließt die Stadt die Anstellung von vier Forstaufsehern.

31. März: Am Marktplatz wird der von Georg Wickop gestaltete Neubau des Kaufhauses der Gebr. Rothschild eingeweiht. 1912 wird der Bau auf die doppelte Breite erweitert.

30. April: Bei Ausschachtungsarbeiten für den neuen Hauptbahnhof wird der Stoßzahn eines Mastodons gefunden.

25.–27. Mai: Höhepunkt des von Großherzog Ernst Ludwig initiierten ersten internationalen Kammermusikfestes in Darmstadt ist die Uraufführung von Max Regers Trio für Klavier, Violine und Violoncello in E-Dur.

25. Juni: Die Stadtverordnetenversammlung beschließt die Einführung fester Ladenschlusszeiten. Künftig müssen die Darmstädter Geschäfte in der Woche um 20.00 Uhr schließen.

11. Juli. Im Prinz-Georg-Palais im Herrngarten lässt Großherzog Ernst Ludwig ein Porzellanmuseum einrichten. Besonderes Interesse finden die hier gesammelten Zeugnisse der vormals landgräflichen Porzellan- und Fayence-Manufaktur in Kelsterbach.

29. Juli: Auf dem Luisenplatz werden die von Joseph Maria Olbrich gestalteten Brunnenschalen enthüllt, die aus den Überschüssen der Gartenbauausstellung von 1905 finanziert wurden.

4. August: Ganz Darmstadt beobachtet von erhöhten Punkten aus den erstmaligen Fernflug eines Zeppelin-Luftschiffs über der Stadt.

14. November: Ein erster „Verkaufstag der Großherzogin für arme Lungenkranke und Tuberkulöse" erbringt einen Reingewinn von 20 000 Mark.

Auf der Mathildenhöhe eröffnen Großherzog Ernst Ludwig und Großherzogin Eleonore am 23. Mai die „Hessische Landesausstellung für freie und angewandte Kunst". Mittelpunkt sind die neu geschaffenen Ausstellungshallen und der von Joseph Maria Olbrich gestaltete Hochzeitsturm, das Geschenk der Stadt Darmstadt zur zweiten Eheschließung des Großherzogs. Das Ausstellungsgebäude erhebt sich auf dem Wasserhochreservoir der städtischen Wasserleitung. Es ist ringsum umgeben von einer grün berankten Pergola. Zwischen Platanenhain, Ausstellungsgebäude und Russischer Kapelle wird eine neue Platzanlage geschaffen. Das Ausstellungsgebäude umfasst drei Säle mit zusammen etwa 770 Quadratmeter Ausstellungsfläche. Wichtigster Programmpunkt der Ausstellung ist eine in Verbindung mit dem „Ernst Ludwig Verein" gestaltete Kleinwohnungs-Kolonie mit Arbeiterwohnhäusern. Die sehr erfolgreiche Ausstellung bringt der Stadt in den Sommermonaten eine große Belebung. Viele Tausend Besucher kommen zum Teil in Sonderzügen in Darmstadt an. Nach Ende der Ausstellung am 31. Oktober steht ein Reingewinn von 75 000 Mark zu Buche.

Ausstellungsgebäude auf der Mathildenhöhe mit Hochzeitsturm

Friedrich Wilhelm Kleukens, Plakat zur Hessischen Landesausstellung 1908

Spiritus Rector der Künstlerkolonie gestorben

Joseph Maria Olbrich stirbt, wenige Tage nach der Enthüllung der von ihm gestalteten Brunnenschalen auf dem Luisenplatz, am 8. August im Alter von nur 41 Jahren in Düsseldorf. Olbrich, am 22. Dezember 1867 in Troppau geboren, wurde als Schöpfer der Wiener Sezession bekannt. 1899 berief Großherzog Ernst Ludwig ihn zusammen mit sechs anderen Künstlern nach Darmstadt an die neu gegründete Künstlerkolonie. Olbrich war maßgeblich an den Ausstellungen der Künstlerkolonie 1901 und 1904 sowie an der Gartenbauausstellung 1905 beteiligt. Sein letztes noch unvollendetes Werk ist das im Bau befindliche Warenhaus Tietz in Düsseldorf. Am 12. August wird Olbrich auf dem Alten Friedhof bestattet. Vom 1.–21. Oktober wird im Ernst-Ludwig-Haus eine Gedächtnis-Ausstellung gezeigt, am 10. Oktober findet auf der Terrasse hinter dem Ausstellungsgebäude eine Trauerfeier bei Fackelschein statt. Der zur Mathildenhöhe führende Platanenweg wird zu Ehren des Verstorbenen in „Olbrichweg" umbenannt.

Joseph Maria Olbrich, Foto um 1900

Einweihung des Bismarckturms

Bismarckturm auf dem Dommersberg mit umgebender Anlage

Am 6. November erfolgt die Einweihung des von Gustav Schmoll von Eisenwerth entworfenen Bismarckturms auf dem Dommersberg südöstlich der Stadt. Die erforderlichen Mittel hat ein 1899 begründeter Bismarck-Ausschuss der TH-Studentenschaft mit jährlichen Bismarck-Festen aufgebracht. Der aus Melaphyr erbaute 25 Meter hohe Turm hat fünf Stockwerke, deren oberstes sich zu einer Brüstung verjüngt; dort steht das Podest mit dem Feuerbecken. Dem Turm vorgelagert ist eine Terrasse mit gemauertem Untergrund, vor der ein großer ovaler Festplatz mit dem Fackelbecken liegt. Platz und Turm sind mit einer Mauer umgeben, die auf vier Podesten vier kleinere Feuerbecken trägt.

Flugzeuge, Taxis, Autounfälle

1909

Das moderne Verkehrswesen hält Einzug – unübersehbar lebt man 1909 bereits in einem neuen Verkehrszeitalter: Am 4. Januar übernimmt der Frankfurter Kaufmann August Euler den Truppenübungsplatz Griesheimer Sand, um hier eine Flugzeugmaschinenfabrik mit Pilotenschule zu errichten. In Frankfurt am Main findet erstmals eine Internationale Luftfahrtausstellung statt. Unter ihrem Eindruck gründen fünf Darmstädter Gymnasiasten am 25. August die Luftsportvereinigung Darmstadt, die noch im Herbst die ersten Segelflugversuche unternimmt und schon im Frühjahr 1910 zur ersten Darmstädter Flugsportausstellung auf dem Pferdemarkt an der Holzhofallee einlädt. Auf der Griesheimer Chaussee kommt es am 31. Oktober zu einem schweren Unfall, als ein aus Darmstadt kommendes Auto mit der Dampfstraßenbahn zusammenstößt. Die drei Insassen des Wagens, Mitarbeiter der Adlerwerke, kommen ums Leben. Am 20. November wird der Hessische Automobil-Club gegründet und vor den Bahnhöfen am späteren Steubenplatz werden die ersten Autodroschken konzessioniert.

Ein erstes Darmstädter Stadtmuseum

In dem neuen Stadtmuseum am Schlossgraben kann das interessierte Publikum in einer historischen Abteilung zunächst bewundern, was eine 1904 von der STAVO gegründete Museumsdeputation binnen fünf Jahren an Denkwürdigkeiten zur Stadtgeschichte zusammengetragen hat. Diese stadtbezogene Abteilung wird interessanterweise ergänzt durch die Odenwaldsammlung des Arztes Friedrich Maurer (1852–1930), wodurch sich der Blick auf die Geschicke der Stadt und ihrer Bürger noch um die Handwerkskultur ihres Hinterlandes erweitert. Eher künstlerischer Natur sind die Gegenstände, die mit dem Nachlass des Malers Wilhelm Jungmann an das neue Stadtmuseum gelangten. Herr über die Sammlungen ist zunächst der Darmstädter Baurat Wilhelm Jäger, der allerdings bereits 1913 von Stadtbibliothekar Karl Noack abgelöst wird.

Darmstadts neuer OB Wilhelm Glässing (1865–1929)

Der neue Mann an der Spitze der Darmstädter Stadtverwaltung stammt aus Büdingen und ist nach dem Studium der Jurisprudenz und der klassischen Altertumswissenschaften in Gießen zuerst als Jurist in Gießen und Offenbach tätig. In der Darmstädter Stadtverwaltung kennt man ihn seit 1901 als Beigeordneten, bereits 1904 erfolgte seine Beförderung zum Bürgermeister. Glässing wird sich vor allem um die grundlegende Erneuerung des Verkehrswesens der hessischen Landeshauptstadt kümmern, ferner wird er Anstöße zum Gelingen des neuen Hauptbahnhofs sowie zur Gründung der HEAG geben. 1926 kann Wilhelm Glässing als erster OB die neue, von Goldschmied Ernst Riegel geschaffene Amtskette tragen.

Wilhelm Glässing, Darmstadts neuer Oberbürgermeister seit 1909

Das neue Elektrizitätswerk nimmt am 6. Oktober seine Arbeit auf

WAS SONST NOCH GESCHAH

21. Januar: Der Hinkelsturm an der alten Stadtmauer wird für 18 000 Mark von der Stadt angekauft.

27. Februar: Auf der Rodelbahn an der Ludwigshöhe kommen drei junge Offiziere ums Leben.

15. März: Besuch des Deutschen Kronprinzenpaares am Großherzoglichen Hof.

21. März: Gründung des Hessischen Gauverbandes gegen den Alkoholismus.

29. April: Die Stadtverordnetenversammlung setzt freien Eintritt für den Hochzeitsturm fest, während der Besuch der Großherzoglichen Zimmer 20 Pfennige kosten soll.

10. Mai: Nach einem von Friedrich Pützer geleiteten Umbau wird die Bessunger Petruskirche neu geweiht.

9. Juni: Oberbürgermeister Adolf Morneweg stirbt. Sein Nachfolger wird der seit 1901 amtierende Beigeordnete Dr. Wilhelm Glässing.

1. Juli: Inbetriebnahme des von August Buxbaum 1907–1909 am Mercksplatz erbauten Hallenschwimmbades.

14. August: Die Gewerkschaft Messel erwirbt nach erfolgreichen Probeschürfungen im Stadtwald das Gelände für die künftige Braunkohlengrube „Prinz von Hessen".

26. September: Die Messe wird zum ersten Mal auf dem Mercksplatz vor dem neuen Hallenbad ausgerichtet

28. Oktober: Nach Überarbeitung des von Olbrich erstellten Vorentwurfs für eine Gartenstadt „Hohler Weg" durch Stadtbaurat August Buxbaum wird die Planung des ersten Baublocks beschlossen. Bis zum Kriegsausbruch entstehen rund 25 Häuser.

24. November: Im Hause Schneider am Schlossgraben 9 wird ein Darmstädter Stadtmuseum eröffnet. 1933/35 wird es ins Alte Pädagog verlegt.

11. Dezember: Ca. 700 Beamte des Großherzogtums feiern nach 15-jähriger Pause erstmals wieder das 1859 vom Beamtennachwuchs ins Leben gerufene Judith-Fest.

Das Darmstädter Zentralbad am Mercksplatz in einer zeitgenössischen Ansicht aus der Zeit des Ersten Weltkriegs

1910 Feuerwache im alten Schulhaus

WAS SONST NOCH GESCHAH

8./9. Januar: Anlässlich des 50-jährigen Bestehens des 2. Großherzoglich-Hessischen Leibdragoner Regiments finden sich über 4000 ehemalige Regimentsangehörige zu den Jubiläumsfeierlichkeiten in Darmstadt ein.

17. April: Der Verein der Hundefreunde für Darmstadt und Umgebung veranstaltet die zweitgrößte Hundeausstellung im Deutschen Reich, an der mehr als 600 Hunde präsentiert werden.

3.–5. Juni: Wie in den Vorjahren 1908 und 1909 werden im Rahmen der Dritten Kammerfestspiele die Werke zeitgenössischer Komponisten, u. a. von Max Reger und Hans Pfitzner, aufgeführt.

20. Juni: Eröffnung der Kleinkinderschule in der Kiesstraße 50.

1. Juli: Der Blendzwang für Schaufenster während des Hauptgottesdienstes an Sonn- und Feiertagen wird aufgehoben.

25. Oktober: Der erste deutsche Inhaber des Internationalen Flugzeugführerscheins, August Euler, stellt über dem Truppenübungsplatz auf dem Griesheimer Sand, dem heutigen August-Euler-Flugplatz, mit drei Stunden sechs Minuten 18 Sekunden einen neuen deutschen Dauerflugrekord auf.

21. November: Eine Delegation englischer Arbeiter macht auf einer Informationsreise zum Studium der Arbeits-, Wohn- und Lebensbedingungen in Deutschland Halt in Darmstadt.

4. Dezember: An der TH Darmstadt findet der erste deutsche „Diplom-Ingenieur-Tag" statt. Dabei wirbt der Verband Deutscher Ingenieure für die rechtliche Gleichstellung der Ingenieure mit anderen wissenschaftlichen Berufen.

Der Einzug des deutschen Kaisers Wilhelm II. in Darmstadt

Nach dem Umbau des ehemaligen Schulhauses hinter der Stadtkirche, für den die Stadtverordnetenversammlung im März 32 600 Mark zur Verfügung gestellt hatte, findet am 29. Dezember 1910 die offizielle Besichtigung der neuen Darmstädter Feuerwache statt. Im Erdgeschoss sind der Feuermelde- und der Alarmraum sowie zwei für sechs Löschfahrzeuge ausgelegte Gerätehallen mit automatischen Toren untergebracht. Im ersten Stock befinden sich der Aufenthaltsraum, Sanitäranlagen und ein Schlafsaal mit 30 Betten. Mit der Inbetriebnahme dieser modernen Feuerwache wird die traditionelle Feuer-Hochwache auf dem Stadtkirchturm aufgegeben.

Die neue moderne Feuerwache (Aufnahme nach 1910)

Vom Parkhotel zum Gästehaus der TU Darmstadt

Im August 1910 wird das 1899 von dem Architekten Fritz Nick erbaute Parkhotel an der Dieburger Straße nach mehreren Eigentümerwechseln an Prinz Otto von Schaumburg-Lippe verkauft, der das Gebäude nach seiner Gemahlin Anna Gräfin von Hagenburg benennt. Mit dem Umbau wird der Architekt Jakob Krug, ein ehemaliger Mitarbeiter Joseph Maria Olbrichs, beauftragt, der den Eingangsbereich und das Treppenhaus mit glasierten Steinzeugfliesen aus der Produktion der Großherzoglich Keramischen Manufaktur Jakob Julius Scharvogels verkleiden lässt. 1925 wird das Anwesen wieder verkauft, 1936 zwangsversteigert und zwei Jahre später von der NSDAP erworben. Im Zweiten Weltkrieg dient das Gebäude als Reservelazarett, später als Frauenklinik und Studentenwohnheim. 1980 wird das Haus Hagenburg in Georg-Christoph-Lichtenberg-Haus umbenannt und seither von der Technischen Universität Darmstadt und der Gesellschaft für Schwerionenforschung als Gästehaus genutzt.

Innenansicht der Villa Hagenburg nach dem Umbau von Jakob Krug. Die Steinzeugfliesen stammen aus der Produktion der Großherzoglich Keramischen Manufaktur in Darmstadt

Das Plakat für die vom 12. Mai bis 16. Oktober auf der Mathildenhöhe veranstaltete vierte Ausstellung des deutschen Künstlerbundes wurde von F. W. Kleukens gestaltet

Das Neue Mausoleum – Die letzte Ruhestätte der Großherzoglichen Familie

Am 3. November 1910 wird in Anwesenheit der russischen Zarenfamilie das von Karl Hofmann nach dem Vorbild des Grabmals der Kaiserin Galla Placidia in Ravenna erbaute Neue Mausoleum auf der Rosenhöhe eingeweiht. Die von Franz Naager, Augusto Varnesi und Ludwig Habich mit marmornen Schmuckplatten, ornamentalen Mosaiken und kunstvollen Sarkophagen ausgestattete Grabkapelle ist die letzte Ruhestätte des Großherzogs Ludwig IV., seiner Gemahlin Alice und deren Kindern Prinzessin Marie und Prinz Friedrich Wilhelm. Schon am 24. Oktober waren die Särge vom Alten in das Neue Mausoleum überführt worden.

Das Neue Mausoleum

Das Jahr der Schuleröffnungen

Die erste Sonder- und heilpädagogische Schule Darmstadts: Pestalozzischule

Mit der Einweihung des neuen Schulhauses in der Stiftstraße 32 erhält die seit 1899 eingerichtete Hilfsschule den modernsten Schulbau Darmstadts, der sich durch Licht, Luft und Sonne auszeichnet und neben einem Schulgarten auch mit Fachsälen für Werkunterricht, Turnhalle und Zentralheizung ausgestattet ist. In dieser Zeit ist die Pestalozzischule auch häufig Ort heilpädagogischer Tagungen.

Trotz ständiger Auseinandersetzungen mit dem so genannten Erbgesundheitsgericht widersteht die Schule den Auflösungsbestrebungen durch die Ideologie des Nationalsozialismus. Ihr Ende wird durch den Luftangriff in der Nacht zum 12. September 1944 besiegelt.

Am selben Tag feiert auch die Eleonorenschule, die zweite höhere Mädchenschule ihre Einweihung, die in unmittelbarer Nachbarschaft zur bereits im September fertig gestellten höheren Knabenschule, der Justus-Liebig-Schule, errichtet wurde. Beide Schulen des Architekten und Stadtbaurats August Buxbaum befinden sich auf dem Gelände des ehemaligen Gaswerks. Zur Schulanlage gehören neben den beiden Schulgebäuden auch ein Schuldienerwohnhaus und die beide Schulhauptgebäude verbindende Turnhalle.

Elizabeth-Duncan-Schule

Das heutige Seminar Marienhöhe wurde 1910–1911 von dem Mannheimer Architekten Rudolf Tillessen erbaut, nachdem Elizabeth Duncan auf einer Vorführungsreise Großherzog Ernst Ludwig kennen gelernt hatte. In seiner Anwesenheit und jener zahlreicher Freunde aus ganz Deutschland wurde am 17. Dezember die als Landeserziehungsheim und höhere Mädchenschule geführte Schule eingeweiht, deren Ziel in einer mit wissenschaftlicher und musikalischer Erziehung verbundenen Körperausbildung lag. Sie wirkte mit ihren Schülerinnen bei etlichen Theateraufführungen mit und nahm u.a. an der großen Hygieneausstellung in Dresden teil sowie an der festlichen Tagung des „Deutschen Werkbundes". Der bevorstehende Ausbruch des Ersten Weltkrieges veranlasste Elizabeth Duncan, die von ihr geleitete Schule nach New York zu verlegen.

Einweihung der Elizabeth-Duncan-Schule. In der Mitte Elizabeth Duncan, in der vorderen Reihe von links Direktor Merz, Hermann von Passavant und Architekt Rudolf Tillessen (Mannheim)

Flugbewegungen über Darmstadt im Frühjahr 1911

Die Tageszeitungen berichten fast täglich von neuen Flugversuchen der neuen Euler-Piloten mit Angabe der zurückgelegten Strecken und erreichten Höhen.

Einer von ihnen, der Euler-Pilot Reichardt, begleitet mit seinem großen Eindecker den Ballon vom Truppenübungsplatz Griesheim bis Frankfurt, als Graf Zeppelin mit dem Ballon „Deutschland" auf seiner Fahrt von Friedrichshafen nach Düsseldorf über Darmstadt fliegt. Das großherzogliche Paar und der flugbegeisterte Schwager Prinz Heinrich von Preußen besuchen gerade den Eulerschen Flugplatz, um den neuen Flugzeug-Typ „Großherzog" zu besichtigen als Reichardt aus Frankfurt zurückkehrt.

Auch der deutsche Zuverlässigkeitsflug am Oberrhein ist für Darmstadt von großer Bedeutung, da die Stadt Etappenstation für eine der Flugstrecken ist. Zu dem Flugtag am 27. Mai auf dem Griesheimer Truppenübungsplatz strömen Tausende, um das interessante Schauspiel der Ankunft und Abfahrt der Flieger auf der Flugstrecke Frankfurt–Darmstadt–Frankfurt zu beobachten und die dargebotenen Schauflüge zu bewundern.

Graf Zeppelin fliegt am 10. April mit dem Luftschiff „Deutschland" auf seiner Fahrt von Friedrichshafen nach Düsseldorf über Darmstadts Luisenplatz

Der Wasserturm am Dornheimer Weg wird in Betrieb genommen. Er wurde nach den Plänen des Mainzer Baurats Friedrich Mettegang errichtet und fungiert sowohl als Wasserhochbehälter als auch als Stellwerk des Hauptbahnhofs., Aquarell des Eisenbahnbauassistenten Johann Schuh, 1910

1911

WAS SONST NOCH GESCHAH

22. Januar: 10 000 Menschen nehmen an der Beisetzung von Kapitän Ludwig Fischer auf dem Alten Friedhof teil, der am 17. Januar mit dem U-Boot in der Kieler Bucht untergegangen ist und als einziger an Bord geblieben war. Er erhält am 20. März ein Denkmal im Hof des Realgymnasiums, das er zwischen 1896 und 1899 besuchte.

18. Mai bis 15. Oktober: Auf der Mathildenhöhe findet eine von der „Freien Vereinigung Darmstädter Künstler" veranstaltete Kunstausstellung zur Förderung einheimischer Künstler statt. Außer den zahlreichen Künstlern aus dem ganzen Verbandsgebiet der Kunstfreunde nehmen auch Künstler aus München sowie aus England und Schottland teil.

4. Juni: Einweihung der neu erbauten katholischen Kirche St. Joseph in Eberstadt am Pfingstsonntag. Ihr Turm wird jedoch erst 1933 errichtet.

29. Juli: Ludwig Riedlinger stirbt im 80. Lebensjahr. Das Realgymnasium, die Viktoriaschule und verschiedene Volksschulen, die Sparkasse, das Pfründnerhaus, die Anlage des Elektrizitätswerks, der Schlachthof, das Oberwaldhaus u.a. verdanken ihre Entstehung der Anregung und der Mitwirkung des großherzoglichen Baumeisters und langjährigen, ehemaligen Ehrenbeigeordneten der Stadt.

12. Oktober: Eröffnung der Pestalozzischule in der Stiftstraße. Somit erhält die 1899 eingerichtete „Hilfsschule" für behinderte Kinder erstmals ein eigenes Schulhaus.

4. November: Aufklärung über die Gefahren des Alkoholismus durch eine Ausstellung im Gewerbemuseum in der Neckarstraße 3.

16. November: Ein heftiges Erdbeben erschüttert gegen 22.25 Uhr die Stadt und lässt leicht geschlossene Fenster aufspringen und Gläser klirren, verursacht aber keine ernsthaften Schäden.

2. Dezember: Gründung eines Golfklubs durch Prinz Heinrich von Preußen. Das 1912 errichtete Klubhaus an der Traisaer Straße geht mit der Auflösung des Golfklubs 1935 an den TEC Darmstadt über.

1912 Flugpost an Rhein und Main

WAS SONST NOCH GESCHAH

4. Januar: Einweihung des vom Evangelischen Frauenverein errichteten Kindergartens für den Schlossbezirk der Altstadt.

7. Januar: Die Darmstädter Jugendwehr wird gegründet. Eine Woche später wird in Wixhausen ein Ortsverein des Deutschen Roten Kreuzes ins Leben gerufen.

1. Februar: Pfarrassistent Georg Lautenschläger übernimmt die neu gegründete Pfarrassistentenstelle für die Jugendpflege und wird damit zum ersten Stadtjugendpfarrer in Darmstadt.

10. März: Das neue Zeppelin-Luftschiff „Viktoria Luise" überquert Darmstadt.

28. April: Am Westrand Darmstadts wird der von Friedrich Pützer und Friedrich Mettegang errichtete neue Hauptbahnhof eingeweiht, der die bisherigen Bahnhöfe am späteren Steubenplatz ersetzt. Zum Neubauprogramm gehört auch der ebenfalls von Mettegang geplante Südbahnhof.

20. Mai: Eröffnung der städtischen Schulzahnklinik in der Waldstraße 21 (heute Adelungstrasse).

23. Juni: Ein Gewittersturm mit Windhose richtet im Kranichsteiner Wald schwere Schäden an.

20./21. Juli: Am 1. Akademischen Turn- und Sportfest in Darmstadt nehmen außer TH-Sportlern auch Studenten aus Gießen und Heidelberg teil.

25. August: Im Städtischen Saalbau wird mit einer Ausstellung „Das Gas im Haus und Gewerbe" die Benutzung moderner „Koch- und Bratapparate" vorgeführt. Die Einrittsgelder kommen dem Verband für Jugendwohlfahrt und Jugendfürsorge zugute.

13. November: Vor einem Lokal auf der Rheinstraße kommt es in den frühen Morgenstunden zu einer Schlägerei zwischen deutschen und russischen Studenten der Technischen Hochschule. Ein jüdischer Student aus Tschenstochau wird tödlich verletzt. Die blutige Auseinandersetzung ist Höhepunkt der national-chauvinistischen Hetze gegen jüdische und russische Studenten, die in relativ großer Zahl in Darmstadt studieren.

Für die von der Landeszentrale für Mütter- und Säuglings-Pflege veranstaltete „Postkartenwoche der Großherzogin" (9.–23. Juni) wird am 10. Juni erstmals eine „Flugpost an Rhein und Main" eingerichtet. Die Beförderung der Luftpostbelege der Postkartenwoche zwischen Darmstadt, Frankfurt, Mainz und Worms, für die erstmals besondere Luftpostmarken gedruckt werden, übernehmen das Luftschiff „Schwaben" und das von August Euler gebaute Flugzeug „Gelber Hund" mit seinem Piloten Leutnant von Hiddessen. In der zweiwöchigen Aktion, für die über 360 000 Postkarten mit Portraits der Mitglieder der großherzoglichen Familie verkauft werden, kommen mehr als 100 000 Mark herein. Bereits am 4. Juni war im Hause Rheinstraße 14 zum Zwecke der Abwicklung der Luftpost das erste deutsche Luftpostamt eingerichtet worden. Die erste Luftpostkarte wurde am 9. Juni ausgegeben.

Hygieneausstellung

Im Schloss wird am 9. August die von Geheimrat Dr. August Lingner gestiftete Ausstellung „Der Mensch" eröffnet, die mit dem so genannten „gläsernen Menschen" im Vorjahr in Dresden gezeigt wurde. Sie will Jedermann eine Vorstellung vom menschlichen Körper und von der notwendigen Hygiene vermitteln. Die Ausstellung, die außerhalb Dresdens nur in Darmstadt präsentiert wird, erstreckt sich über 14 Säle im ersten Stock des Residenzschlosses, die Großherzog Ernst Ludwig zur Verfügung gestellt hat. Lingners Schau soll in Dresden künftig das Kernstück eines deutschen Hygienemuseums bilden. Obwohl die Ausstellung bis zum 1. Dezember an fast allen Tagen von 9.00 bis 22.00 Uhr geöffnet ist, kann die Zahl der Besucher kaum bewältigt werden. Allein 44 Sonderzüge bringen Ausstellungsbesucher nach Darmstadt, deren Zahl sich am Ende bei etwa 250 000 bewegt.

Hessische Eisenbahn Aktien-Gesellschaft

Gründung der „Hessischen Eisenbahn Aktien-Gesellschaft" am 1. April, deren vorrangige Aufgabe in der organisatorischen Zusammenführung der städtischen elektrischen Straßenbahn und der von der Südhessischen Eisenbahn AG betriebenen Dampfbahnstrecken besteht. Aufgabe der HEAG ist daneben die Elektrifizierung der Dampfbahnstrecken und der Betrieb der beiden städtischen Elektrizitätswerke, um mit einer neuen Überlandzentrale eine bessere Licht- und Kraftstromversorgung für die Region zu schaffen.

Leutnant von Hiddessen mit dem von August Euler gebauten Postflugzeug „Gelber Hund" in Darmstadt, 10. Juni 1912

Luftpost-Beleg mit einer Freimarke und zwei Luftpostmarken, am 18. Juni 1912 von Darmstadt nach Mainz transportiert

Im Hof des Realgymnasiums wird am 20. März in Anwesenheit des Großherzogs (Bildmitte im hellen Mantel mit Pickelhaube) das Denkmal für den ehemaligen Schüler Ludwig Fischer eingeweiht, der am 17. Januar 1911 mit seinem Unter-See-Boot in der Kieler Bucht untergegangen ist

Der neue Hauptbahnhof im Jahr 1912

Kongressstadt Darmstadt

Auch ohne „Darmstadtium" genießt Darmstadt 1913 bereits den Ruf einer gesuchten Kongressstadt. Zur größten Veranstaltung des Jahres kommt vom 13. bis 17. Oktober ein Rot-Kreuz-Kongress mit etwa 600 Teilnehmern in Darmstadt zusammen, an dem sich die Landes-Frauenvereine und der Verband der Rot-Kreuz-Krankenanstalten beteiligen. Die örtlichen Autoritäten setzen aus diesem Anlass die Vorzüge der hessischen Landeshauptstadt vorteilhaft in Szene und hofieren die Kongressteilnehmer auf vielfältige Weise. Seitens des Großherzogpaares beehrt man die Veranstaltung sowohl durch die Teilnahme an den Sitzungen als auch durch einen von der Großherzogin ausgerichteten Empfangsabend. Auch die Spitze der Stadtverwaltung glänzt bei den Veranstaltungen durch Anwesenheit, ferner richtet die Stadt einen Begrüßungsabend im Kasino der Vereinigten Gesellschaft aus und lädt zu einem Empfang in die Räume des städtischen Ausstellungsgebäudes auf der Mathildenhöhe. Schließlich kann der eigens von der Stadt eingesetzte Kongressausschuss bei der Leitung des Hofopernthearters auch noch eine Festvorstellung von Adolphe Charles Adams indischer Märchenoper „Wenn ich König wär" für die meist weiblichen Kongressteilnehmer erwirken.

Jovanca Bontschits als Studentin am Zeichentisch (Aus: Das Kränzchen. Illustrierte Mädchenzeitschrift, 1913). Am 18. Juli erwirbt die serbische Studentin als erste Frau im Deutschen Reich am Fachbereich Architektur der TH Darmstadt den Grad eines Diplom-Ingenieurs

Wohltätigkeits- und Kinderfest am 31. Mai und 1. Juni im Bessunger Orangeriegarten. Kostümierte Kinder und Jugendliche stellen Figuren aus Märchen und Kinderliteratur vor. Im Bild die Gruppe „Aschenputtel" nach den Gebrüdern Grimm

Ein Vierteljahrhundert Kaiser Wilhelm II.

Das besondere Thronjubiläum des deutschen Kaisers am 6. Juni gibt reichsweit Veranlassung zu besonderen Ehrungen seiner Person. Vom Vorstand des Deutschen Städtetages, dem auch OB Glässing angehört, kommt der Vorschlag, die deutschen Städte sollten des Kaisers mit dem Einsetzung von gemeinnützigen Stiftungen in seinem Namen gedenken. Die Stadtverordneten bewilligen daraufhin 6000 Mark für eine Stiftung zugunsten der Kriegsveteranen von 1866 und 1870/71. Durch eine von der Firma Merck ausgerufene Sammlung bei Industrie und Handel kann dieser Betrag noch auf ca. 12 000 Mark aufgestockt werden. Darüber hinaus beteiligt sich die Stadt an den Kosten einer vom Deutschen Städtetag überreichten künstlerisch gestalteten Huldigungsadresse an den Kaiser. Die Hessische Handwerkskammer gründet einen Unterstützungsfonds namens „Kaiser-Wilhelm-Jubiläumsstiftung", der tuberkulosekranken Handwerkern eine Heilkur ermöglichen soll. Die TH Darmstadt ernennt den Kaiser zum Dr.-Ing. ehrenhalber, und Großherzog Ernst Ludwig verkündet anlässlich der Feiertage in bester landesherrlicher Tradition eine Amnestie, in deren Genuss 270 hessische Straftäter kommen.

Werbemarke der Hessischen Vereinigung für Luftfahrt. Sie stellt Anfang Oktober Flugzeugmodelle auf der Mathildenhöhe aus und veranstaltet einen Wettflug

Feierliche Enthüllung des Liebig-Denkmals von Bildhauer Heinrich Jobst auf dem Luisenplatz am 31. Oktober

1913

WAS SONST NOCH GESCHAH

5. Januar: Im Hallenbad veranstaltet der Darmstädter Schwimmklub „Jungdeutschland" sein erstes Schwimmfest, dem auch das Großherzogpaar mit den Prinzen beiwohnt.

15. Februar: Jubiläumsfeier „50 Jahre Verschönerungsverein Darmstadt" im Saalbau.

30. März: Im Hoftheater beginnen die von Großherzog Ernst Ludwig initiierten „Frühlingsfestspiele" mit Richard Wagners „Tristan und Isolde", dirigiert von Arthur Nikisch.

16. April: Prof. Fritz Limmer vom Lehrstuhl für Fotografie der TH Darmstadt zeigt auf der Mathildenhöhe Aufnahmen aus Alt-Braunschweig, Hildesheim und Goslar.

21. April: Das Deutsche Kaiserpaar weilt mit Prinzessin Viktoria zu einem Besuch am Großherzoglichen Hof.

11. Mai: Ein festlicher Pfingstgottesdienst markiert den Abschluss der von Prof. Friedrich Pützer geleiteten Umbauarbeiten an der evangelischen Dreifaltigkeitskirche in Eberstadt. Die eigentliche Neuweihe vollzieht Prälat Flöring am 22. Juni.

21. Juni: Die Studenten der TH Darmstadt feiern in der Sonnwendnacht mit einem Fackelzug zum Bismarckturm das 25-jährige Regierungsjubiläum Kaiser Wilhelms II. und das 100-jährige Gedenken der Freiheitskriege.

23. September: Das Großherzogliche Oberkonsistorium erlässt Richtlinien für die elektrische Beleuchtung in kirchlichen Gebäuden.

18. Oktober: Zum 100. Gedenken an das siegreiche Ende der Freiheitskriege läuten in der Mittagszeit von 12.00 bis 12.30 Uhr die Glocken aller Darmstädter Kirchen. In der Stadt finden mehrere Gedenkveranstaltungen statt.

1. November: Der Erweiterungsbau der Stadtkasse mit vergrößerter Schalterhalle wird bezogen.

12.–31. Dezember: Im Gewerbemuseum werden die Abbildungen öffentlicher Hochbauten vorgestellt, mit denen sich der Hessische Staat im Sommer 1913 an der Internationalen Bau-Fachausstellung in Leipzig beteiligte.

1916 Einführung der Zwangsbewirtschaftung

WAS SONST NOCH GESCHAH

5. März: Die Großherzogliche Hofjagdverwaltung lässt das Schwarzwild im Kranichsteiner Wildpark abschießen, um zur Fleischversorgung der Bevölkerung beizutragen.

29. März: Einführung von Butterkarten.

30. April: Alle Zuckervorräte über 10 kg werden amtlich aufgenommen und der Bewirtschaftung zugeführt.

1. Mai: Um Licht zu sparen, wird auf Anordnung der Reichsregierung erstmals die „Sommerzeit" eingeführt; die Uhren werden eine Stunde vorgestellt (bis 30. September).

8. Juni: Großherzogin Eleonore stellt die Schlösser Seeheim und Romrod für das vom Lehrerverein organisierte Ferienprogramm „Landaufenthalt Darmstädter Kinder" zur Verfügung; im Herbst 1916 können 918 Kinder verschickt werden.

12. Juli: Der durch die Handelsblockade auftretende Gummimangel führt zur Beschlagnahme von Fahrradreifen.

1. August: Beginn der Bewirtschaftung von Bekleidung.

10. August: Die Stadtverwaltung nimmt auf dem Grundstück Pallaswiesenstraße 54 eine Darranlage zur Herstellung von Dörrobst, Dörrgemüse und Kartoffelmehl aus getrockneten Kartoffeln in Betrieb.

September: In der Ludwigshöhstraße 4 und in der Landgraf-Georg-Straße 40 werden zwei Suppenküchen für Bedürftige eingerichtet. Ende des Jahres sind in Darmstadt zehn Suppenküchen in Betrieb.

3. Oktober: Vollmilch darf nur noch an Kranke, Kinder, Schwangere und stillende Mütter abgegeben werden. Die übrige Milch wird zur Fettgewinnung entrahmt.

5. Dezember: Mit dem Gesetz über den „vaterländischen Hilfsdienst" können Arbeitskräfte zwangsweise zur Arbeit in kriegswichtigen Betrieben verpflichtet werden.

17. Dezember: In der Kunsthalle wird eine Ausstellung mit Werken des 1916 gefallenen Darmstädter Malers Karl Thylmann eröffnet.

Im Laufe des Jahres 1916 wird aufgrund von Engpässen bei der Versorgung die Bewirtschaftung fast aller Lebensmittel eingeführt: Butter, Fleisch, Zucker, Käse, Kakao, Schokolade, Eier, Kartoffeln, Bekleidung, schließlich auch Brot und Kuchen. Ab Juni steht jedem Darmstädter nur noch 750 g Fleisch pro Woche zu. Die Butterrationen betragen pro Kopf und Woche im Juli noch 90 g, sinken jedoch bis Ende des Jahres auf 50 g. Es kommt zu langen Schlangen vor den Lebensmittelgeschäften. Das Anstehen nach bestimmten Artikeln wird für die Darmstädter zur täglichen Gewohnheit. Unmut macht sich bei der Bevölkerung nur gelegentlich breit. Im Sommer werden in den öffentlichen Anlagen und Parks – Orangerie, Herrngarten, Prinz-Georg-Garten u. a. – Gemüsepflanzungen angelegt. Auf der Pallaswiese entsteht eine regelrechte Hofanlage, die von Lehrer Heinrich Presser betrieben wird. Auch auf dem Gehaborner Hof baut die Stadt wichtige Nahrungsmittel zur Sicherung der Versorgung der Bevölkerung an. Für die Darmstädter Schulkinder beginnt im Oktober erstmals die Bucheckernernte, um den Mangel an Öl und Fetten zu lindern. Täglich gehen zwei Schichten à 200 Kinder in den Wald zum Auflesen der Eckern. Über 24 000 kg werden gesammelt und den Darmstädter Klenganstalten zur Weiterverarbeitung übergeben. Ebenfalls im Herbst sammeln Darmstädter Kinder 662 kg Obstkerne.

Schlangen vor dem Geschäft für Molkereiprodukte von Wilhelm Reitinger in der Soderstraße, um Käse zu ergattern, Oktober 1916

Kartoffelverkaufsstelle hinter der Stadtkirche, 1916

Nachgebaute Schützengräben – Die Musealisierung des Krieges

Das Bedürfnis nach authentischer Information über das Kriegsgeschehen an den Fronten – der Film als Mittel der Darstellung steckt noch in den Kinderschuhen – führt dazu, das Erleben realer Kriegserfahrung an der Heimatfront museal zu inszenieren. Schon im März und April 1915 hat man am Griesheimer Weg in der Nähe des Hauptbahnhofs Schützengräben nachgebaut, um die Bevölkerung mit der neuen Kriegsstrategie des Stellungskriegs vertraut zu machen. Vom 3. März bis zum 30. April 1916 wird im Darmstädter Schloss die „Deutsche Kriegsausstellung" gezeigt, eine Wanderausstellung, die vom Deutschen Roten Kreuz mit Unterstützung des Preußischen Kriegsministeriums veranstaltet und in über 80 Städten des Deutschen Reiches gezeigt wird. Die Schau soll vor allem „zur Erregung eines starken vaterländischen Gefühls" und „zur Erstarkung berechtigten Stolzes" beitragen, so der Katalog. Gezeigt werden Waffen, Kriegsgerät aller Art und Uniformen, die die deutschen Truppen in den ersten beiden Kriegsjahren erbeutet haben. Mit dem Eintrittsgeld und dem Verkauf von echten Granatsplittern soll die Arbeit des Roten Kreuzes unterstützt werden. 43 000 Besucher werden am Ende der Ausstellung gezählt.

Der 1916 eröffnete Altbau des Kinderheims Haus Waldeck in Traisa. In diesem mit Mitteln einer wohltätigen Stiftung erworbenen Gebäude bringt die Darmstädter Stadtverwaltung eine steigende Zahl von Halbwaisen und Waisen unter. In den ersten Jahren leben im Durchschnitt etwa 50 Kinder hier

Englischer Doppeldecker „Curtiß", aufgestellt im Glockenhof des Schlosses während der „Deutschen Kriegsausstellung"

Kein Metall mehr im Alltag

Im dritten Kriegsjahr schlägt die von der Obersten Heeresleitung angeordnete Bewirtschaftung aller kriegswichtigen Stoffe endgültig in den Alltag der Stadtbewohner durch und die „Heimatfront" hat zunehmend mit dem Verschwinden bislang gewohnter Güter aus dem Alltagsleben zu kämpfen. So muss schon am 15. Februar der Betrieb der elektrischen Straßenbahn wegen Kohlenmangels eingeschränkt werden und die für Rüstungszwecke eingezogenen Kupfermünzen werden ebenfalls seit Mitte Februar durch Aluminiummünzen und Notgeldscheine ersetzt. Auf dem 50-Pfennig-Schein erscheint erstmals das seit dem 29. März gültige neue Stadtwappen unter der Großherzogskrone. Auch die Post muss Ende August den Kriegsereignissen Tribut zollen: am 31. August endet die Postzustellung per Fahrrad, weil die Posträder für das Militär beschlagnahmt sind. Uneinheitlich befolgt wird allerdings die im März angeordnete Einziehung der Kirchenglocken zur Gewinnung von Edelmetall: während das Geläut der Pauluskirche hiervon aus künstlerischen Erwägungen verschont bleibt, muss die Eberstädter Dreifaltigkeitsgemeinde ihre Glocken herausgeben.

Der Vorstand der evangelischen Dreifaltigkeitsgemeinde in Eberstadt beim „Glockenabschied" im Juli 1917. Die für Rüstungszwecke eingeschmolzenen Glocken werden erst 1920 durch Neugüsse ersetzt

Als Metallgeldersatz ausgegebener Notgeldschein im Nennwert von 50 Pfennig mit einer Ansicht des Luisenplatzes

1917

WAS SONST NOCH GESCHAH

13. März: Das 25. Regierungsjubiläum Großherzog Ernst Ludwigs wird trotz des Krieges festlich begangen.

29. März: Großherzog Ernst Ludwig verleiht der Haupt- und Residenzstadt anlässlich des Thronjubiläums das Recht, die Großherzogskrone auf dem Stadtwappen zu führen.

30. April: Die SPD-Fraktion im Landtag beantragt die alsbaldige Einführung des allgemeinen und gleichen Wahlrechtes für Landtagswahlen. Am 25. Oktober schließen sich auch die fortschrittlichen Demokraten dieser Gesetzesinitiative an.

14. Juni: Eröffnung der „Hessischen Kunstausstellung Darmstadt 1917" auf der Mathildenhöhe.

20. Juni: Nach der im März angeordneten Einziehung der Kirchenglocken zur Gewinnung von Edelmetall für die Rüstung wird aus künstlerischen Erwägungen auf die Beschlagnahme der Glocken der Pauluskirche verzichtet.

8. August: Der Reichstagsabgeordnete Georg Schöpflin von der SPD spricht in der Woogsturnhalle über „Frieden und Demokratie".

6. September: Der spätere hessische Finanzminister Konrad Henrich wird von der Stadtverordnetenversammlung zum besoldeten Beigeordneten gewählt.

2. Oktober: Darmstadt erlebt den ersten ernsten Fliegeralarm; schon seit Anfang September ist nächtliche Verdunkelung angeordnet.

27. November: Der Berliner Verleger Otto Reichl siedelt mit seinen beiden Verlagen „Otto Reichl Verlag" und „Leuchter-Verlag" nach Darmstadt über. Der Leipziger Verleger Kurt Wolff, der zu Beginn des Jahres die stillgelegte Elizabeth-Duncan-Schule auf der Marienhöhe gekauft hat, gründet gemeinsam mit seinem Schwager Peter Reinhold und dem Maler Paul Thesing in Darmstadt einen Verlag „Der Neue Geist".

18. Dezember: Elisabeth Altmann-Gotheimer aus Mannheim hält vor der Ortsgruppe des Allgemeinen Deutschen Frauenvereins einen Vortrag über „Das Gemeindewahlrecht der Frau".

Ein kalter Kriegswinter – Kohlenmangel lässt Darmstadts Schuljugend enger zusammenrücken

Da mit zunehmender Kriegsdauer auch die bislang verschont gebliebenen Grubenarbeiter verstärkt zum Kriegsdienst eingezogen werden, kommt es im Winter 1916/17 zu einem Kohlenmangel, unter dem insbesondere die Schulkinder zu leiden haben. Eine Verlängerung der Weihnachtsferien bis zum 15. Februar 1917 kann die Situation nur vorübergehend entschärfen und im Verlauf des weiteren Schuljahres müssen Darmstadts Schüler schließlich räumlich enger aufeinanderrücken und Schichtunterricht auf sich nehmen. Der Unterricht des Neuen Gymnasiums und der Liebig-Oberrealschule findet nun gemeinsam im Neuen Gymnasium statt und wechselt wochenweise zwischen beiden Anstalten von 8–12 Uhr oder von 2–6 Uhr. Gleichzeitig nimmt das LGG noch Schüler aus dem alten Gymnasium und der Ludwigsoberrealschule auf. Die Viktoriaschule unterrichtet nachmittags in der Mittelschule II (Mornewegschule) und die Eleonorenschule ebenfalls nachmittags in der Mädchen-Mittelschule I (Goetheschule). Das schlechteste Los hat möglicherweise das Realgymnasium gezogen, denn dessen Schüler werden auf das Pädagog, die Pestalozzischule und die Knabenschule I (Ballonschule) verteilt.

Entwurf zu einem Friedenshain am Großen Woog mit architektonischer Fassung des Darmbachzuflusses vom Mitglied der Künstlerkolonie Darmstadt Albinmüller. Der Architekt widmet seinen Entwurf Großherzog Ernst Ludwig zu dessen 25-jährigem Thronjubiläum am 13. März 1917

Waldfriedhof. 1917 von der Stadt Darmstadt angelegte Ehrengräber für gefallene deutsche Soldaten

1918 Novemberrevolution in Darmstadt

WAS SONST NOCH GESCHAH

24. Januar: Zwischen 21.30 und 22.00 Uhr herrscht Fliegeralarm. Im Hoftheater wird eine Hamlet-Aufführung abgebrochen.

12. Februar: Der Kohlenmangel zwingt zur Zusammenlegung der Bäckereibetriebe. Schon seit 10. Januar waren die Ladenöffnungszeiten eingeschränkt worden, um Kohlen zu sparen.

5. März: Anlässlich des am 3. März mit Russland geschlossenen Friedens von Brest-Litowsk erhalten die Schüler in Darmstadt schulfrei.

18. Mai: In den Ausstellungshallen auf der Mathildenhöhe wird die bis 18. Oktober dauernde Schau „Ausstellung Deutscher Kunst Darmstadt 1918" eröffnet.

27. Juni: Die Stadt richtet zur Bekämpfung der wachsenden Wohnungsnot an der Landgraf-Philipp-Anlage einen Wohnungsnachweis ein.

16./17. Juli: Zarin Alexandra Feodorowna von Russland, die Schwester des Großherzogs Ernst Ludwig, wird mit ihrem Mann, Zar Nikolaus II., und ihren fünf Kindern in Jekaterinenburg von Bolschewiki ermordet.

19. September: Das aus der Sammlung des Großherzogs Ernst Ludwig entstandene Jagdmuseum im Schloss Kranichstein wird eröffnet.

9. November: Nach der noch in der Nacht verkündeten Absetzung von Großherzog Ernst Ludwig wird Hessen auf dem Marienplatz zur „freien sozialistischen Republik" ausgerufen.

11. November: Carl Ulrich, der Vorsitzende der SPD-Landtagsfraktion, wird vom Hessischen Arbeiter-, Bauern- und Soldatenrat mit der Bildung einer provisorischen Regierung beauftragt.

9. Dezember: Mit Rücksicht auf die in Ausführung des Waffenstillstands angeordnete Entmilitarisierung wird der Hessische Arbeiter-, Bauern- und Soldatenrat in Darmstadt in Volksrat für die Republik Hessen umbenannt.

14. Dezember: Die unmittelbar vor der Stadtgrenze gezogene Demarkationslinie sperrt den Straßenbahnverkehr nach Griesheim.

Am 8. November bilden in Griesheim stationierte Soldaten einen Hessischen Arbeiter-, Bauern- und Soldatenrat, der noch in der Nacht die Absetzung des Großherzogs verkündet. In einer als Flugblatt und Plakat verbreiteten Proklamation übernimmt er die verantwortliche „Leitung der Bewegung und der Staatsgeschäfte" und ruft am 9. November bei einer Versammlung auf dem Marienplatz die „freie sozialistische Republik Hessen" aus. Zwei Tage später beauftragt der Arbeiter- und Soldatenrat den Vorsitzenden der sozialdemokratischen Landtagsfraktion, Carl Ulrich, mit der Bildung einer provisorischen Regierung, an der auch Mitglieder der Zentrumspartei und der Fortschrittlichen Volkspartei beteiligt werden. Die Amtsübergabe verläuft reibungslos, und die großherzoglichen Staatsminister werden am 13. November ordnungsgemäß in den Ruhestand versetzt.

Ein vom Hessischen Arbeiter- und Soldatenrat eingerichtetes siebenköpfiges Revolutionstribunal kann zur Aufrechterhaltung von Recht und Ordnung die Todesstrafe verhängen

Der Hessische Arbeiter- und Soldatenrat im Garten des Darmstädter Ständehauses. In der ersten Reihe, dritter von links sitzt der spätere Darmstädter Bürgermeister Heinrich Delp

Demarkationslinie reicht bis an die Stadtgrenze der Landeshauptstadt Darmstadt

Am 14. Dezember rücken die französischen Truppen im Rahmen des Waffenstillstandsabkommens zur Sicherung der Rheinlandbesetzung in die als „Brückenkopf Mainz" bezeichneten Gebiete am rechten Rheinufer ein, zu denen auch der Kreis Groß-Gerau mit Wixhausen, Griesheim und Nord-Arheilgen gehört. Durch die unmittelbar vor der Stadt verlaufende bewachte Demarkationslinie wird der Straßenbahnverkehr zwischen Darmstadt und Griesheim gesperrt. Mit der Besetzung Arheilgens am 23./24. Dezember kommt es auch beim Eisen- und Straßenbahnverkehr in Richtung Frankfurt zu Unterbrechungen. Darmstadt selbst gehört zu einer dem Brückenkopf Mainz vorgelagerten zehn Kilometer breiten neutralen Zone, die von deutschen Truppen geräumt werden muss.

Feindliche Flieger bombardieren Darmstadt

Am Vormittag des 16. August erfolgt ein feindlicher Fliegerangriff auf Darmstadt, bei dem mehrere Häuser in der Nähe des Großen Woogs beschädigt werden. Am schwersten betroffen ist das dreistöckige Wohnhaus in der Soderstraße 110, das durch eine bis zum Keller durchschlagende Bombe zum Einsturz gebracht wird. Weitere bedeutende Gebäudeschäden entstehen an den Häusern Inselstraße 27, Roßdörfer Straße 77, Gervinusstraße 43 und 45 sowie an den Woogsanlagen. Mehrere Menschen werden bei dem Angriff verletzt, zwei sterben in den Trümmern.

Plakat zur Ausstellung „Deutsche Kunst Darmstadt 1918"

Bei einem französischen Fliegerangriff auf Darmstadt wird am 16. August das Haus Soderstraße 110 zerstört

„Hessische Radikale Blätter"

Im Januar gründen Carlo Mierendorff, Theo Haubach und Kasimir Edschmid in Darmstadt eine Zeitschrift mit dem Titel „Das Tribunal. Hessische Radikale Blätter" im Verlag „Die Dachstube". Mit geistigen Mitteln wollen die Herausgeber versuchen, was das Revolutionstribunal des Arbeiter- und Soldatenrates nicht vermochte: „die Menschen zu revolutionieren". Man orientiert sich an den literarisch-politischen Vorbildern wie Georg Büchner, Helfrich Peter Stürz und dem „Datterich" von Ernst Elias Niebergall und veröffentlicht Gedichte u.a. von Hans Schiebelhuth sowie Graphiken und Karikaturen von Hermann Keil und Ludwig Meidner. Die Darmstädter Zeitung lobt in der ersten Ausgabe des „Tribunals" den Verlag mit den Worten: „Hier ist ein Drang zum Willentlichen, zur schärfsten Bewusstheit, weit entfernt von jeder spielerischen Geste." Anerkennung äußert auch die Neue Züricher Zeitung mit etwas Schärfe im Unterton: „Bemerkenswert in einer Stadt, die neueren Dingen nicht entgegenkommt." Zu den hier zu lesenden Texten im ersten und zweiten Jahrgang gehören solche von Wilhelm Michel, Johannes R. Becher, Otto Flake und Ivan Goll.

Mitglieder des Verlags „Die Dachstube"

Das Tribunal: Titelblatt des ersten Heftes von H. Engert „Judith"

Erstaufführung des „Wozzeck" in Darmstadt

Mit seinem letzten Dramenfragment „Wozzeck" wird im Landestheater Darmstadt am 24. September erstmals ein Stück von Georg Büchner im Rahmen einer Gedächtnisfeier in seiner Heimatstadt aufgeführt. Die Dekorationen nach Entwürfen des Malers Svend Gade unter der Leitung von Kurt Kempin sollen dem „gewaltigen Werk zu einer würdigen Darstellung" verhelfen. Ebenso haben sich Schauspieler ersten Ranges bereit erklärt, auch kleinere Rollen zu übernehmen. Auf Anregung des Darmstädter Schriftsteller- und Journalistenvereins übernimmt Dr. Anton Büchner, ein Großneffe Georg Büchners, die Würdigung des Menschen und Dichters.

Der „1. Hessische Volkshochschulkursus"

An der TH Darmstadt eröffnet am 28. April der erste hessische Volkshochschulkurs und legt den Grundstein zum weiteren Ausbau der Volkshochschulen. Die neu eingerichtete „Zentralstelle zur Förderung der Volksbildung und Jugendpflege in Hessen" koordiniert die Arbeit der Parteien und Gewerkschaften, Kirchen und Vereine, der Volkshäuser und -büchereien sowie der Volksbühnen zur Förderung der Volksbildung und Jugendpflege, die als „eine der dringendsten Forderungen der Gegenwart und Zukunft" gesehen werden. Am 2. November wird die Volkshochschule Darmstadt unter der Leitung von Professor Gustav Pfannmüller eröffnet.

Wahlplakat der Deutschen Volkspartei zu den Wahlen im Januar 1919. Drucker H. Hohmann, Darmstadt. Sign. Hartmuth Pfeil

Protestversammlung am 14. Mai auf dem Marienplatz gegen den Versailler Vertrag. Hier: die großherzogliche Familie an der Mauer des Palaisgartens

1919

WAS SONST NOCH GESCHAH

26. Januar: Die SPD erzielt mit 44,5% bei den Wahlen zur verfassunggebenden Volkskammer in Darmstadt mit ihren Regierungspartnern die Mehrheit. Erstmals sind auch Frauen wahlberechtigt.

11. Februar: Der Hessische Volksrat löst sich auf und überträgt die gesetzgebende Gewalt auf die für den 13. Februar einberufene Volkskammer.

20. Februar: Die Volkskammer verabschiedet eine „Vorläufige Verfassung des Freistaats Hessen".

4. März: Das neu geschaffene Landesamt für das Bildungswesen verfügt die gemeinsame Einschulung aller schulpflichtigen Kinder in die ersten Klassen der öffentlichen Volksschulen. Entsprechende Gymnasial- und Privatschulklassen werden untersagt.

1. Mai: Der seit 1899 von der Arbeiterbewegung gefeierte „Tag der Arbeit" wird in Hessen erstmals als „allgemeiner Feiertag" begangen.

8. Juni: Eine Gruppe junger Künstler und Literaten gründet die „Darmstädter Sezession" als „Sammelpunkt radikaler künstlerischer Bestrebungen in Darmstadt und auf dem kulturell zugehörigen Gebiet".

16. August: In Eberstadt wird das „vornehme Lichtspielhaus" des Odeon-Theaters in der Darmstädter Straße eröffnet.

14. September: Der erste Zug mit über 950 aus englischer Gefangenschaft entlassenen Soldaten trifft im Hauptbahnhof ein.

1. November: Die Stadt Darmstadt übernimmt zur Verbesserung der Brennstoffversorgung die Erschließung des Braunkohlenlagers der Gewerkschaft „Prinz von Hessen". Der Grubenbetrieb beschäftigt im Rahmen der „produktiven Arbeitslosenfürsorge" 50 bis 60 Arbeiter.

30. November: Jakob Jung, der Ortsvereinsvorsitzende der SPD, wird in Arheilgen mit großer Mehrheit zum Bürgermeister gewählt.

12. Dezember: Mit der Verkündung der „Hessischen Verfassung" wird die Verfassungsgebende Volkskammer zum „Landtag des Volksstaats Hessen".

1920 — Ein neuer Stadtteil entsteht

WAS SONST NOCH GESCHAH

22. Januar: Der erste Transport aus Frankreich zurückkehrender Kriegsgefangener trifft auf dem Truppenübungsplatz Griesheim ein.

1. Februar: Die Stadt Darmstadt übernimmt den schon 1894 angekauften Gehaborner Hof, der seit 1909 verpachtet war, in eigene Bewirtschaftung.

13. März: Die Nachricht vom Kapp-Putsch und der Flucht der Reichsregierung führt in Darmstadt zu Tumulten. Als der SPD-Landtagsabgeordnete Julius Reiber auf dem Marienplatz zu einer großen Menge spricht, wird er von einem KPD-Mitglied von der Mauer gestoßen, auf der er steht. Einige Personen werden in „Schutzhaft" genommen.

5. September: Die neue Spielzeit am Landestheater beginnt mit einer Neuinszenierung von Schillers „Jungfrau von Orleans" durch den im Juli nach Darmstadt berufenen Intendanten Gustav Hartung.

1. Oktober: Aufhebung der im Ersten Weltkrieg eingeführten Zwangswirtschaft.

21. Oktober: Die Stadtverordnetenversammlung bewilligt 59 000 Mark für die Anlage eines neuen Sportplatzes am Böllenfalltor.

23. November: Der Philosoph Graf Hermann Keyserling eröffnet in Darmstadt seine „Schule der Weisheit". Das Institut will in Vorträgen und Tagungen zu philosophisch-kritischer Auseinandersetzung mit Gegenwartsfragen anregen.

Hermann Graf Keyserling, Begründer der Schule der Weisheit

Zur Bekämpfung der akuten Wohnungsnot in Darmstadt, die durch heimkehrende Soldaten und Vertriebene aus Elsass-Lothringen und aus den französisch besetzten Gebieten noch verschärft wird, erschließt die Stadtverwaltung ein Gelände am Dornheimer Weg, wo in einfacher normierter Bauweise und mit wesentlicher Eigenleistung der künftigen Bewohner eine Reihe preiswerter Wohnhäuser entstehen. Die Heimstätten-Baugesellschaft beginnt noch 1920 mit dem Bau von 17 Häusern am Dornheimer Weg und in der Rabenaustraße. Insgesamt werden in den nächsten Jahren 67 Wohneinheiten fertig gestellt. Die Eisenbahner-Baugenossenschaft, deren Mitglieder in den nahe gelegenen Bahnwerkstätten arbeiten, beginnt ebenfalls 1920 zwischen Rabenaustraße und Rodensteinweg mit der Errichtung von Kleinsiedlungshäusern mit Garten und Stall. Die Siedler müssen mindestens 25 Stunden in der Woche selbst Hand anlegen. Zehn Jahre nach Baubeginn werden über 2000 Menschen in der neuen Siedlung, die erst später den Namen „Waldkolonie" erhält, eine neue Bleibe gefunden haben.

Siedlerhäuser in der Waldkolonie an der Rabenaustraße, Ecke Illigweg

Darmstadt wird von Franzosen besetzt

In den frühen Morgenstunden des 6. April rücken 6 Bataillone französischer Truppen in Darmstadt ein. Die Strafaktion, die auch Frankfurt, Bad Homburg, Offenbach und Hanau erfasst, wird begründet mit der Verletzung der Entmilitarisierungsvorschriften durch die Reichswehr, die im Ruhrgebiet einmarschiert ist, um dort Unruhen im Gefolge des „Kapp-Putsches" zu unterdrücken. Von 22.30–5.00 Uhr herrscht Ausgangssperre in der ganzen Stadt. Staatspräsident Carl Ulrich protestiert vergeblich gegen die Besetzung. Das in Darmstadt stationierte deutsche Schützenbataillon wird nach Gießen verlegt. Es kehrt auch nach dem Ende der französischen Besetzung am 17. Mai nicht nach Darmstadt zurück.

Expressionismus – Erste große Schau der neuen Kunstrichtung

Auf der Mathildenhöhe findet vom 10. Juni bis zum 30. September die von der „Darmstädter Sezession" in Verbindung mit dem „Ständigen Rat zur Pflege der Kunst in Hessen" organisierte Ausstellung „Deutscher Expressionismus Darmstadt 1920" statt.
Die Eröffnung der Schau, die einen Überblick über das Schaffen expressionistischer Künstler, hauptsächlich aus Deutschland bietet, findet vor großem Publikum in Anwesenheit von Staatspräsident Carl Ulrich statt.
Weit über 1000 Gemälde, Zeichnungen und Skulpturen von Otto Dix, Wassily Kandinsky, Oskar Schlemmer, Emil Nolde, Paula Modersohn-Becker, Ludwig Meidner, Ernst Ludwig Kirchner, Rudolf Belling, Wilhelm Lehmbruck u. v. a. werden gezeigt, nicht ausschließlich Werke des Expressionismus, sondern auch der Neuen Sachlichkeit und des Kubismus, somit ein breites Spektrum aller Richtungen künstlerischer Avantgarde zwischen 1910 und 1920.
Die Ausstellung bietet zugleich einen Ausblick auf die Stilvielfalt der 1920er Jahre. Sie findet großes Interesse, obwohl das konservative Bürgertum der Stadt z. T. empört reagiert.

Plakat zur Ausstellung „Deutscher Expressionismus Darmstadt 1920", Entwurf von Carl Gunschmann

Deutlicher politischer Rechtsruck

1921

Auch in Darmstadt kann man schon 1921 den für das Jahrzehnt typischen politischen Rechtsruck und das damit einhergehende Erstarken des Antisemitismus erkennen. Als die extreme politische Rechte am 25. Mai gegen die Uraufführung von Kasimir Edschmids „Kean" im Landestheater protestiert, bleibt leider auch die antisemitische Spitze gegen den seit Herbst 1920 amtierenden Theaterintendanten Hartung nicht verborgen. Und als die Sozialdemokraten am 30. Juni ihren ins politische Kreuzfeuer geratenen Innenminister Heinrich Fulda fallen lassen und seinen Rücktritt veranlassen, musste man das aufgrund der Vorereignisse auch als eine Konzession an den politischen Antisemitismus verstehen. Bei den Landtagswahlen am 27. November weicht das Darmstädter Ergebnis schließlich deutlich von dem des Landes ab: während sich auf Landesebene die Weimarer Koalition behaupten kann, geht in Darmstadt mit der DVP die Führungspartei der politischen Rechten als eindeutiger Sieger aus der Landtagswahl hervor (40%).

Segelflug als Ersatz und Wissenschaft

Als nach dem Ende des Ersten Weltkrieges der Versailler Friedensvertrag den Motorflug im Deutschen Reich unterbindet, finden die davon Betroffenen ein Ersatzbetätigungsfeld im Segelflug, und die TH Darmstadt, wo seit 1913 ein Lehrstuhl für Luftfahrt besteht, wird zu einem Zentrum der wissenschaftlich begleiteten Hochleistungssegelfliegerei. Ehemalige Kampfflieger und Studenten gründen am 19. Januar unter maßgeblicher Mitwirkung des TH-Professors Friedrich Gutermuth die Akademische Fliegergruppe Darmstadt (AKAFLIEG). Auf der Wasserkuppe tritt die AKAFLIEG in einen fruchtbaren Wettbewerb mit Segelfliegern anderer deutscher Hochschulen. Ihr 1923 vorgestelltes Flugzeug „Konsul" gilt als leistungsfähigstes Modell seiner Zeit und holt mit dem Streckenweltrekord von 18,7 Kilometern auch den ersten großen Segelflugrekord nach Darmstadt.

WAS SONST NOCH GESCHAH

17. Januar: Unter den Klängen von Richard Wagners „Meistersinger von Nürnberg" wird im Hessischen Landestheater die Reichsgründungsfeier der Deutsch-Demokratischen Partei vollzogen.

24. Februar: Ein Herr G. Seifert aus Elberfeld spricht im Städtischen Saalbau über: „Die Welt geht zu Ende! Millionen jetzt lebender Menschen werden nie sterben!".

7. März: In der Gaststätte Schützenhof in der Hügelstraße wird auf Anregung von Regierungsrat Rudolf Schäfer die „Hessische Familiengeschichtliche Vereinigung" gegründet.

25. April: In der vom Militär geräumten Ernst-Ludwig-Kaserne wird das Darmstädter Studentenheim eröffnet

12. Mai: Wilhelm Glässing und Rudolf Mueller werden auf zwölf Jahre als OB und Beigeordneter wieder gewählt.

21. Mai: Die ersten Bewohner der seit Sommer 1919 im Bau befindlichen Siedlung am Dornheimer Weg beschließen die Bildung einer „Interessengemeinschaft Waldkolonie in Darmstadt".

24. Juli: Am Böllenfalltor wird das neue Stadion des Sportvereins 1898 (SV 98) eröffnet.

26. August: Die Bank für Handel und Industrie eröffnet eine Filiale in dem zu diesem Zweck umgebauten ehemaligen Hotel Heß in der Rheinstraße (später Darmstädter und Nationalbank).

21. September: Infolge der Explosion des Werkes Oppau der BASF bei Ludwigshafen zersplittern noch in Darmstadt Fensterscheiben.

10. Oktober: Im Treppenhaus des Realgymnasiums werden Richard Hölschers Wandbilder nach Motiven aus der Siegfriedsage enthüllt.

26. Oktober: Erstaufführung von Berhard Shaws „Cäsar und Kleopatra" im Hessischen Landestheater.

28. November: Bei einem Eisenbahnunglück im Hauptbahnhof sind zwölf Verletzte zu beklagen.

Gruppe vom Umzug der Maifeier 1921

Sommerfeste für Kinder in Not

Ein Zeichen der Zeit sind die zahlreichen Wohlfahrtsveranstaltungen für notleidende Kinder. Unter dem Dach der „Darmstädter Kinderhilfe" finden zwischen dem 18. Juni und dem 2. Juli alleine neun Kulturveranstaltungen statt, deren Erlös der Unterstützung bedürftiger Kinder zugute kommt. Das Programm reicht von einem großen Sportfest im Herrngarten bis zur Aufführung von Dr. Büchners Lokalposse „E geplagter Familjevatter" im Landestheater. Den obligatorischen Umzug bieten am 19. Juni der Hessische Automobilklub und der Darmstädter Velocipedklub. Ein von der Autoparade gedrehter Dokumentarfilm wird auf der Abschlussveranstaltung am 2. Juli im Saalbau uraufgeführt.

Auf Einladung der Darmstädter „Schule der Weisheit" und ihres Leiters Graf Hermann Keyserling kommt der indische Religionsgelehrte Rabindranath Tagore am 9. Juni für mehrere Tage nach Darmstadt

Die 1921 errichteten Häuser mit Kleinwohnungen Rhönring 18–24 von Architekt und Stadtbaumeister August Buxbaum

Festpostkarte zum 300-jährigen Jubiläum des Leibgarde-Infanterie-Regiments 115

1922 Gewalttätige Ausschreitungen

WAS SONST NOCH GESCHAH

2. Januar: Wegen einer bereits im Dezember ausgebrochenen Grippeepidemie werden die Weihnachtsferien an den Darmstädter Schulen bis zum 16. Januar verlängert.

7. Februar: Ein Eisenbahnerstreik legt den Güterverkehr in Darmstadt lahm. Das Eingreifen der Technischen Nothilfe ermöglicht einen Notverkehr.

7. März: Die Inflation ist nicht aufzuhalten. Der Dollarkurs ist bereits auf 261,50 Mark gestiegen. Am Jahresende sind es 9393,45 Mark.

31. März: Der Linienverkehr der veralteten Dampfstraßenbahnen nach Griesheim und Arheilgen wird eingestellt. Er wird erst im Oktober 1926 wieder aufgenommen, nachdem die Elektrifizierung der Strecken abgeschlossen ist.

27. Juni: Nach der Ermordung des Reichsaußenministers Walther Rathenau kommt es in Darmstadt nach einer Protestkundgebung zu gewaltsamen Ausschreitungen.

Juli: Im Verlag des Historischen Vereins in Darmstadt erscheint die erste Nummer der Zeitschrift „Volk und Scholle. Heimatblätter für beide Hessen, Nassau und Frankfurt a. M.".

30. August: Die in der Rheinstraße ansässige, 1852 als Bank für Industrie und Handel gegründete „Darmstädter Bank" schließt sich mit der Berliner Nationalbank zur „Danat-Bank" zusammen.

13. Oktober: Als Folge der Inflation stellt die HEAG auf fast allen Strecken der elektrischen Straßenbahnen den Verkehr ein. Nur noch auf den Linien 1, 2 und 3 sowie der Eberstädter Linie wird der Verkehr aufrecht erhalten.

19. November: Bei der Stadtverordnetenwahl wird die DVP mit 33,9 % stärkste Partei. Die SPD erhält 32,6 %, die Demokraten 8,1 %, die DNVP 7,3 % und die KPD 5,5 % der Stimmen.

1. Dezember: Die „Hessische Landeszeitung" und der „Tägliche Anzeiger" werden zum „Täglichen Hessischen Anzeiger" zusammengelegt.

Am Tage der Beisetzung des von ehemaligen Offizieren der Organisation Consul in Berlin ermordeten Reichsaußenministers Walther Rathenau versammeln sich am 27. Juni auf dem Darmstädter Marktplatz mehr als 10 000 Menschen. Sie protestieren gegen die Welle antidemokratischer Gewalt, die mit der Ermordung des Finanzministers Matthias Erzberger im August 1921 begonnen hatte. Im Anschluss an die Kundgebung kommt es zu Tätlichkeiten konkurrierender politischer Gruppen, einige Demonstranten ziehen durch die Stadt und entfernen Hoflieferantenschilder. Die Wohnung des DVP-Mitglieds Arthur Osann wird verwüstet, und der DVP-Landtagsabgeordnete Eduard Dingeldey wird gewaltsam durch die Straßen bis zum Marktplatz geschleift, wo man versucht, ihn an einer Laterne zu erhängen. Nur mit Mühe kann dieses Verbrechen verhindert werden. Die Wut richtet sich auch gegen die Zeitungen der politischen Gegner. Die Einrichtungen der „Hessischen Landeszeitung" und des „Darmstädter Täglichen Anzeiger" werden zerstört.

Nach der Ermordung des Reichsaußenministers Walther Rathenau mahnt die Regierung an die Vernunft der Bevölkerung und ruft zu Einigkeit auf

Auf der Ausstellung „Deutsche Kunst 1922" in den Ausstellungshallen auf der Mathildenhöhe wird Paul Thesings Porträt des Staatspräsidenten Carl Ulrich präsentiert

Gründung der Städtischen Akademie für Tonkunst

Am 17. August beschließt die Stadtverordnetenversammlung die Übernahme von drei privaten Musikschulen, die durch die Notzeit der Nachkriegsjahre in wirtschaftliche Bedrängnis geraten waren: das Konservatorium für Musik von Wilhelm Süß, das Beethoven-Konservatorium von Martin Vogel und die von Wilhelm Schmitt geleitete Akademie für Tonkunst. Am 1. Oktober gehen die Schulgebäude in der Elisabethen-, Mühl- und Soderstraße sowie das Inventar an Instrumenten, Noten und geschäftlichen Einrichtungen in den Besitz der Stadt Darmstadt über, die die Musikschulen in der Städtischen Akademie für Tonkunst zusammenführt und mit den 18 übernommenen Lehrkräften in Betrieb nimmt. Kurz darauf folgt die Angliederung des von dem Komponisten Arnold Mendelssohn geleiteten Seminars zur Ausbildung von Musiklehrern. Mit einem feierlichen Konzert im Kleinen Haus des Landestheaters wird die Städtische Akademie für Tonkunst am 20. November offiziell eröffnet.

1922 wird der Grundstein für die bis 1926 vom hessischen Staat errichteten Beamtenwohnungen in der Hobrechtstraße gelegt

Zeitungsseite für 50 Milliarden Mark — 1923

Mit Einführung der Rentenmark am 16. November wird die Inflation beendet, die zuletzt den Preis für einen Liter Milch auf nicht mehr vorstellbare 400 Milliarden Mark getrieben hatte. Bereits im August kam es zu gewalttätigen Ausschreitungen in der Altstadt; ein Kind wurde getötet, mehrere Demonstranten und Polizisten wurden hierbei verletzt. Auf dem Höhepunkt der Inflation kamen die Notenpressen mit dem Gelddrucken gar nicht mehr nach, so dass sowohl die Stadt Darmstadt als auch die Südhessische Eisenbahn AG, so wie die Firma Bahnbedarf AG eigenes Notgeld drucken. Andere Firmen wie z. B. Merck, Röhm und Haas und Modag gaben betriebsinternes Geld auf Festmark oder Dollarbasis heraus. Die wohl ebenfalls wegen des Papiermangels auf eine einzige Seite reduzierte „Darmstädter Zeitung" wird schließlich von 50 Milliarden Mark auf 10 Goldpfennig heruntergesetzt.

„Deutsche Kunst 1923" – Ausstellung im Gebäude des Kunstvereins und auf der Mathildenhöhe, Druck von H. Hohmann, Darmstadt

Ab 1923 hat die Danat-Bank ihren Sitz im ehemaligen Hotel Hess in der Rheinstraße

Ein „Hessischer Staatspreis" unter dem Namen Georg Büchners

Am 11. August findet erstmals die Verleihung des Georg-Büchner-Preises als „Hessischer Staatspreis" statt. Der Preis des Volksstaates Hessen, der auf Antrag des demokratischen Abgeordneten Julius Reiber ins Leben gerufen wurde, wird in der Landeshauptstadt Darmstadt an den Komponisten Arnold Mendelssohn, der sich mit einem Darmstadtlied („Darmstadt zum Gruß") zum Stadtjubiläum 1930 bedankt, und an den Schriftsteller Adam Karrillon verliehen. Der Preis soll zunächst nur an hessische Künstler vergeben werden und ein Zeichen setzen, dass nicht „nur die Fürsten die Bedeutung der Kunst und des Künstlers zu würdigen wissen, sondern dass der neue Volksstaat anerkennt, dass die Kunst und die Künstler eine Angelegenheit der Allgemeinheit sind." Gegen die Stimmen und Argumente der Deutschnationalen Partei im Landtag, die die dichterische Leistung Büchners in Zweifel zog und den Preis eher politisch motiviert einschätzte, wird der Preis nach dem Urteil des aus Darmstadt stammenden Literaturprofessors Friedrich Gundolf befürwortet und im Zeichen des inflationären Währungsverfalls auf 3 Millionen Mark festgelegt. Zwischen 1923 und 1932 werden je zwei Künstler mit dem Preis geehrt.

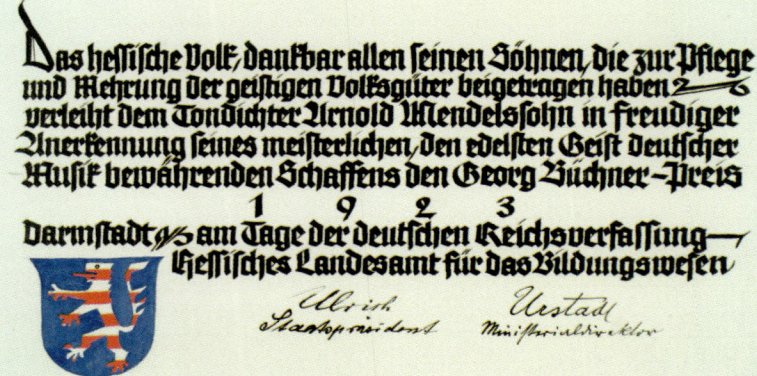

Die erste Urkunde des Georg-Büchner-Preises an Arnold Mendelssohn

Kinderdankfest in der Jägertorschule anlässlich der Quäkerspeisung

WAS SONST NOCH GESCHAH

21. Januar: Die Erstaufführung von Georg Büchners „Leonce und Lena" löst mit der Darstellung des Hofpredigers als katholischer Bischof Proteste aus.

3. März: In Verbindung mit der französischen Besetzung des Ruhrgebietes besetzt die französische Militärverwaltung die Darmstädter Eisenbahnwerkstätten sowie das Elektrizitätswerk am Dornheimer Weg und die Waldkolonie. Für den Zugang zum Waldfriedhof sind Passierscheine erforderlich.

28. April: Die Nationalsozialistische Deutsche Arbeiterpartei (NSDAP) wird im Volksstaat Hessen für verfassungsfeindlich erklärt.

8. Juni: Rechts orientierte Studenten bekunden am Hauptbahnhof ihre Sympathie für den von einem französischen Militärgericht verurteilten und am 26. Mai bei Düsseldorf hingerichteten Freikorps-Kämpfer Albert Schlageter.

22. Oktober: Bei einem wiederholten Putschversuch der rheinischen Separatisten wird der hessentreue Arheilger Bürgermeister Jakob Jung von der französischen Besatzungsmacht verhaftet. Auch Pfarrer Karl Grein wird mit 28 weiteren Bürgern für sechs Wochen inhaftiert.

„Der soll vergehen, wie der Schnee". Protest gegen die französische Besetzung in Form eines Schneemanns vor dem Hessischen Landesmuseum

16. November: Einführung der Rentenmark und Ende der Inflation.

1924 — 5 Jahre Weimarer Reichsverfassung

WAS SONST NOCH GESCHAH

21. Januar: Ein Eisenbahn-Zusammenstoß auf dem Darmstädter Hauptbahnhof fordert mehrere Opfer.

28. Februar: Die Stadtverordnetenversammlung beschließt die Errichtung eines Licht- und Luftbades auf der Insel im Großen Woog.

10. März: Die Reichspost ersetzt die bisher zur Paketzustellung eingesetzten gelben Pferdewagen durch Kraftwagen. Pakete werden ab jetzt mit dem Auto zugestellt.

11. Mai: Die Landesregierung gründet zur Bekämpfung der Wohnungsnot eine „Wohnungsfürsorgegesellschaft für Hessen". In den für das Schlossmuseum nicht benötigten Teilen von Glocken- und Kirchenbau sind Wohnungen für 14 Familien entstanden.

4. Juni: In Coburg bestätigt die Generalversammlung der Max Roesler Feinsteingut-Fabrik AG den Ankauf der ehemaligen Großherzoglichen Keramischen Manufaktur Darmstadt. Die Fabrikation von Roesler-Geschirr in der 1925/26 ausgebauten Abteilung Darmstadt wird 1931 eingestellt.

3. Juli: Die Gemeinschaft der Siebenten-Tags-Adventisten kauft das Anwesen der ehem. Elizabeth-Duncan-Schule und eröffnet hier nach den notwendigen Umbauten am 13. September 1925 das „Seminar Marienhöhe".

13. Juli: Eröffnung des Darmstädter Flugplatzes auf der Lichtwiese, der zunächst von den Hessenfliegern genutzt wird.

3. September: Die französische Besetzung des Hauptbahnhofs und der Waldkolonie (seit 3. März 1923) wird aufgehoben. Am 15. November geben die Franzosen auch das Lokomotivausbesserungswerk der Reichsbahn frei.

16. Dezember: Gründung der Hessischen Flugbetriebsgesellschaft zur Errichtung einer Fliegerschule und eines Verkehrsflughafens.

19. Dezember: In Fortführung der vom Weltkrieg unterbrochenen Elektrifizierung der Darmstädter Vorortbahnen wird die inzwischen fertig gestellte Strecke bis zur Merckschen Fabrik in Betrieb genommen.

Kundgebung am 10. August anlässlich des Festes zum fünften Jahrestag der Weimarer Reichsverfassung vor dem Gebäude der Hofapotheke, Marktplatz, Ecke Schlossgraben; es spricht Dr. Ludwig Quessel, Reichtagsabgeordneter der SPD und Schriftleiter der Zeitschrift „Hessischer Volksfreund"

Kinderdankfest für die Quäkerspeisung am 25. September in der Jägertorschule. In den Notjahren nach dem Ersten Weltkrieg unterstützen mehrere Hilfsorganisationen in England und den USA, vor allem die Glaubensgemeinschaft der Quäker, die Schulkinderspeisung in Deutschland. Zwischen Frühjahr 1920 und April 1925 werden bis zu 5400 Essen täglich an die Darmstädter Schuljugend ausgegeben. Im Oktober 1924 sind es noch 1460

Bedeutender Zuwachs für die Darmstädter Kunstsammlungen

Generalleutnant Maximilian Freiherr von Heyl zu Herrnsheim (1844–1925), der aus einer alten Wormser Fabrikantendynastie stammt und sich nach seinem Eintritt in den Ruhestand in Darmstadt niedergelassen hat, schenkt der Stadt Darmstadt am 5. Juni seine bedeutende Sammlung von Werken des Malers Arnold Böcklin. Als Kunstsammler und Mäzen hat er besonders Böcklin gefördert und viele seiner Gemälde und Zeichnungen angekauft.
Die umfangreiche Sammlung schenkt Heyl zu Herrnsheim der Stadt Darmstadt mit der Maßgabe, sie im Hessischen Landesmuseum aufzubewahren und auszustellen. Für diese Schenkung ernennt ihn die Stadt am 17. Juli zum Ehrenbürger und die Technische Hochschule zum Dr. Ing. ehrenhalber.

Titelblatt der „Gegenwart", illustrierte Sonderbeilage zum Darmstädter Tagblatt mit dem Bild des am 7. Mai eingeweihten, von Karl Killer entworfenen Denkmals für den Pionier des landwirtschaftlichen Genossenschaftswesens Wilhelm Haas (1839–1913)

Museum für Darmstadt

Großherzog Ernst Ludwig und sein künstlerischer Berater Kuno Graf von Hardenberg eröffnen am 11. Mai das neu eingerichtete Schlossmuseum im vormaligen Residenzschloss. Das Museum zeigt in den ehemaligen Prunk- und Repräsentationsräumen Gemälde, Stiche, Geräte und Mobiliar aus großherzoglichem Besitz, die damit der Öffentlichkeit erstmals zugänglich gemacht werden. Bedeutendstes Ausstellungsstück ist die Holbein-Madonna, die Prinzessin Elisabeth von Preußen durch ihre Heirat mit Prinz Carl von Hessen als Erbstück 1851 nach Darmstadt gebracht hatte. Daneben gehören auch umfangreiche Bestände an Waffen und Uniformen, die später den Namen „Heeresmuseum" erhalten, zu den Sammlungen des Museums.

Arheilger Schwimmbad

Auch die Nachbarn in Arheilgen haben, wie die Darmstädter ihren Woog, nun einen Naturbadesee. Am 3. August wird das neue Gemeindeschwimmbad am „Mühlchen" unter Beteiligung mehrerer auswärtiger Schwimmsportvereine und zahlreicher Arheilger Sportler „eingeschwommen". Das Arheilger Mühlchen liegt idyllisch am Ruthsenbach und fernab vom Straßenverkehr. Der See umfasst eine Wasserfläche von 21 000 Quadratmetern. An dem von Seerosen bewachsenen Vorteich des Schwimmbads sind häufig Fischreiher und andere Wasservögel zu beobachten. Seinen Namen hat es von einer ehemals benachbarten Getreidemühle, die nun als Gastwirtschaft genutzt wird.

Blick in einige Räume des Schlossmuseums mit der Uniform- und Fahnensammlung

Der „Darmstädter Sommer 1925"

Ausgelöst durch die wirtschaftliche und soziale Bedrängnis der 1920er Jahre fordern Fremdenverkehr, Industrie und Kulturverbände eine Intensivierung der öffentlichen Werbemaßnahmen. In der hessischen Landeshauptstadt organisiert man aus diesen Gründen 1925 den so genannten „Darmstädter Sommer", der erstmals seit den Jugendstilausstellungen von 1901–1914 wieder Aufmerksamkeit auf die Stadt lenken soll. Unter dem Motto „Darmstadt gehört zu den Städten, die man kennen muß" laden Kunst, Musik und Sport nach Darmstadt ein. Die Veranstaltungsreihe beginnt am 17. Mai in der Kunsthalle mit einer Ausstellung der Freien Vereinigung Darmstädter Künstler. Zum musikalischen Teil gehören Gastauftritte der ersten Orchester Deutschlands: Die Wiener Philharmoniker unter der Leitung Bruno Walters spielen auf Einladung der Akademie für Tonkunst am 27. Juni im Landestheater, Musikinteressierte können ferner Auftritte der Staatsopernorchester Dresden und Berlin besuchen. Durch die Eröffnung des Flugplatzes auf der Lichtwiese am 1. Juni weiß sich Darmstadt zudem als zukünftiger süddeutscher Knotenpunkt des Luftverkehrs in Szene zu setzen.

Entwurf für ein Restaurant auf dem neuen Flugplatz von den Darmstädter Architekten Krug und Großmann. Präsentiert auf der Architektur-Ausstellung in der Kunsthalle vom 15. August bis 15. September (nicht ausgeführt)

Hessische Gartenbau-Ausstellung in der Bessunger Orangerie vom 8. August bis 14. September. Plakat von Hans Vielmetter

Die Darmstädter Gewerkschaften veranstalten am 28. Juni ein „Fest der Arbeit" mit historischem Festzug. Hier die Buchdrucker

Soziale Kämpfe und soziale Not

Während der „Darmstädter Sommer" ein durchweg positives Bild vom kulturellen Leben der hessischen Landeshauptstadt zeichnet, ist andererseits nicht zu übersehen, dass Mitte der 1920er Jahre zunehmend auch soziale Not und die damit einhergehenden Arbeitskämpfe in der Großindustrie den Alltag der Darmstädter bestimmen. Ein erster Streik bei Röhm und Merck vom 3.–6. Februar legt die Fabriken zunächst nur kurzfristig lahm, ein erneuter Lohnstreik, der am 24. Oktober beginnt, behindert die Firmen schließlich volle vier Wochen in ihrer Produktion. Am 17. November wird bekannt, dass die Darmstädter Arbeitslosenzahlen nahezu 100% über dem Reichsdurchschnitt liegen: Auf 1000 Einwohner kommen 13 Erwerbslose. Ende Februar 1926 werden 2700 Arbeitslose gezählt, von denen nur 1873 Unterstützung beziehen. Beim zweiten Wahlgang zur Reichspräsidentenwahl am 26. April wird zudem ersichtlich, dass die sozialen Spannungen immer mehr Bürger in das rechte politische Spektrum abwandern lassen. So erreicht der von der Weimarer Koalition gestützte Zentrums-Kandidat Wilhelm Marx nur 40,7% der Stimmen, während Generalfeldmarschall Paul von Hindenburg als Kandidat der Rechten mit 57,6% am besten abschneidet.

Antrittsbesuch des Reichspräsidenten Paul von Hindenburg im Volksstaat Hessen. Hindenburg grüßt die Bevölkerung nach der Vorfahrt am Hotel Traube

1925

WAS SONST NOCH GESCHAH

22. März: In der Rheinstraße 48 wird das Kolpinghaus des katholischen Gesellenvereins eingeweiht.

1. April: Der jüdische Buchhändler Alfred Bodenheimer eröffnet seine Darmstädter Bücherstube in der Rheinstraße 24, die bis zu ihrer Schließung durch die Nationalsozialisten 1935 ein kultureller Treffpunkt der Darmstädter ist.

21. April: Der Landtag beschließt die Ablösung der bisherigen Lehrerseminare in Bensheim und Friedberg durch das neubegründete Pädagogische Institut an der TH Darmstadt.

27. Mai bis 1. Oktober: Die Allgemeine Deutsche Kunstgenossenschaft veranstaltet auf der Mathildenhöhe eine „Großdeutsche Kunstausstellung".

7. Juli: Auf Veranlassung der Städtischen Akademie für Tonkunst gastiert im Landestheater das Orchester der Berliner Staatsoper.

8. August: OB Glässing eröffnet die im Bessunger Orangeriegarten stattfindende Gartenbauausstellung.

26. Oktober: Im Programm „Junge Bühne" des Hessischen Landestheaters wird Klaus Manns „Anja und Esther" uraufgeführt.

28. Oktober: Die Berufung des jüdischen Philosophieprofessors Julius Goldstein auf einen neugeschaffenen Lehrstuhl an der TH Darmstadt gegen das Votum des Senats führt zu einem Konflikt zwischen der Landesregierung und der Hochschule, die daraufhin ihre feierliche Rektoratsübergabe absagt.

12. November: Reichspräsident Paul von Hindenburg trifft zu seinem Antrittsbesuch im Volksstaat Hessen in Darmstadt ein; er logiert im Hotel Traube und trägt sich am 13. November als Erster in das neu geschaffene Goldene Buch der Stadt ein.

11. Dezember: Durch Vertrag mit dem Land Hessen pachtet die Stadt für 99 Jahre den Herrngarten und die Bessunger Orangerie.

15. Dezember: Die Hessische Spielgemeinschaft gibt mit Eduard Göbel in der Titelrolle ihre erste Datterich-Vorstellung im Kleinen Haus des Landestheaters.

1928 Tonkünstler in Darmstadt

WAS SONST NOCH GESCHAH

12. Januar: Mit der Wahl von Dr. Curt Uecker erhält Eberstadt, das inzwischen über 8000 Einwohner zählt, den ersten hauptamtlichen Bürgermeister; die Amtseinführung erfolgt am 9. Februar.

3. Februar: Darmstädter Lichtstreik: Am Abend lassen die Geschäfte des Einzelhandels, unterstützt vom Verkehrsverein, ihre Geschäftsbeleuchtung aus, um der Forderung nach besserer Straßenbeleuchtung Nachdruck zu verleihen. Die Zeitung schreibt am nächsten Tag: „Man glaubte sich in die Zeit zurückversetzt, als wegen Fliegergefahr verdunkelt werden musste."

14. Februar: Zum neuen Staatspräsidenten des Volksstaates Hessen bestimmt der Landtag den bisherigen Landtagspräsidenten Bernhard Adelung (SPD). „Starker Mann" der neuen Regierung ist Innenminister Wilhelm Leuschner (SPD), bisher Gewerkschafts- und Parteisekretär.

17. April: Das neue Frauenbad am Großen Woog ist rechtzeitig zum Beginn der Badesaison fertig gestellt. Die 1921 zunächst in Holz ausgeführte 100-Meter-Wettkampfbahn wird im Zug des Umbaus betoniert.

1. Mai: Eröffnung einer zweiten Passagierfluglinie vom Flughafen Darmstadt-Lichtwiese aus.

5. August: 20 000 Menschen besuchen den „Großflugtag" der Hessenflieger auf dem Flugplatz Lichtwiese; Innenminister Leuschner startet zu einem Freiballon-Flug in seine Heimatstadt Bayreuth.

9. Oktober: Ein nächtlicher Einbruchdiebstahl im Neuen Palais, bei dem Graf Hardenberg verletzt wird, bringt Darmstadt in die Schlagzeilen der deutschen Presse. Das „Hamburger Acht Uhr Abendblatt" fragt: „Hat sich die falsche Anastasia an Graf Hardenberg gerächt?"

29. Oktober: Ein einwöchiges „Lichtfest" zeigt „Darmstadt im besten Licht" (bis 4. November).

27. November: Eberstadt heißt postalisch künftig „Eberstadt an der Bergstraße". In einem Werbeprospekt wird der Ort etwas vollmundig als „Perle der Bergstraße" und „Neapel des Nordens" gepriesen.

Aus Anlass des 25-jährigen Bestehens des Reichsverbandes Deutscher Tonkünstler und Musiklehrer findet vom 1.–6. Oktober ein großes Tonkünstlerfest statt, zu dem prominente Musikschaffende aus ganz Deutschland nach Darmstadt kommen. Mehrere Konzerte und Opernaufführungen geben ein Bild der aktuellen Musikszene. Die Fachvorträge beschäftigen sich vor allem mit der neuen Viertelton- und elektrischen Musik. Beim Oratorienkonzert in der Pauluskirche am 5. Oktober kommen Werke des Darmstädter Komponisten Arnold Mendelssohn zur Aufführung. Die städtische Akademie für Tonkunst bereichert das Fest durch Aufführungen der Opernschule und die Veranstaltung von Sinfoniekonzerten. Im Begleitprogramm zeigt die Landesbibliothek im Hessischen Landesmuseum Raritäten und Kostbarkeiten aus der Musikabteilung.

Die Teilnehmer des Darmstädter Tonkünstlerfestes vor dem Saalbau

Einweihung des von Heinrich Jobst geschaffenen Denkmals für die im Ersten Weltkrieg gefallenen Angehörigen des Leibgarderegiments 115 am Schlossgraben (19. August); es spricht Stadtpfarrer Lautenschläger

Gedenkstätte für einen großen Sohn der Stadt

Am 7. Juli wird anlässlich des 125. Geburtstags des großen Chemikers Justus von Liebig das rekonstruierte Geburtshaus in der Großen Kapaleigasse 30 als Gedenkstätte und Museum feierlich eingeweiht. An der Feier nehmen zahlreiche Vertreter der chemischen Industrie und Forschung aus aller Welt teil. Die Stadt Darmstadt hat das Geburtshaus Liebigs im Jahr 1920 erworben. Da es baufällig und nicht mehr zu sanieren war, beschloss die Stadtverordnetenversammlung am 3. August 1922, das Gebäude genau zu vermessen, abzureißen und in der alten Form neu zu erbauen. Der Abriss erfolgte 1923, der Wiederaufbau unter Verwendung alten Materials 1927/28. Das Liebighaus dokumentiert nicht nur das Leben und Wirken Liebigs, sondern auch die Entwicklung der chemischen Forschung und Industrie, vor allem in Hessen. Unterhalten wird das Museum von einem eigens gegründeten Verein Liebigmuseum. Ein geplanter Anbau, der die Entwicklung aller von Liebigs Forschungen befruchteter Industriezweige – Landwirtschaft, pharmazeutische Industrie, Kali-, Stickstoff- und Ernährungsindustrie – darstellen soll, kommt nicht zustande.

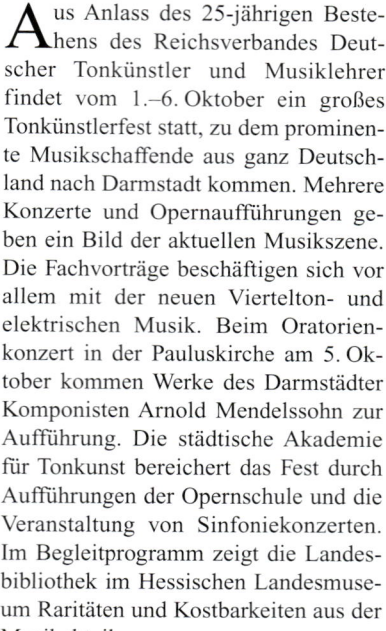

Titelblatt des Hessenkalenders 1928, der Anfang des Jahres im Verlag des Hessischen Verkehrsverbandes in Darmstadt erscheint und mit vielen malerischen Aufnahmen touristisch für Darmstadt und den Volksstaat Hessen wirbt

Geplanter, aber nicht verwirklichter Anbau an das Liebig-Haus

Öffentlicher Wohnungsbau

Am Vorabend der Weltwirtschaftskrise, die den öffentlichen Wohnungsbau weitgehend zum Erliegen brachte, kommt man in Darmstadt 1929 noch einmal ein ganzes Stück mit dem städtischen Wohnungsbauprogramm voran. So wird am 19. Oktober ein erster Bauabschnitt der im Herbst 1928 in Angriff genommenen Wohnanlage Fiedlerweg/Landgraf-Georg-Straße am Ostbahnhof mit 64 Wohnungen bezugsfertig, Gleiches gilt für die 29 Wohnungen der Häusergruppe am Spessartring. Am 15. November sind 30 Einfamilienhäuser am Hopfengarten, im Dezember 96 Zweizimmerwohnungen am Schlachthof fertig gestellt. Bereits im Herbst können 39 Wohnungen der Baugenossenschaft „Daheim" am Tiefen See und 32 Wohnungen der „Wohnungsfürsorge GmbH" am Herrnacker bezogen werden.

Das 1929 errichtete, aber erst 1930 bezogene Eckhaus Bessunger- und Ludwigshöhstraße. Architekt: Stadtbaumeister August Buxbaum

Schönheitsideale der Zeit

Die beiden maßgeblichen Darmstädter Künstlergruppen, die Darmstädter Sezession und die Darmstädter Gruppe, vereinigen sich 1928 zur „Interessengemeinschaft fortschrittlicher Künstler Hessens". Am 16. Juni eröffnet die IG auf der Mathildenhöhe die auch international beachtete Akt-Ausstellung „Der schöne Mensch in der neuen Kunst". Die Ausstellung und ihr von Hermann Keil redigierter Katalog arbeiten in einem didaktischen Teil das zeittypische Schönheitsideal des technischen Zeitalters heraus und stellen es gleichzeitig auf den Prüfstand der aktuellen Aktdarstellung in Malerei und Bildhauerei. Obwohl die Ausstellung ihrem ambitionierten Konzept nicht immer genügen kann, weiß sie doch durch Qualität und Prominenz der eingeladenen Künstler zu bestechen (Archipenko, Baumeister, Belling, Felixmüller, de Fiori, Maillol, Schlemmer).

Festpostkarte zum 2. Hessischen Sängerbundesfest vom 12. bis 15. Juli mit der fahnengeschmückten Festhalle auf dem Exerzierplatz

Rudolf Mueller – ein öffentlicher Patron der Künste

Der am 11. April zum Oberbürgermeister gewählte, aus Gießen stammende Rudolf Mueller, kann zu diesem Zeitpunkt bereits auf eine langjährige Tätigkeit im Dienst seiner Wahlheimatstadt zurückblicken. Von Habitus und Typus ein Bildungsbürger im klassischen Sinne, bringt er das private Interesse für die schönen Künste vorbildlich in Einklang mit seinen öffentlichen Funktionen. Nahezu während der gesamten Dienstzeit als Bürgermeister und OB ist er mit der Zuständigkeit für die Kunstförderung und das städtische Ausstellungswesen auf der Mathildenhöhe betraut. In einer sich zunehmend illiberal gebärdenden Zeit weiß Mueller das Darmstädter Ausstellungswesen weltoffen zu halten – ohne dabei jedoch die Nöte der einheimischen Künstlerschaft gering zu achten. Unter seiner Regie entstehen die in punkto Außenwirkung bedeutendsten Ausstellungen der 1920er Jahre: Deutscher Expressionismus (1920), Deutsche Kunst (1923) und Der schöne Mensch in der neuen Kunst (1929).

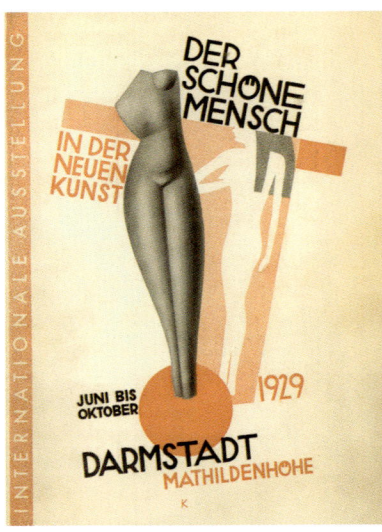
Titel des Kataloges zur Ausstellung „Der schöne Mensch in der neuen Kunst" von Hermann Keil

Oberbürgermeister Wilhelm Glässing verstorben

Beisetzungsfeierlichkeiten für OB Wilhelm Glässing am 13. März auf dem Waldfriedhof

1929

WAS SONST NOCH GESCHAH

24. Januar: Der Erfinder und Musikinstrumentenbauer Jörg Mager führt im Elektrotechnischen Institut der Technischen Hochschule seine Instrumente für elektrische Tonerzeugung vor.

21. März: In Hinblick auf das 1930 anstehende Stadtjubiläum beschließen die Stadtverordneten den Ausbau des Stadtarchivs; erster Stadtarchivar wird der bisherige Leiter des Stadtmuseums Adolf Müller.

12. Mai: Grundsteinlegung zum Neubau der Chirurgischen Abteilung des Elisabethstifts.

4. Juli: Als erstes Land des Reiches erklärt der Volksstaat Hessen den 11. August, an dem 1919 die Weimarer Verfassung verabschiedet wurde, zum gesetzlichen Feiertag.

19. Juli: Das Hessische Innenministerium erteilt der vor zwei Jahren begründeten Wohlfahrts- und Pfarrgehilfinnenschule des Diakonievereins die staatliche Anerkennung. Als Ev. Höhere Fachschule für Sozialarbeit (seit 22.10.1929) wird sie eine der Keimzellen der späteren Ev. Fachhochschule.

31. August bis 2. September: Das Ludwig-Georgs-Gymnasium feiert sein 300-jähriges Bestehen.

31. Oktober: Auf Beschluss der evangelischen Pfarrerschaft Darmstadt wird ab heute der Reformationstag mit einem Abendgottesdienst begangen.

17. November: In der Kommunalwahl erringt die „Hitlerbewegung" mit NSDAP-Ortsgruppenleiter Ferdinand Abt fünf Mandate in der Stadtverordnetenversammlung.

1. Dezember: Festlicher Einweihungsgottesdienst für die seit dem Frühjahr geschlossene und von Kirchenbaumeister Walbe renovierte und umgebaute Stadtkirche. Der Fürstenstuhl auf der Westempore wird entfernt und durch die Hauptorgel ersetzt.

18. Dezember: Die neuen Geschäftsräume der Stadtsparkasse im vormaligen Gebäude der Vereinsbank in der Rheinstraße 54 werden eingeweiht.

1930 — 600 Jahre Stadtrechte Darmstadt

WAS SONST NOCH GESCHAH

7. Januar: Das Marienhospital am Martinspfad wird eröffnet. Das Krankenhaus ist im 1905/06 von Karl Klee für den Maschinenfabrikanten Goebel erbauten „Haus am Forellenteich" untergebracht.

16. Februar: Die Firma Haas und Bernhardt eröffnet in der Rheinstraße die erste Großgarage Darmstadts.

4. März: Am Fastnachtsdienstag klettert der junge Dachdecker Arthur Steinbeck den Weißen Turm bis zur Wetterfahne hinauf und führt dort unter dem Jubel einer begeisterten Menschenmenge eine Stunde lang akrobatische Kunststücke vor.

8.–10. März: Auf Initiative des Flugmeteorologie-Professors Walter Georgii findet in Darmstadt die erste wissenschaftliche Segelflugtagung statt, an der Vertreter aus aller Welt teilnehmen.

16. April: Der Darmstädter Segelflieger Johannes Nehring stürzt bei Erfelden tödlich ab. Zwei Wochen zuvor ist ihm mit dem Flugzeug D 18 der Akademischen Fliegergruppe Darmstadt (Akaflieg) ein Höhenrekord über 8050 Meter gelungen.

2. Mai: Im Vorgriff auf das Ende der Rheinlandbesetzung zum 30. Juni beginnen die französischen Truppen mit der Räumung des als Flugplatz genutzten ehemaligen Truppenübungsplatzes auf dem Griesheimer Sand.

11. August: Das Luftschiff „Graf Zeppelin" landet an diesem Tag gleich zweimal auf dem Griesheimer Flugplatz.

28. Oktober: Der Darmstädter Flieger Eduard Zimmer wird in seiner Heimatstadt von der Bevölkerung gefeiert. Er überquerte mit einer Dornier Wal am 23./24. August mit Wolfgang von Gronau und Fritz Albrecht den Atlantischen Ozean von Sylt nach New York.

16. November: Im Bessunger Orangeriegarten wird das von Ali Bonte-Lichtenstein geschaffene Train-Denkmal enthüllt.

31. Dezember: In ihrem Jahresbericht gibt die Firma Röhm & Haas die Neuentwicklung der ersten industriell verwendbaren Verbundglasscheibe „Luglas" bekannt.

Im Gedenken an die Stadtrechtsverleihung im Jahre 1330 veranstaltet der Historische Verein für Hessen am 23. Juni eine akademische Feierstunde im städtischen Saalbau, nachdem Oberbürgermeister Rudolf Mueller Ende Mai die geplante 600-Jahrfeier der Stadt Darmstadt im Streit wegen des defizitären Stadthaushaltes abgesagt hatte. Mit der Einweihung des von Well Habicht geschaffenen spendenfinanzierten Niebergall-Denkmals in der Großen Bachgasse und einer kleinen Gedenkfeier im Rathaus gibt es am 23. Juli, dem eigentlichen Stadtgründungstag, doch noch einen städtischen Festakt. Zum weiteren Festprogramm gehören die Ausstellung „Darmstädter Kunst 1730 bis 1830" in der Kunsthalle am Rheintor, die von der Freien Vereinigung Darmstädter Künstler veranstaltete Schau „Darmstädter Kunst 1830 bis 1930" auf der Mathildenhöhe und die Ausstellung „Kelsterbacher Porzellan" im Schlossmuseum. Im Musikverein wird die „Große Messe" des Darmstädter Komponisten Wilhelm Petersen uraufgeführt. Im Auftrag der Stadtverwaltung kommt die vom Stadtarchivar Adolf Müller verfasste Stadtgeschichte „Aus Darmstadts Vergangenheit" heraus.

Das Niebergall-Denkmal auf der Insel an der Großen Bachgasse ist enthüllt. Links im Vordergrund steht der Oberbürgermeister Rudolf Mueller

Studentenolympiade im Hochschulstadion

Am 1. August beginnen die zehntägigen Wettkämpfe der 4. Internationalen Meisterschaften der Studenten mit den Tenniswettbewerben auf den Plätzen des Tennis- und Eissportclubs am Böllenfalltor. Erst am folgenden Tag wird die Studentenolympiade offiziell eröffnet. Am feierlichen Einmarsch in das extra für die Veranstaltungen erweiterte Hochschulstadion nehmen rund 1000 Sportler aus 33 Nationen teil.
Das Wettkampfprogramm umfasst mit Fechten, Fußball, Leichtathletik, Rugby, Rudern, Schwimmen und Tennis sieben Sportarten. Am erfolgreichsten sind die deutschen Sportler in den Leichtathletikwettbewerben, die beim Publikum auch auf das größte Interesse stoßen. In Konkurrenz zu den bisherigen Austragungsorten Warschau, Rom und Paris wird die Studentenolympiade in Darmstadt von einem umfangreichen Festprogramm begleitet, zu dem u. a. Konzerte und Theatervorstellungen im Landestheater, Dampferfahrten auf dem Rhein und bunte Abende mit Musik und Tanz gehören. Nach der feierlichen Siegerehrung in der Festhalle werden die Internationalen Meisterschaften der Studenten am 10. August mit einem Fest im Schlosskeller des Heidelberger Schlosses beendet.

Der deutsche Kurzstreckenläufer Körnig siegt im 200-Meter-Lauf in 21,5 Sekunden

Wahlplakat der SPD zur Reichstagswahl am 14. September 1930. Die NSDAP wird trotz des von Innenminister Wilhelm Leuschner verhängten Aufmarschverbots zweitstärkste Partei in Hessen

Am 8. August wird der von den Architekten Markwort und Seibert geplante Erweiterungsbau für die Chirurgische Abteilung des Elisabethenstifts eingeweiht

Der Nationalsozialismus hält Einzug

1931

Über 1000 uniformierte SA- und SS Männer marschieren am 28. Juni zur Feier eines „nationalsozialistischen Tages" vor dem Landesmuseum auf. Der Appell auf dem Exert und der öffentliche Gottesdienst auf dem Marienplatz sowie die abendliche Kundgebung in der Festhalle verlaufen ohne Zwischenfälle, finden aber bei der zum Flaggen aufgeforderten Bevölkerung geringe Resonanz. Auch an der pompösen Beerdigung des plötzlich verstorbenen NS-Gauleiters Peter Gemeinder auf dem Darmstädter Waldfriedhof Anfang September wird nur wenig Anteil genommen. Erst die den herbstlichen Wahlkampf abschließende NSDAP-Versammlung am 13. November mit Adolf Hitler, für die man die Darmstädter Festhalle durch ein angebautes Zelt erweitert, zieht über 20 000 Zuhörer an, und in der Reichs- und Landtagswahl zwei Tage später stimmen bereits 25 832 Darmstädter, gut 45 % der städtischen Wähler, für die Hitler-Partei, ein Ergebnis, das noch um einiges über dem Landesdurchschnitt von 37 % liegt.

Plakate zur Hessischen Landtagswahl 1931 in der Darmstädter Altstadt

Beerdigung des NSDAP-Gauleiters Peter Gemeinder. In der Mitte Jakob Sprenger, links die Witwe Marie Gemeinder mit ihrem Sohn Kurt

Gustav Hartung (stehend), der neue Generalintendant des Landestheaters im Gespräch mit Wilhelm Leuschner, dem Schriftsteller Wilhelm Michel und dem Literaturnobelpreisträger Thomas Mann (v. links n. rechts)

Auftstieg und Fall

Die „Darmstädter und Nationalbank" (Danatbank), die 1922 aus einem Zusammenschluss mit der Bank für Handel und Industrie mit der Nationalbank für Deutschland in Bremen zur zweitgrößten deutschen Geschäftsbank wurde, erklärt am 13. Juli ihre Zahlungsunfähigkeit. Längerfristige Kredite in Industrieanlagen hatten Kapital gebunden, das für Privateinlagen benötigt worden wäre. Auch die Schließung des ehemals größten europäischen Textilkonzerns, der Norddeutschen Wollkämmerei, dessen Hauptgeldgeber die Danatbank war, trägt ihren Teil zum Niedergang des Geldinstituts bei. Dieser wird als das erste äußerliche Anzeichen des Ausbruchs der Weltwirtschaftskrise gewertet, da die Danat-Bank die erste war, die an dieser Fehleinschätzung gescheitert ist. Die Krise erfasst aber auch die Darmstädter Volksbank, die am 24. August das Schicksal der Danatbank teilt.

Gerhart Hauptmann auf einer Probe zu „Die Ratten" im Landestheater Darmstadt

Die neu erbaute Häusergruppe der „Wohnungsbau-Vereinigung" am Friedrich-Ebert-Platz (fotografiert 1979)

WAS SONST NOCH GESCHAH

7. Januar: Der schnellste Zug Europas, der Riviera-Neapel-Express, hält erstmals in Darmstadt und künftig dreimal pro Woche.

28. Februar: Alban Berg gratuliert dem Generalmusikdirektor Karl Böhm zur Aufführung seiner Oper „Wozzek" in Darmstadt. Sie gilt als **die** Oper des Expressionismus.

1. Juni: Im Bereich Kirschenallee/Pallaswiesenstraße werden die ersten 60 Kleinstwohnungen des im Zuge der Notstandsprogramme geplanten Schlichtwohngebiets bezogen, am 1. August werden weitere 96 Wohnungen in der Bessunger Straße fertig.

8. Juni: Gustav Hartung übernimmt als Nachfolger Carl Eberts zum zweiten Mal die Intendanz des Darmstädter Landestheaters.

11. Juni: Der Verkehrsverein Eberstadt führt die erste Exkursion am neu geschaffenen „Eberstädter Naturpfad" durch, der vom Felsenkeller durch die Steinbrüche des Mühltals in den „Kühlen Grund" führt.

15. Juli: Der von Kommunisten initiierte „Reichserwerbslosentag" führt zu Demonstrationen und Zusammenstößen.

6. September: Eröffnung der von der „Hottonia", Verein für Aquarien- und Terrarienkunde, am Judenteich geschaffenen Freilandanlage.

1. Oktober: Die Stadt Darmstadt richtet am Friedrich-Ebert-Platz die „Nordend-Apotheke" ein. Am 28. November wird am selben Platz die neu erbaute Häusergruppe der „Wohnungsbau-Vereinigung" der Öffentlichkeit übergeben.

17. November: Der Alice-Frauenverein eröffnet in der Dieburger Straße 49 ein Heim für Alleinstehende und ältere Ehepaare.

8. Dezember: Der von den Deutschnationalen zur NSDAP übergetretene Antisemit Dr. Ferdinand Werner aus Butzbach wird Präsident des neugewählten Landtags. Trotz eines Misstrauensvotums bleibt die Regierung Adelung-Leuschner im Amt, da eine Mehrheit zur Neuwahl des Staatspräsidenten nicht zustande kommt.

1932 — Eine neue Siedlung am Stadtrand

WAS SONST NOCH GESCHAH

19. Januar: Ein Segelflugzeug der Akaflieg stürzt bei Kranichstein ab und wird vollständig zerstört.

Februar: Das Pädagogische Institut der TH Darmstadt wird aufgehoben und mit dem Schwester-Institut in Mainz vereinigt.

12. März: Der Reichsführer SS Heinrich Himmler spricht bei einer Kundgebung der NSDAP in der Festhalle.

13. März: Bei der Wiederwahl des Reichspräsidenten entfallen 55,8% der Darmstädter Stimmen auf den jetzt auch von den demokratischen Parteien gestützten Hindenburg, nur 32,1% auf Adolf Hitler. Im zweiten Wahlgang am 10. April stimmen 32 065 Darmstädter für Hindenburg.

8. April: Adolf Hitler spricht zum zweiten Mal in Darmstadt. Am 15. Juni ist er erneut hier und spricht vor 40 000 Menschen auf der Radrennbahn.

15. Mai: Darmstadt huldigt „seinem Goethe" zum 100. Todestag mit einer Ausstellung „Merck und Goethe" in der Kunsthalle.

5. Juni: Eröffnung der Sommerausstellung „Zwölf Maler malen eine Frau" auf der Mathildenhöhe.

23. Juli: Der Darmstädter Segelflieger Günther Groenhoff kommt bei einem Absturz in der Rhön ums Leben.

25. Juli: Einweihung des Washingtonplatzes in Gegenwart des amerikanischen Generalkonsuls Lowrie und einer amerikanischen Delegation.

12. September: Wiedereröffnung der Hessischen Landesbibliothek nach erfolgtem Umbau.

27. Oktober: Der Verband evangelischer Frauenvereine in Hessen hält im Rummelbräu seine Herbsttagung ab.

30. Oktober: Einweihung des Denkmals für Gustav Lorenz auf dem Mathildenplatz.

17. November: Im Stadtparlament kommt es zu handgreiflichen Auseinandersetzungen. Die Polizei räumt die Besuchertribüne und entfernt einen kommunistischen Stadtverordneten aus dem Saal.

Mit dem ersten Spatenstich, der mit einem altertümlichen Wiesenbeil ausgeführt wird, beginnen am 15. April die Bauarbeiten für die so genannte Heimstättensiedlung westlich der Bahnstrecke von Darmstadt nach Eberstadt. Um die Weltwirtschaftskrise und die daraus resultierende Arbeitslosigkeit zu bekämpfen, erließ die Reichsregierung Notverordnungen und brachte damit überall im Reich und so auch in Darmstadt neue Planungen für Kleinsiedlungen für Arbeitslose und Kurzarbeiter in Gang, die unter Selbsthilfe der Siedler zu errichten waren. Die Stadt Darmstadt stellt ein Gelände am Alten Eschollbrücker Weg (heute Heimstättenweg) und an den Pulverhäusern, einem alten Munitionsdepot, zur Verfügung. 100 Siedler, die unter etwa 500 Arbeitslosen und Fürsorgeempfängern ausgesucht worden sind, beginnen unter Leitung und nach Plänen des städtischen Hochbauamtes mit dem Bau der ersten Eigenheime. Die Wohnhäuser werden als Doppelhäuser mit je drei Zimmern, Küche und Keller sowie rückwärtigem Stallgebäude errichtet. Die Siedlerstellen haben eine Größe von 800 bis 1000 Quadratmetern, damit sich die Neusiedler zum großen Teil aus dem eigenen Garten ernähren können. Bereits am 5. Juni wird das erste Richtfest gefeiert. Der Bezug der ersten Häuser erfolgt im Spätherbst 1932. Bis Oktober 1933 sind 53 Doppelhäuser fertig gestellt. 1934 wird mit dem Bau weiterer 100 Siedlerstellen begonnen.

Siedlerhäuser aus der ersten Bauphase der Heimstättensiedlung in der Straße „Unter den Golläckern"

Hochwasser in Darmstadt und Arheilgen

Nach tagelangen schweren, zum Teil wolkenbruchartigen Regenfällen kommt es am 14. Juli in Darmstadt und Arheilgen durch den Überlauf von Steinbrücker Teich, Woog und Kranichsteiner Weiher zu einer Hochwasser-Katastrophe. Ruthsenbach und Darmbach treten über ihre Ufer. Der Darmbach schwillt im Woogsviertel bis zu einer Breite von 40 Metern an. Auch der Flugplatz auf der Lichtwiese wird überflutet. Besonders schlimm ergeht es dem Zentrum von Arheilgen. In der Arheilger Apotheke steht das Wasser eineinhalb Meter hoch. Mehrere Häuser sind einsturzgefährdet, Brücken eingestürzt. Große Schäden entstehen auch auf den Feldern und im Wald.

Überschwemmung durch den Darmbach in der Gundolfstraße im Woogsviertel zwischen Heidenreich- und Wilhelm-Jäger-Straße

„Macht Hessen frei vom Hakenkreuz"

Unter dem Motto „Macht Hessen frei vom Hakenkreuz" versammelt am 17. Juni eine Kundgebung der „Eisernen Front" mit Reichstagspräsident Paul Löbe, Staatspräsident Adelung und dem Arbeiterjugendführer Erich Ollenhauer rund 30 000 Menschen auf dem Marienplatz.

Propaganda-Postkarte der „Eisernen Front" in Darmstadt, die auf das schlechter ausgefallene Wahlergebnis für die NSDAP in der Reichstagswahl am 6. November 1932 anspielt

Sitz der NSDAP-Gauleitung Hessen in der Bismarckstraße 11 („Braunes Haus")

Reichstagswahlen

Bei den zweiten Reichstagswahlen des Jahres am 6. November bleibt die NSDAP trotz leichten Rückgangs mit landesweit 42,5% auch in Hessen stärkste Partei. Die Kommunisten erreichen zu Lasten der auf 14% zurückgefallenen SPD 22% der Stimmen. In Darmstadt wählen 40,9% nationalsozialistisch.

NS-Machtergreifung in Hessen

Nach Bekanntwerden der Reichstagswahlergebnisse vom 5. März – die NSDAP erhielt im Volksstaat Hessen 47 %, in Darmstadt genau 50 % der Stimmen – lässt NS-Landtagspräsident Werner auf dem Landtagsgebäude die Hakenkreuzflagge hissen und auf dem Luisenplatz verbrennen SA-Männer die schwarzrotgoldene Fahne der Republik. Am späten Abend übernimmt der NSDAP-Abgeordnete Dr. Heinrich Müller aus Alsfeld die Polizei- und Exekutivgewalt, Dr. Werner Best wird Chef der Polizei. Noch in der Nacht besetzen NS-Formationen das Gewerkschaftshaus und die Redaktion der sozialdemokratischen Tageszeitung „Hessischer Volksfreund". Am 13. März wählt der Hessische Landtag mit den Stimmen von NSDAP, Deutschnationalen und Zentrum Dr. Ferdinand Werner zum neuen Staatspräsidenten und beschließt ein erstes Ermächtigungsgesetz; Reichskommissar Müller wird Innen-, Finanz- und Justizminister. NS-Gauleiter Jakob Sprenger (seit 6. Mai „Reichsstatthalter in Hessen") verkündet vom Balkon des Landtags die damit auch staatsrechtlich vollzogene „Machtergreifung".

Landtagseröffnung am 16. Mai. Reichsstatthalter Sprenger (vorn) und der von ihm eingesetzte Ministerpräsident Dr. Werner schreiten eine vor dem Landtagsgebäude angetretene SA-Formation ab

Umzug anlässlich des von den Nationalsozialisten zum „Tag der Nationalen Arbeit" umgewidmeten Maifeiertags. Festwagen der Darmstädter Malerinnung

NS-Aktionen gegen Juden, Sozialdemokraten, Kommunisten und Gewerkschaften

Nur wenige Tage nach dem offiziellen Abschluss der Machtergreifung in Hessen beginnen die NS-Machthaber mit ersten Maßnahmen zur gesellschaftlichen Ausgrenzung der Juden. Unter dem Vorwand des Schutzes der öffentlichen Ordnung verfügt das Hessische Landeskriminalamt am 28. März zunächst für 24 Stunden die Schließung aller jüdischen Geschäfte. Am 1. April folgt eine zweite, nun reichsweite Boykottaktion, von der in Darmstadt rund 200 Geschäfte betroffen sind. Ebenfalls am 1. April setzt die Beurlaubung jüdischer Lehrer ein, wie etwa die von Studienrat Albert Mannheimer am Ludwig-Georgs-Gymnasium. Schon im März muss Intendant Gustav Hartung allein wegen seiner jüdischen Herkunft von der Intendanz des Landestheaters zurücktreten, das gleiche Schicksal trifft zahlreiche Mitglieder seines Ensembles, darunter auch die später zu internationalem Ruhm gelangte Schauspielerin Lili Palmer.

Noch im März holen die Nationalsozialisten zu Aktionen gegen Sozialdemokraten, Kommunisten und Gewerkschaftler aus, bei denen auch die Anhänger der Weimarer Koalition ihre Posten in der Kommunalverwaltung verlieren. Unter Berufung auf die nach dem Reichstagsbrand erlassenen Notverordnungen durchsucht die hessische Polizei am 2. März alle örtlichen Parteibüros und am 9. März unternehmen Polizei und SA gemeinsam Hausdurchsuchungen bei SPD- und KPD-Funktionären. Die hierbei Festgenommenen kommen später in das Konzentrationslager Osthofen bei Worms. Der Schlag gegen die Darmstädter Verwaltung erfolgt am 31. März: Auf Grund der Verordnung zur „Sicherung der Verwaltung in den Gemeinden" werden OB Rudolf Mueller und der verhaftete SPD-Bürgermeister Heinrich Delp entlassen. Als kommissarischer OB fungiert zunächst der Offenbacher Amtsgerichtsrat und NSDAP-Abgeordnete Robert Barth, ihm folgt schon am 24. Mai der ehemalige Staatsminister Dr. Heinrich Müller nach. Im Juni kommen die frühere SPD-Reichstagsabgeordnete Carlo Mierendorff und der ehemalige hessische Innenminister Wilhelm Leuschner in KZ-Haft.

Programm für das Weihnachtsmärchen „Prinzessin Allerliebst" von Waldfried Burggraf-Forster, uraufgeführt im Kleinen Haus des Hessischen Landestheaters am 10. Dezember 1933

Adolf Hitler während einer Rede beim Ersten Spatenstich für die Reichsautobahn Frankfurt–Darmstadt–Heidelberg am 23. September

1933

WAS SONST NOCH GESCHAH

28.–30. Januar: Kronprinzessin Juliane der Niederlande besucht Darmstadt und wohnt einer Aufführung von Lortzings „Wildschütz" im Landestheater bei.

30. Januar: Nach der Berufung Adolf Hitlers zum Reichskanzler feiert die NSDAP auf dem Paradeplatz. Vor dem Landgericht Darmstadt beginnt der Prozess über den Zusammenbruch der Darmstädter Volksbank im August 1931.

2. Februar: In der Stadtratssitzung wird bekannt, dass Intendant Gustav Hartung das umstrittene Stück „Die Heilige Johanna der Schlachthöfe" von Bertold Brecht vom Spielplan des Landestheaters abgesetzt hat.

1. April: Der bisherige Intendant am Gießener Theater Rudolf Prasch wird neuer Intendant des Darmstädter Landestheaters.

20. April: SA und SS veranstalten zum „Geburtstag des Führers" einen Aufmarsch vor dem Hessischen Landesmuseum.

15. Mai: Der neue Darmstädter Stadtrat wird gemäß der „Gleichschaltungsverordnung" vom 6. April umgebildet. Die NSDAP-Fraktion übernimmt auch die Sitze der SPD.

24 Mai: Zum 10. Todestag des von den Nationalsozialisten als „Ruhrkampf-Märtyrer" gefeierten Albert Leo Schlageter wird im Landestheater das Stück „Schlageter" von Hanns Johst aufgeführt.

4. Juni: Dem Darmstädter Peter Riedel gelingt mit dem Segelflugzeug Fafnir ein Rekordflug von der Wasserkuppe bis an die Mosel.

19. Juni: In Darmstadt formiert sich die Glaubensgemeinschaft Deutscher Christen, um die Gleichschaltung von Kirchenvorständen und Synodalvertretungen bei den Kirchenwahlen am 23. Juli vorzubereiten.

21. Juni: Bücherverbrennung auf dem Marktplatz durch die Darmstädter Studentenschaft.

10. November: Uraufführung des Schauspiels „Jugend von Langemark" von Heinrich Zerkaulen im Landestheater.

1934 Untergang der humanistischen Bildung

WAS SONST NOCH GESCHAH

6. Januar: Eine von Walter Georgii geleitete Forschergruppe der Technischen Hochschule reist zur Erforschung von Segelflugmöglichkeiten in den Tropen nach Südamerika ab.

3. März: Mit der Abwanderung der Oberpostdirektion beginnt der systematische Abzug von Ämtern und Behörden in die Gauhauptstadt Frankfurt.

14. März: Der bislang als Oberpostinspektor in Frankfurt tätige gebürtige Darmstädter Otto Wamboldt wird feierlich in sein Amt als Oberbürgermeister eingeführt. Er wird der Stadt bis zum Zusammenbruch der nationalsozialistischen Diktatur vorstehen.

13. Mai: Zur Eröffnung der Schau „Deutsche Frühjahrs-Ausstellung Darmstadt 1934" hält der künstlerische Leiter der Ausstellung Adolf Beyer eine polemische Rede gegen die Kunstpolitik der so genannten Systemzeit und lässt im Ausstellungskatalog einen Auszug aus der „Rede des Führers in Nürnberg 1933" abdrucken. 1943 erhält er den seit 1940 vergebenen Kulturpreis der Stadt Darmstadt.

7. Juni: Hermann Müller, der Zeichner des „Darmstädter Skizzenbuchs" und des Bilderbogens „Die Zündnadeln", stirbt im Alter von 93 Jahren.

9. Juni: Zum Hessischen Soldatentag kommen 80 000 Kriegsveteranen nach Darmstadt.

5. Juli: Die Darmstädter Segelfliegerin Hanna Reitsch stellt mit einem Flug nach Reutlingen den Frauen-Weltrekord im Streckenflug auf.

18. August: Die Fußballmannschaft der Darmstädter Polizei wird durch ihren Sieg über die Hamburger Landespolizei deutscher Polizei-Fußballmeister. Am 10. Juni ist der Polizeisportverein Darmstadt schon deutscher Handballmeister geworden.

30. September: Die deutsche Lufthansa fliegt zum letzten Mal Darmstadt an. Der Flugplatz auf der Lichtwiese wird 1934 aus Sicherheitsgründen geschlossen und an den weniger dicht besiedelten Griesheimer Sand zurückverlegt. Nach der Einweihung des Rhein-Main-Flughafens im Jahre 1936 konzentriert sich der deutsche Flugverkehr in Frankfurt.

Bei einem Aufmarsch von Jungvolk, Hitlerjugend und BDM werden am 1. Mai die farbigen Schülermützen Darmstädter Gymnasiasten demonstrativ verbrannt. Sie stehen der Ideologie der Volksgemeinschaft entgegen und werden als „Eierschalen der Reaktion" und „Ausgeburt des Klassendünkels" beschimpft. Gleichzeitig stehen die Gymnasiastenmützen für eine Schulform, deren Ideale sich nur schwer mit der Verherrlichung des germanischen Volkstums der Nationalsozialisten vereinbaren lassen. Viele deutsche humanistische Gymnasien werden im Dritten Reich in so genannte Deutsche Oberschulen umgewandelt; denn der Unterricht an deutschen Schulen soll das völkisch-nationale Bewusstsein der Schüler fördern und nicht etwa die kulturellen Leistungen der Mittelmeervölker hervorheben. Im Darmstädter Ludwig-Georgs-Gymnasium wird die humanistische Bildungsidee im Sinne einer nationalistischen Rassenlehre umgedeutet und die Griechen und Römer zu „nordischen" Menschen erklärt. Die Richtigkeit der Rassenlehre kann nun auch am Beispiel der Antike dargelegt werden. So dient das humanistische Gymnasium auch der nationalsozialistischen Erziehung und ist mit den anderen Schularten gleichgeschaltet.

Blick in die „Deutsche Frühjahrs-Ausstellung Darmstadt 1934"

Oberbürgermeister Wamboldt bei einer Kundgebung vor dem Landesmuseum am 23. März 1934

Eine jüdische Schule in nationalsozialistischer Zeit

Am 15. April eröffnet die orthodoxe Gemeinde mit 90 Schülern und Schülerinnen die erste Jüdische Schule in Darmstadt, die von dem Rabbiner Merzbach und dem im Vorjahr aus dem Staatsdienst entlassenen Lehrer Arno Bick aus Michelstadt geleitet wird. Mit der Neueinrichtung dieser selbstständigen jüdischen Schule reagiert die Gemeinde zum einen auf die Diskriminierung jüdischer Kinder an staatlichen Schulen, zum anderen wird eine von der nationalsozialistischen Staatsideologie gelöste, bewusst jüdisch-religiöse Erziehung verfolgt. Man will die Schüler, wie es in der Eröffnungsrede heißt, „zu bewussten, in der Tradition wurzelnden, in sich geschlossenen und darum starken jüdischen Menschen erziehen". So werden die staatlichen Lehrpläne durch „jüdisches Wissen" ergänzt, der Unterricht zum Teil in neuhebräischer, wahlweise auch in englischer oder französischer Sprache gehalten. Weitere Schwerpunkte liegen auf handwerklich-künstlerischen Fächern sowie dem Sport- und Tanzunterricht.

Plakat zu Richard Wagners „Ring des Nibelungen" im Hessischen Landestheater

Jeder Deutsche ein Schwimmer, jeder Schwimmer ein Retter – Plakat zu der im Juni 1934 veranstalteten Reichsschwimmwoche

Darmstädter Jubiläums-Gartenschau

1935

Am 20. Juli wird zum 100. Geburtstag des Gartenbauvereins die einzige große und allgemeine Gartenschau Deutschlands im Orangeriegarten eröffnet. Sie gilt als vorbildlich und richtungsweisend für die Zukunft der Gartengestaltung, weil sie – wie in der rhein-mainischen Presse zu lesen stand – „zum erstenmal sich hineinstellt in das nationalsozialistische Gedankengut der Deutschen Gesellschaft für Gartenkultur." Sie will keine Leistungs- oder Konkurrenzschau einzelner Unternehmerfirmen sein, sondern einen „neutralen Charakter" tragen und für die „reine Idee einer deutschen Gartenkultur werben", in welcher der „kämpferisch-schöpferische Führergrundsatz: Ein Mann entwirft, wählt aus, gestaltet" herrsche. Hierbei zählen nicht nur Blumen, Stauden, Sträucher, Bäume und Nutzpflanzen, sondern vor allem der Garten als Ganzes, der sich in die Landschaft einzufügen habe. Umrahmt wird die Gartenschau nicht nur durch die „sonst üblichen Ohrengenüsse" der Nachmittags- und Abendkonzerte, sondern auch durch Sonderveranstaltungen unter Titeln wie „Frau und Blume", „Kind und Blume" und „Volkslied und Blume".

Neue Heimat für das Odenwälder Heimatmuseum und das Stadtmuseum

Zusammen mit dem Odenwälder Heimatmuseum zieht am 20. März das Stadtmuseum vom Schlossgraben in das 1627–1629 errichtete Pädagog, dessen Klassenzimmer geräumt sind und nun die heimatkundlichen Sammlungen beherbergen, um sie für die Bevölkerung anschaulich zu machen. Darunter findet sich auch eine naturgetreue Federzeichnung eines Giraffenskeletts des naturwissenschaftlich interessierten Kriegsrats Johann Heinrich Merck, dessen Familie im Pädagog ein eigenes Stockwerk gewidmet ist. Anhand von Stadtplänen und Stadtansichten einheimischer Maler lässt sich die Entwicklung der Stadt durch die Jahrhunderte verfolgen. Auch das Interieur vergangener Zeiten von Barock bis Biedermeier findet man hier ausgestellt. Repräsentiert wird ebenfalls das musikalische Leben der Stadt, nicht zuletzt durch ein „Giraffenklavier", ein Instrument, das man sich als einen „Flügel nach oben" vorzustellen hat. Das dritte Stockwerk schließlich beherbergt Zeugnisse des Darmstädter Handwerks und Urkunden aus dem Stadtarchiv, das wie Museum und Stadtbibliothek seit 9. Juni 1933 unter der Leitung von Adolf Müller steht.

Hohe Strafen für Kommunisten und Gewerkschafter

Vor dem OLG Darmstadt werden am 23. August 18 Angehörige des verbotenen kommunistischen Jugendverbandes zu z. T. mehrjährigen Gefängnis- und Zuchthausstrafen verurteilt, am 5. September elf Mitglieder der „Revolutionären Gewerkschaftsopposition" wegen hochverräterischer Tätigkeit in einer Frankfurter Straßenbaufirma. Im ersten Halbjahr 1935 wurden im Rhein-Main-Gebiet mehr als 200 Männer und Frauen wegen kommunistischer Untergrundarbeit verhaftet.

Eintopfgericht ist Opferpflicht! Die Kosten der Mahlzeit sollten pro Person 50 Pfennig nicht überschreiten, damit das gesparte Geld dem Winterhilfswerk und Bedürftigen gespendet werden konnte. Außerdem wirbt der „Eintopfsonntag" für die Wiedereinführung der Wehrpflicht. Die angeordnete Verteilung von Erbsensuppe aus den „Gulaschkanonen" der Feldküchen soll für die angelaufene Aufrüstung der „Wehrmacht" werben

Deutsche Freiballonmeisterschaft, veranstaltet von der Flieger-Ortsgruppe Darmstadt. Plakatentwurf: Vielmetter, Druck: M. Rudolph

WAS SONST NOCH GESCHAH

12. Januar: Gegen Mitglieder der „Revolutionären Gewerkschaftsopposition" werden 16 Zuchthausurteile ausgesprochen.

16./17. Februar: Die Deutsche Freiballonmeisterschaft in Darmstadt wird verschoben, weil ein nächtlicher Sturm acht startbereite Ballons abreißt und einem Mann das Leben kostet. Sie startet am 7. April mit 13 Ballons auf dem Exerzierplatz.

20. März: Das seit 1909 am Schlossgraben untergebrachte Stadtmuseum zieht in das eigens umgebaute Pädagog.

1. April: Die „Darmstädter Zeitung", Nachfolgerin der 1777 unter Mitwirkung von Matthias Claudius gegründeten „Landzeitung", muss ihr Erscheinen einstellen.

14. Mai: Der Höhenweltrekord von Günther Groenhoff wird durch den Darmstädter Segelflieger Heini Dittmar um rund 1000 Meter überboten. Er erreicht mit seinem Flugzeug „Obs", dem größten Segelflugzeug der Welt, eine Höhe von 2700 Metern.

19. Mai: Das erste Teilstück der 22 Kilometer langen, 4-spurigen Reichsautobahn zwischen Frankfurt und Darmstadt wird freigegeben. Bei der Einweihung fährt Adolf Hitler an der Spitze der Kolonne.

1. Juni: Großaufmärsche zum NSDAP-Gauparteitag Hessen-Nassau versammeln angeblich über 100 000 Teilnehmer.

22. Juni: Ein Gautschfest der Buchdrucker wird auf dem Marktplatz als demonstrative Wiederbelebung des alten Handwerksbrauchtums veranstaltet.

1. Juli: Die „Darmstädter Wochenschau" wird als neue, illustrierte Programmzeitschrift vom Verkehrs- und Verschönerungsverein herausgegeben.

15. August: Die Matthäus-Gemeinde der Heimstättensiedlung wird kirchlich von Bessungen abgetrennt. Ihre Gottesdienste finden zunächst in einem der ehemaligen Pulverhäuser statt.

17. Oktober: Die im Mai 1934 gegründete „Hessische Hochschule für Lehrerbildung" ist seit dem Wintersemester 1935/36 in Darmstadt ansässig.

1936 Siedlungsgebiet am Heimstättenweg

WAS SONST NOCH GESCHAH

8. März: Mit dem Einmarsch des Infanterieregiments 97 im Zuge der in bewusstem Bruch der Friedensauflagen angeordneten Besetzung der seit 1918 „entmilitarisierten Zone" wird Darmstadt wieder Garnisonstadt.

18. März: Das unter dem Druck der sogen. „Arisierung" jüdischer Geschäfte verkaufte „Warenhaus Gebr. Rothschild" am Marktplatz wird als „Textilhaus Henschel & Ropertz" neu eröffnet.

April: Der Eberstädter Bürgermeister Willi Madre, der erst seit Ende 1934 amtiert, wird wegen seines Widerstands gegen die als „Zwangsjacke" abgelehnten Eingemeindungspläne Darmstadts abgesetzt.

3. Juni: Im Saalbau findet eine Kundgebung des zionistischen Aufbauwerkes für Palästina „Keren Hajessod" statt. Die vor allem an die jüdische Jugend gerichtete Auswanderungswerbung wird von der NS-Regierung gefördert.

20. Juni: Auf Initiative von OB Otto Wamboldt zeigt die NS-Kulturgemeinde in der Kunsthalle die aus Dresden übernommene Ausstellung „Entartete Kunst".

8. Juli: Die Eröffnung des Rhein-Main-Flughafens in Frankfurt bedeutet das „Aus" für den zehn Jahre zuvor eröffneten Darmstädter Linienflugverkehr. Der fortbestehende Sport- und Militärflugplatz in Griesheim steht auch den TH-Luftfahrttechnikern weiterhin als Versuchsgelände zur Verfügung.

1. August: Bei der Eröffnung der Olympischen Spiele in Berlin starten auch 300 Brieftauben Darmstädter Züchter; die erste kehrt am 2. August um 9.43 Uhr in ihren Schlag zurück. Am 7. August gewinnt der Darmstädter Feldwebel Erich Siebert eine Bronzemedaille im Freistilringen.

12. September: Im Ausstellungsgebäude auf der Mathildenhöhe wird die Ausstellung „Volk und Rasse" des Deutschen Hygienemuseums Dresden und des Rassepolitischen Amtes der NSDAP eröffnet, die die abstruse nationalsozialistische Blut- und Erblehre den Darmstädtern präsentiert (bis 4. Oktober).

Siedlungsplätze für den „Kleinen Mann" und für verdiente Nationalsozialisten – Im Januar 1936 legt die Stadtverwaltung die erweiterte Planung für die Siedlung in der „Tanne" südlich der Eschollbrücker Straße, die heutige Heimstättensiedlung, vor, deren erste Häuserzeilen bereits seit 1932 mit bescheidenen Siedlerhäusern bebaut worden sind. Die Siedlung wird ab 1937 auch von der gemeinnützigen Baugesellschaft „Nassauische Heimstätte" weiter ausgebaut. Bereits am 21. April 1934 hatte Gauleiter Jakob Sprenger den ersten Spatenstich zur „Frontkämpfersiedlung" gelegt, der Erweiterung der Waldkolonie im Harras, die in den Jahren 1935–1937 fertig gestellt wird und 73 Siedlerfamilien ein neues Zuhause beschert. Auch am Philipp-Röth-Weg und an der Moltkestraße entstehen seit 1934 Siedlungshäuser nach einheitlichem Bautyp.

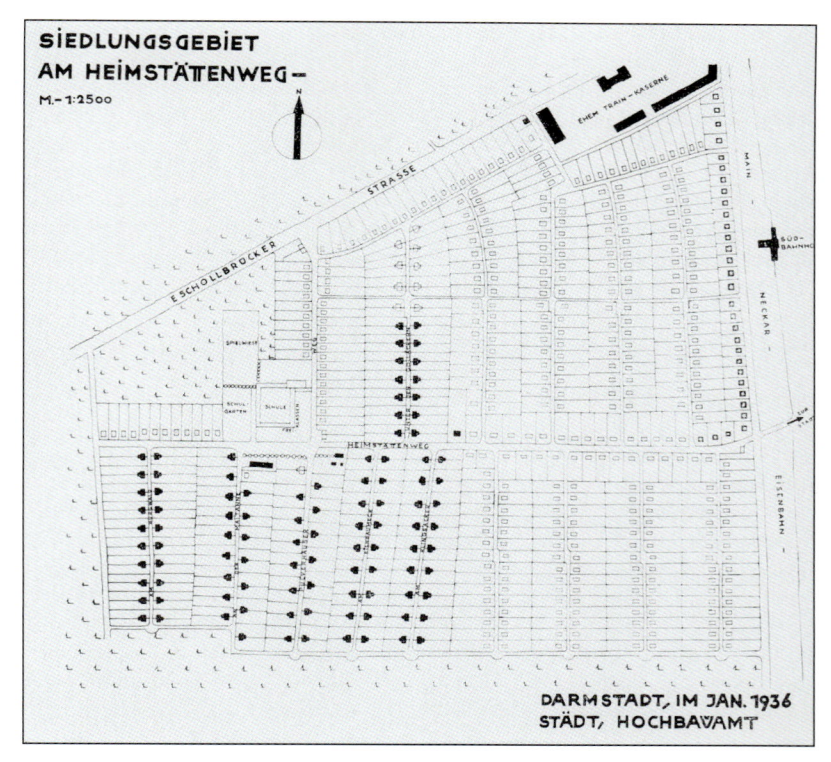

Plan für den zweiten Bauabschnitt der Heimstättensiedlung, aufgestellt vom städtischen Hochbauamt, Januar 1936

Ankündigung des „Olympiazugs", der für die Olympischen Sommerspiele in Berlin wirbt

Große Gewerbeausstellung

In der Darmstädter Festhalle an der Rheinstraße findet vom 2. bis 11. Oktober eine „Hessische Werbe- und Leistungsschau" statt; Veranstalter sind das Institut für Deutsche Wirtschaftspropaganda in Berlin, die Stadt Darmstadt und verschiedene Darmstädter Institutionen. In der „Kulturabteilung" stellen NS-Organisationen wie die Deutsche Arbeitsfront, die NS-Frauenschaft, die NS-Volkswohlfahrt, der Reichsluftschutzbund und die Technische Nothilfe sich und ihre Tätigkeit vor. In der Abteilung „Das Handwerk" präsentierten sich fast alle Darmstädter Innungen.

Die erste Sternstunde der Neuen Musik in Darmstadt

Der experimentierfreudige Musiker Jörg Mager (1880–1939) stellt Anfang 1936 das von ihm entwickelte und mittlerweile ausgereifte „Partiturophon" vor. Mager experimentiert seit 1914 mit Vierteltönen und betreibt elektroakustische Forschungen. 1929 stellt die Stadt Darmstadt, unterstützt von einem Förderverein, der „Studiengesellschaft für elektro-akustische Musik" unter Vorsitz des Fabrikanten Emil Schenck, Mager für seine Forschungen das Prinz-Emil-Schlösschen zur Verfügung. Hier entsteht sein Universalinstrument, das „Partiturophon" oder „Alltonorgel", das auf elektroakustischem Wege Blas-, Streich- und Schlaginstrumente oder auch Kirchenglocken imitiert. Mit einem Pedal kann Mager jede Melodie beliebig um eine Oktave nach oben und unten transponieren. 1931 spielt er mit seinem Instrument die Gralsglocken in der von Arturo Toscanini dirigierten Parsifal-Aufführung bei den Bayreuther Festspielen. 1935 und 1936 versucht er jedoch vergeblich, sein Instrument der Filmindustrie und dem Radio anzubieten. Noch 1936 verlässt Mager Darmstadt und stirbt 1939 in Aschaffenburg.

Jörg Mager mit seinem „Partiturophon" im Prinz-Emil-Schlösschen in Darmstadt

Das Landestheater mit Werbebannern der NSDAP für die Reichstagswahl am 29. März

Trauer in der Großherzoglichen Familie — 1937

Am 9. Oktober stirbt in Wolfsgarten Ernst Ludwig, der letzte regierende Großherzog von Hessen-Darmstadt. Mit militärischen Ehren und unter großer Anteilnahme der Bevölkerung überführt man seinen Leichnam am 12. Oktober auf die Rosenhöhe. Noch nicht einmal zwei Wochen später, am 19. Oktober, zieht abermals ein Trauerzug wegen der Großherzoglichen Familie zur Rosenhöhe: Großherzogin-Witwe Eleonore, Erbgroßherzog Georg Donatus, seine Frau Cäcilie und die Prinzen Ludwig und Alexander kommen am 16. Oktober bei einem Flugzeugabsturz nahe Oostende ums Leben, als sie sich auf dem Weg zur Hochzeit des Prinzen Ludwig mit Lady Margaret Geddes in London befinden. Von dem Unglück bleibt nur Johanna (geb. 1931), die jüngste Tochter des Erbgroßherzogs, verschont. Das von Prinz Ludwig und Prinzessin Margaret adoptierte Kind stirbt leider schon am 14. Juni 1939 an Meningitis.

Trauerzug für Großherzog Ernst Ludwig. Mitte: Erbgroßherzog Donatus in der Uniform eines Sturmbannführers des NS-Fliegerkorps. Rechts in Schwarz: Prinz Ludwig

Sonderausgabe des Darmstädter Tagblattes zum deutsch-französischen Schwimmländerkampf am 4. Juli

Eine SA-Sturmabteilung sammelt sich vor dem Südbahnhof zum Abmarsch. Im Hintergrund ein 1937 im Bau befindlicher Wohnblock der Rhein-Mainischen Handwerks Bau AG in der Moltkestraße von Architekt Mark Müller

Programmheft für den ufa-Tonfilm „Zu neuen Ufern" mit Zarah Leander. Aufgeführt in der ersten Oktoberwoche 1937 im Union-Theater

Darmstadt wächst durch Eingemeindungen zur Großstadt

Die seit Ende des Ersten Weltkriegs wiederholt angedachte, von der Bevölkerung und den Ortsgremien aber mehrheitlich abgelehnte Eingemeindung der großen Randgemeinden Arheilgen und Eberstadt wird 1937 von dem nationalsozialistischen Reichstatthalter Sprenger auf dem Verordnungswege vollzogen. Mit Wirkung vom 1. April zählt Darmstadt also annähernd 110 000 Einwohner und reiht sich damit unter die deutschen Großstädte ein. OB Wamboldts Pläne, auch Griesheim einzugliedern, scheitern. Nur der Flugplatz auf dem Griesheimer Sand und angrenzendes Militärgelände kommen am 1. Oktober zu Darmstadt. Von den traditionellen gemeindlichen Zuständigkeiten bleiben Arheilgen und Eberstadt nur die Standesämter, die Ortsgerichte und das Friedhofswesen erhalten. Auch das Sozialversicherungswesen liegt weiterhin in der Hand der Ortsvorsteher.

Wien–Darmstadt–Paris im Liegerad

In einem von ihm selbst konstruierten Liegefahrrad fährt am 11. Oktober der Wiener Techniker Hans Saldo vor der Geschäftsstelle der Hessischen Landeszeitung in der Rheinstraße vor. Saldo befindet sich mit seinem „Ruhebett der Straße" auf dem Weg zur Weltausstellung in Paris, wo er seine technische Neuerung im österreichischen Pavillon vorstellen möchte. Zu den bisherigen Stationen seiner strapaziösen Werbefahrt zählen bereits Berlin, Hannover, Bielefeld, Kassel und Frankfurt am Main. Nach dem Aufenthalt in Darmstadt soll es über Stuttgart und Metz direkt nach Paris gehen.

WAS SONST NOCH GESCHAH

22. Februar: Ein probeweiser Fliegeralarm bringt kurzfristig den gesamten Verkehr in der hessischen Landeshauptstadt zum Erliegen.

31. März: In verschiedenen Darmstädter Kirchen wird trotz eines Gestapo-Verbots bis zum 4. April eine „Evangelische Woche" veranstaltet. Mehrere Pfarrer werden verhaftet, die Pauluskirche vorübergehend gesperrt.

2. Mai: Weihe der neu errichteten katholischen Liebfrauenkirche in Bessungen.

13. Mai: Das ehemalige Kasino der Vereinigten Gesellschaft Ecke Rhein- und Neckarstraße ist ab heute „Haus des Luftschutzes".

8. bis 13. Juni: Der „Allgemeine Deutsche Konzertverein" vollzieht bei der Eröffnung des „Deutschen Tonkünstlerfests" im Landestheater seine Eingliederung in die Reichsmusikkammer.

4. Juli: Einweihung der umgebauten Badeanlagen am Großen Woog mit einem deutsch-französischen Schwimmwettkampf.

22. Juli: Bei einer Radfahrerzählung stellt man fest, dass alleine in der Mittagsstunde 1300 Radler und Radlerinnen das Ludwigsmonument passieren.

16. August: An der Gräfenhäuser Straße wird ein Erzeuger-Großmarkt für die Obst- und Gemüsebauern der Region eingerichtet.

28. August: Gaumeisterschaften im Rollkunstlauf und Rollhockey auf der neuen Rollschuhbahn am Woog.

25. September: Das Kavallerie-Regiment 6 hält seinen Einzug in die neue Garnison Darmstadt.

2. Oktober: Der zur Gauamtsleitung der NS-Volkswohlfahrt umgebaute Main-Neckar-Bahnhof wird unter dem Namen „Jakob-Sprenger-Haus" eingeweiht.

7. Oktober: Gauleiter Sprenger begrüßt auf einem Appell den neuen hauptamtlichen NS-Kreisleiter Dr. Karl Schilling aus Alzey.

15. Oktober: Baubeginn für das Arheilger Arbeitsdienstlager.

1938 Neue Kasernen – der Weg in den Krieg

WAS SONST NOCH GESCHAH

25. Januar: Das enteignete Herz-Jesu-Hospital in der Hermannstraße 4–8 wird als Städtische Frauenklinik neu eröffnet.

28. Januar: Der Rennfahrer Bernd Rosemeyer verunglückt bei einem Rekordversuch auf der Autobahn Frankfurt–Darmstadt tödlich.

26. Mai: Mit einem „Richtfest" im so genannten Altstadt-Dorf auf der Woogs-Insel wird das erste große Woogsfest eröffnet.

Juli: An allen wichtigen öffentlichen Einrichtungen wie den Badeanstalten, den Museen und der Landesmusikschule, werden Schilder mit der Aufschrift „Juden ist der Zutritt verboten" angebracht. An den Türen und Schaufenstern vieler Darmstädter Geschäfte finden sich ähnliche Hinweisschilder.

18. August: Mit der feierlichen Schlüsselübergabe wird die neue Heimstättenschule in der Heimstättensiedlung am Pulverhäuser Weg eröffnet.

18. September: Der Möbelfabrikant Ernst Trier stirbt unter ungeklärten Umständen im Untersuchungsgefängnis, nachdem er wegen angeblicher Devisenvergehen inhaftiert worden war.

27. September: Auf dem Paradeplatz findet wegen der so genannten Sudetenkrise eine Großkundgebung der NSDAP statt, die die Bevölkerung auf einen Einmarsch in die Tschechoslowakei vorbereitet.

15. Oktober: Auf Beschluss der städtischen Ratsherren werden nach Juden benannte Straßen umgetauft: So wird die Blumenthalstraße zum Taunusring und der Alfred-Messel-Weg zum Richard-Wagner-Weg. Die Wendelstadtstraße wird in Sudetengaustraße umbenannt, weil ihr Namensgeber irrtümlich für jüdisch gehalten wird.

19. Oktober: Mit der Kavalleriekaserne an der Unteren Rheinstraße wird die erste von fünf Darmstädter Kasernenneubauten eingeweiht.

1. November: Das Gesetz über die Bildung der Stadtkreise Darmstadt, Gießen, Mainz, Offenbach und Worms tritt in Kraft. Darmstadt wird ein selbstständiger Stadtkreis und ist nun unmittelbar dem Reichsstatthalter in Hessen unterstellt.

Nach der Wiederherstellung der „Wehrhoheit" werden im Zuge der Aufrüstung und in Verbindung mit einem Arbeitsbeschaffungsprogramm in den Jahren 1936 bis 1938 fünf neue Kasernen in Darmstadt errichtet. „Dass wir bauen, verdanken wir dem Führer" verkünden die Transparente der Bauarbeiter am 11. Juni beim Richtfest der Kavalleriekaserne in der Unteren Rheinstraße. Sie wird als erster Kasernenneubau bereits am 19. Oktober von den „6er Reitern" in Benutzung genommen. Zwei Tage später folgt die feierliche Einweihung der Ernst-Ludwig-Kaserne und der Leibgardekaserne für das I. und II. Bataillon des Infanterieregiments 115 an der Eschollbrücker Straße. Auch die Cambrai-Kaserne und die Freiherr von Fritsch-Kaserne an der Ludwigshöhe – die eine nach einer Panzerschlacht des Ersten Weltkriegs, die andere nach dem im Frühjahr abgesetzten Oberbefehlshaber des Heeres General Werner Freiherr von Fritsch benannt – können noch im Oktober von der I. und der III. Abteilung des Artillerieregiments 33 bezogen werden. Zum Jahresende feiert die Stadt- und Parteiprominenz in der Otto-Berndt-Halle die erneuerte Tradition der alten Garnisonstadt Darmstadt. Man ist stolz auf den Ehrentitel „Hauptwaffenplatz des Westens".

Darmstadts Synagogen brennen

Am 7. November verübt der deutsch-polnische Jude Herzel Grynszpan in Paris ein Attentat auf den deutschen Legationssekretär Ernst vom Rath, der am 9. November seinen schweren Verletzungen erliegt. Als angeblich spontane Vergeltungsaktion des deutschen Volkes werden auf Initiative der nationalsozialistischen Führung in der Nacht vom 9. auf den 10. November in ganz Deutschland Pogrome gegen die jüdische Bevölkerung organisiert, bei denen Synagogen, jüdische Friedhöfe und Geschäftshäuser zerstört werden. In Darmstadt wird am frühen Morgen die Synagoge der orthodoxen Gemeinde in der Bleichstraße von zivil gekleideten Einsatztrupps der SA angezündet. Später gehen auch die Synagogen in der Friedrichstraße und in Eberstadt in Flammen auf. Am Tage werden mehrere jüdische Geschäfte und Wohnungen verwüstet. Dabei kommt es vor allem in Arheilgen und Eberstadt zu besonders schweren Übergriffen. 169 jüdische Männer werden festgenommen und im Konzentrationslager Buchenwald inhaftiert, später jedoch wieder freigelassen.

Nach der Wiederherstellung der „Wehrhoheit" werden in Darmstadt fünf Kasernen errichtet. Die Ernst-Ludwig-Kaserne an der Eschollbrücker Straße wird am 21. Oktober eingeweiht

Auffahrt der „Gulaschkanonen" zum „militärischen Eintopfsonntag" am 9. Januar in Darmstadt. Von 35 Feldküchen wird an die Bevölkerung Erbseneintopf ausgeteilt, um zwischen Einwohnern und militärischer und ziviler NS-Prominenz ein „Gemeinschaftsgefühl" zu erzeugen

Festpostkarte von den ersten Großdeutschen Schwimm-Meisterschaften, die vom 8.–10. Juli vor etwa 10 000 Zuschauern im Großen Woog ausgetragen werden

Aufmarsch zum 1. Mai – die Spitze des Festzuges mit Kreisleiter Schilling

Ehrenbürgerbrief als Kunsthandwerk

1939

Die Besonderheit dieses Ehrenbürgerbriefes liegt nicht in der Tatsache, dass Adolf Hitler auch Ehrenbürger von Darmstadt geworden ist, sondern v. a. in seiner Ausführung. Das Material besteht aus einem Stück Eichenholz und dem Stoßzahn eines Mammuts, das bei Baggerarbeiten im Sommer 1938 bei Gernsheim im Rheinschotter gefunden wurde. Der Leiter der geologisch-mineralogischen Abteilung, Prof. Haupt, schätzt das Alter auf ca. 100 000 Jahre. Nach Entwürfen des Darmstädter Goldschmieds Julius Blümler wird die Kassette von dem Kunstschreiner Karl Gajewsky aus dem prähistorischen Holz gefertigt, in die die Urkunde aus dem gleichen Holz eingelegt wird. Auf der Oberseite ist außer der Beschriftung ein Relief des Großdeutschen Reiches in der Form vom 28. April 1939 zu sehen, in den Ecken aus Silber hergestellte und emaillierte Adler. Ein Band aus Elfenbein des Mammuts umrandet das Ganze. Die Seitenteile werden durch ein aus Silber ausgesägtes Hakenkreuzornament verziert, die Ecken durch aufrecht stehende Schwerter, die seitliche Schließe mit einem aus Silber und Gold gearbeitetem Stadtwappen. Schrift und umlaufendes Mäanderband der Urkunde sind aus Silber gesägt und auf die Holzplatte aufgelegt. Der Ehrenbürgerbrief selbst ist von dem Graphiker Ludwig Becker handgeschrieben auf Pergament und mit dem Stadtsiegel versehen. Geschützt wird die Kassette mit einer Hülle aus Plexiglas.

Ehrenbürgerurkunde für Adolf Hitler

Der Nationalsozialistische Deutsche Hochschulbund marschiert am 1. Mai am Schlossgartenplatz, 2. v. re.: Studentenführer Thorn

Die Darmstädter Künstlergemeinschaft

Am 11. März zeigt die „Darmstädter Künstlergemeinschaft", eine 1936 gegründete Vereinigung, welcher auch die ortsansässigen Architekten Krug, Prof. Mindner und Schembs, der Bildhauer Prof. Geibel, die Maler Prof. Beyer, Richter, Toller, Zernin und der Graphiker Pfeil angehören, im Ernst-Ludwig-Haus, das seit dem 3. Dezember 1938 offiziell „Künstlerheim" heißt, zum Heldengedenktag eine Ausstellung mit dem Titel „Ewige Front", die an den Ersten Weltkrieg erinnern soll. „Heroische Landschaft", „Flandern 1918", „Bildnis eines Frontoffiziers" heißen die Bilder, in denen die lokalen Maler das „große Erlebnis Weltkrieg" gestalten. Im Mittelpunkt der HJ-Gedenkfeier im Kleinen Haus steht die Uraufführung der von Bernd Zeh komponierten „Heldenkantate". Darauf folgt Hans Rehbergs Schauspiel „Der siebenjährige Krieg".

Luisenplatz mit...

... und ohne Bäume

WAS SONST NOCH GESCHAH

20. Februar: Nach elf Jahren Unterbrechung findet erstmals wieder eine „Karnevalistische Umfahrt" statt.

15. März: Die Bäume auf dem Luisenplatz werden gefällt. Das 1882/83 auf Veranlassung des Verschönerungsvereins gepflanzte Grün stört Anlieger und Oberbürgermeister Otto Wamboldt.

17. Mai: Nach den Ergebnissen der Volkszählung beträgt die Einwohnerzahl der Stadt Darmstadt insgesamt 115 526, davon 54 598 männliche und 60 928 weibliche Personen.

9. Juni: Reichsstatthalter Sprenger entlässt den am Elisabethstift tätigen Pfarrer Philipp O. Lenz und macht Ende Juni nach der Entlassung der Oberin aus dem Pfarrhaus des Stifts eine NS-Schwesternschule.

15. Juni: Richtfest der Leibdragonerkaserne als Teil der beginnenden Wiederaufrüstung.

17. Juni: Filialen der Städtischen Sparkasse werden in der so genannten „Taunusburg" an der Ecke Dieburger Straße und Taunusstraße sowie im umgebauten Gasthof „Zur Traube" in Eberstadt eingerichtet.

7. Juli: 28 brasilianische und portugiesische Ärzte besichtigen auf ihrer Studienfahrt die weltbekannte Firma Merck und werden von Bürgermeister Lehr im Jagdschloss Kranichstein empfangen.

27. August: Aus dem „Darmstädter Tagblatt" ist zu entnehmen, dass lebenswichtige Gebrauchsgüter nur noch auf Bezugschein erhältlich sind.

1. September: Beginn des Zweiten Weltkriegs.

2. September: Eine völlige Verdunkelung zum Schutz vor Fliegergefahr wird nach Einmarsch der Wehrmacht in Polen verordnet. Im Bahnhofsgebiet werden „zuckerhutartige Fliegerabwehrunterstände" eingerichtet, vor dem Hauptbahnhof entstehen Luftschutzgräben und Löschwasserbecken.

4. Oktober: „Im Zeichen des Sieges" über Polen werden Hakenkreuzfahnen gehisst und die seit 4. September verbotenen „Tanzlustbarkeiten" wieder zugelassen.

1940

Darmstadt – „Die Stadt im Walde"

WAS SONST NOCH GESCHAH

19. Januar: Als „zeitgemäße Ausstellung" wird auf dem Paradeplatz am Schloss ein Modell der überschweren Krupp-Kanone „Dicke Berta" aus dem Ersten Weltkrieg gezeigt.

4. März: Das jüdische Ehepaar Arthur Feuchtwanger aus der Pankratiusstraße kann mit dem zweijährigen Sohn nach New York auswandern. Die in Darmstadt verbliebenen Juden werden zunehmend in besonderen „Judenhäusern" zusammengezogen.

16. April: Die „Freie Vereinigung Darmstädter Künstler" muss der „Darmstädter Künstlergemeinschaft" beitreten, die ihren Sitz im Ernst-Ludwig-Haus auf der Mathildenhöhe hat.

8. Juni: Darmstadt erlebt den ersten von 1567 Fliegeralarmen während des Zweiten Weltkriegs. Der letzte Luftalarm erfolgt am 24. März 1945.

12. Juli: Die ersten Truppen der Darmstädter Landwehrdivision kehren aus dem Frankreichfeldzug nach Darmstadt zurück und werden auf dem Marienplatz von Gauleiter Sprenger empfangen.

30. Juli: Erstmals werden von englischen Fliegern Brand- und Sprengbomben im Stadtgebiet abgeworfen. Es ist der erste von insgesamt 35 Luftangriffen.

19. September: Die Stadt Darmstadt beschließt die Einrichtung einer städtischen Kammermusikreihe. Das erste Konzert am 25. Dezember mit Werken für zwei Klaviere bestreiten die Pianisten Irmgard Balthasar und Heinz Schröter.

5. Oktober: Mit Hakenkreuzfahnen und Triumphbögen feiert die Bevölkerung am Luisenplatz die aus Frankreich zurückkehrenden Regimenter der Garnison beim festlichen „Einzug in der alten Soldatenstadt Darmstadt".

19. Oktober: Eine so genannte „Beuteschau" im Schlosshof soll als Attraktion der 2. Reichsstraßensammlung für das Kriegswinterhilfswerk dienen.

2. November: Das 1895 als „Skating-Ring" erbaute Varieté-Theater „Orpheum" wird nach dem Umbau mit der Ausstattungs-Revue „Liebe, Lust und Sonnenschein" als KdF-Theater der NS-Gemeinschaft „Kraft durch Freude" neu eröffnet.

Ein halbes Jahr nach Beginn des Zweiten Weltkriegs können die Darmstädter ihre Stadt noch einmal im tiefsten Frieden bewundern, nämlich in dem gerade fertig gestellten Kultur- und Werbefilm mit dem Titel „Die Stadt im Walde", der am 17. März im Helia-Filmtheater uraufgeführt wird. Die Dreharbeiten fanden bereits im Sommer 1938 statt. Mit diesem Film will die Stadt Darmstadt für die Schönheit ihres Stadtbildes und für seine kulturellen Errungenschaften werben. Aber auch den Naturschönheiten des Odenwaldes und der Bergstraße werden einige Filmszenen gewidmet. Gut drei Monate nach der Uraufführung beginnt mit dem ersten Abwurf englischer Bomben auf die Stadt die Zerstörung dieses filmisch festgehaltenen Stadtbildes. Auch von dem Film selbst werden nur Fragmente den Krieg überdauern.

Dreharbeiten für den im März 1940 uraufgeführten Darmstadt-Film „Die Stadt im Walde" am Paulusplatz, August 1938

Der Darmstädter Lehrer Ernst Luckow, der zu den ersten Fotografen zählt, die das neue Medium des Farb-Diafilms nutzen, fotografiert im Winter 1940 eine Reihe von Darmstadtmotiven und hält so viele Gebäude in Farbe fest, die wenige Jahre danach den Bomben des Zweiten Weltkriegs zum Opfer fallen werden, so auch das Hauptportal des Realgymnasiums am Kapellplatz

Bericht der Hessischen Landeszeitung vom 6. Oktober über die Rückkehr der Truppen aus dem Frankreichfeldzug nach Darmstadt

Städtische Musikschule

Am 22. Juni 1940 übergibt OB Otto Wamboldt in einer Feierstunde der im Vorjahr gegründeten Städtischen Jugendmusikschule ihre neuen Räumlichkeiten im Neuen Palais am Wilhelminenplatz, der Residenz des letzten Großherzogs Ernst Ludwig. Die Stadt hat das Palais kurz zuvor von der Großherzoglichen Vermögensverwaltung erworben. Die Musikschule, die sich im November 1939 mit einer Kammermusikveranstaltung erstmals der Öffentlichkeit vorstellte, hat bereits 485 Schüler und Schülerinnen, die von 30 Lehrkräften unterrichtet werden. Die Leitung hat Studienrat Paul Zoll, der gleichzeitig für die Musikausbildung des Jungbanns 115 HJ zuständig ist. Obwohl in städtischer Trägerschaft, ist die Einrichtung an das Volksbildungswerk der Deutschen Arbeitsfront angegliedert und soll auch die Grundlagen für die Musikausbildung in der Hitlerjugend schaffen. 1941 gliedert man die Schule in die selbstständigen Abteilungen „Städtische Jugendmusikschule" und „Musikschule der Volksbildungsstätte Darmstadt", Zweigstellen werden in Arheilgen und Eberstadt eröffnet. Mit den beginnenden Luftangriffen kommt der Unterrichtsbetrieb allmählich zum Erliegen.

Probe der „Pimpfen-Singgruppe" unter Leitung von Paul Zoll in der Musikschule im Neuen Palais

Der Krieg rückt näher

Im dritten Kriegsjahr, in dem nach dem Angriff auf die Sowjetunion insgesamt eine Verschärfung der Lage eintritt, wird auch die so genannte „Heimatfront" zunehmend in das Kriegsgeschehen einbezogen. Zunächst sehr real durch den ersten schwerwiegenden Bombenangriff der RAF auf Darmstadt am 22. Juli, bei dem im Martinsviertel 10 Tote und 25 Verletzte zu beklagen sind. Als Reaktion auf die schon im Winter 1941 prekär gewordene Lage an der Ostfront läuft am 27. Dezember auch in den Darmstädter Schulen die von Propagandaminister Goebbels gestartete Aktion „Frostspende" an, die Winterkleidung für die unzulänglich ausgerüsteten Soldaten an der Ostfront sammeln soll, oder wie es in heinerdeutscher Werbung heißt: „Raus mit wollne, worme Sache. Wer nix hott, dhut ebbes mache!" Auch das Kulturleben zeigt sich nun zugunsten des nationalsozialistischen Angriffskrieges ideologisiert: So findet am 19. Februar im Landesmuseum eine Lichtbildausstellung unter dem Titel „Der junge Osten ruft" statt, am 2. November beginnt ebenfalls im Landesmuseum die Ausstellung „Künstler im feldgrauen Rock". Im Rahmen der Vortragsreihe „Die Front spricht zur Heimat" reden vom 12.–14. März mehrere Frontsoldaten vor Zuhörern in Darmstadt, Arheilgen und Eberstadt.

Menschenauflauf am 23. Juli vor dem am Vortag durch Luftangriff zerstörten Café Jöst Ecke Liebfrauen- und Pankratiusstraße

Freie Bahn der Parteipresse

Die kriegswirtschaftlich bedingte Rohstoffknappheit wird von den nationalsozialistischen Machthabern konsequent zum weiteren Ausbau ihres ohnehin schon vorhandenen Pressemonopols genutzt. So muss mit dem 30. Mai auch das Darmstädter Tagblatt, in dem ohnehin nur noch linientreue und parteigenehme Nachrichten Verbreitung finden, sein Erscheinen einstellen. Einzige nun in Darmstadt erscheinende Tageszeitung ist die bereits seit der Machtergreifung regierungsamtliche Hessische Landeszeitung (seit 1944 Darmstädter Zeitung). Auch die Darmstädter Wochenschau liegt im September zum letzten Mal an Darmstädter Zeitungsständen aus. Mit der im Juli 1935 erstmals aufgelegten, ausschließlich kulturelle Nachrichten verbreitenden Illustrierten verschwindet ein einzigartiges Organ aus der Darmstädter Presselandschaft.

Titelblatt der vorletzten Nummer der „Darmstädter Wochenschau" vom August 1941 mit der letzten veröffentlichten Aufnahme aus der Wilhelminenstraße vor der Kriegszerstörung

Schild mit den Eintrittspreisen der am 5. Oktober im Städtischen Ausstellungsgebäude Mathildenhöhe eröffneten Ausstellung „Ludwig von Hofmann, Adolf Beyer und Hugo Kunz"

Denkmal für die im Ersten Weltkrieg gefallenen Lehrer und Schüler der Justus-Liebig-Schule von Robert Cauer (Ausschnitt), eingeweiht am 10. Dezember

1941

WAS SONST NOCH GESCHAH

1. Januar: Der Bildhauer Ludwig Habich erhält den Kunstpreis der Stadt Darmstadt.

7. Februar: Marie Hamsun, die Gattin des norwegischen Literatur-Nobelpreisträgers, spricht auf einer Vortragsreise in der Literarisch-Künstlerischen-Gesellschaft.

9. Februar: Im Orpheum hält die Deutsche Arbeitsfront (DAF) eine Kreis-Arbeitstagung ab, an der 1400 Mitglieder teilnehmen.

11. März: Als feierliche Erstaufführung zeigt das Union-Kino den vom Oberkommando des Heeres hergestellten Dokumentarfilm „Der Sieg im Westen".

16. März: Die Artistin Ilse Mayer demonstriert an einem zwischen Stadtkirchturm und Schlossportal gespannten Drahtseil ihre „Todesfahrt im Genickhang".

22. April: Das 100-jährige Erscheinungsjubiläum des Datterich wird mit einer Festvorstellung der Lokalposse im Großen Haus des Landestheaters durch die Hessische Spielgemeinschaft begangen.

13. Mai: Im Gebäude Lagerhausstraße 1 eröffnet eine Lehrerbildungsanstalt als nationalsozialistisches Nachfolgeinstitut der Hochschule für Lehrerbildung.

23. Mai: Auf Beschluss ihrer Hauptversammlung ändert die HEAG ihre Firmenbezeichnung in Hessische-Elektrizitäts-AG.

29. Juni: Im Städtischen Saalbau findet die Freisprechung von 262 Land- und Hausarbeitslehrlingen der Kreisbauernschaft Starkenburg-Nord statt.

6.–10. Juli: Eine „Flämische Woche" mit Theateraufführungen, Ausstellungen und Vorträgen feiert den Kampf des Nachbarvolkes um nationale Selbstbestimmung.

22. Juli: Erster alliierter Luftangriff auf Darmstadt mit Todesopfern im Martinsviertel.

1. September: Durch reichsweite Polizeiverordnung werden alle über sechsjährigen Juden zum Tragen des gelben Judensterns gezwungen.

1942 — Menschentransport am Güterbahnhof

WAS SONST NOCH GESCHAH

1. Januar: Zur Vereinfachung und Vereinheitlichung des Sparkassenwesens wird die seit über 130 Jahren bestehende städtische Sparkasse Darmstadt in eine Stadt- und Kreissparkasse umgewandelt. Sie verfügt nach der Übernahme verschiedener im Landkreis gelegener Hauptzweigstellen der Bezirkssparkassen über einen Gesamteinlagenbestand von 100 Millionen RM.

14. März: Die Gedok zeigt in der Kunsthalle die Ausstellung „Die künstlerisch schaffende Frau in Darmstadt".

18. April: Das Neue Palais geht durch Kauf in städtischen Besitz über. Bereits am 24. März ist der Garten des Palais der Öffentlichkeit zugänglich gemacht worden.

16./17. Mai: Die mit einem Kammerkonzert im Kleinen Haus des Landestheaters eröffneten 1. Darmstädter Christoph-Graupner-Musiktage geben einen Querschnitt durch das gesamte Schaffen des Darmstädter Komponisten. Die Veranstaltungen werden durch eine Ausstellung mit Graupner-Handschriften in der Hessischen Landeshochschulbibliothek ergänzt.

18./19. Juli: Im Großen Woog wird der Schwimmländerkampf Deutschland–Ungarn ausgetragen. Ungarn siegt mit 27:17 Punkten.

28. August: Das neue Warnsignal „Öffentliche Luftwarnung" wird in Darmstadt eingeführt.

27. September: Die zweite Juden-Deportationswelle beginnt in Darmstadt mit einem Transport von 1288 Juden, darunter 188 Menschen mit der Wohnsitzangabe Darmstadt, ins Lager Theresienstadt. Ein weiterer Zug verlässt am 30. September mit 883 Menschen, darunter 34 Darmstädtern, den Bahnhof.

9. Oktober: Neben den weiblichen Schaffnern und den Maiden des Reichsarbeitsdienstes werden nun auch Jugendliche von der HEAG im Fahrdienst eingestellt.

30. Dezember: Der Maler Heinrich Zernin und der Leiter der Jugendmusikschule Paul Zoll werden mit dem seit 1940 vergebenen Kulturpreis der Stadt Darmstadt ausgezeichnet.

Nachdem bei der so genannten Wannseekonferenz vom 20. Januar 1942 die Maßnahmen zur Vernichtung der europäischen Juden festgelegt worden sind, erhalten die Leitstellen der Gestapo die umfangreichen Richtlinien zur Durchführung der Massendeportationen. In Darmstadt wird daraufhin ein Durchgangslager in der Justus-Liebig-Schule eingerichtet, in dem zur Deportation bestimmte Juden aus dem südhessischen Raum gesammelt, namentlich erfasst und ihre zurückgelassenen Vermögenswerte festgestellt werden. Der erste Transport mit 1000 Menschen aus den Provinzen Starkenburg und Rheinhessen, darunter 164 Männer und Frauen aus Darmstadt, verlässt den Darmstädter Güterbahnhof am 20. März und geht nach Piaski bei Lublin.

Für die Bevölkerung und die Betroffenen gilt die Version der „Umsiedlung zum Arbeitseinsatz". Um sie zu bekräftigen, werden zunächst nur arbeitsfähige Personen unter 65 Jahren ausgewählt und für die Frauen, die angeblich Uniformen nähen sollen, zwei Waggons mit Nähmaschinen an den Zug angehängt, die später wieder abgekoppelt werden. Am 27. und am 30. September gehen weitere Züge von Darmstadt in das Durchgangslager Theresienstadt.

Im Februar 1943 werden die Bewohner des Rosenthalschen Altersheims in der Eschollbrücker Straße in die Massenvernichtungslager gebracht. Bald folgen Partner und Kinder aus so genannte Mischehen. Im Juni 1943 gilt Darmstadt im Berliner Reichssicherheitshauptamt als „judenrein".

Zwangsarbeiter für Darmstädter Betriebe

Wegen der Verschärfung des Arbeitskräftemangels durch die Masseneinberufungen von Soldaten für den Russlandkrieg werden in Darmstadt seit Mitte 1942 vor allem in der Industrie verstärkt Zwangsarbeiter eingesetzt. Bislang waren hier vorwiegend Kriegsgefangene im Einsatz. Nun werden auch meist aus den besetzten Gebieten im Osten stammende Zivilpersonen, darunter ein großer Teil Frauen, zur Sicherung der landwirtschaftlichen, militärischen und industriellen Produktion ins Deutsche Reich zwangsverschickt und auf die einzelnen Städte verteilt. Dabei werden die aus der UdSSR und Polen stammenden Zwangsarbeiter aus rassenideologischen Gründen besonders menschenunwürdig behandelt. Darmstadt ist bald von einem Netz aus mehr als 60 Lagern überzogen. Die genaue Zahl der in Darmstadt eingesetzten Zwangsarbeiter ist nicht bekannt, grobe Schätzungen gehen von 20 000 Personen aus.

Die russischen Zwangsarbeiter Wassili Limantschuk und Wassili Nasaruk (von links) vor dem Haus Luisenplatz 4

Von Hartmuth Pfeil entworfenes Plakat zu den 1. Graupner-Festspielen

Hartmuth Pfeils Aquarell „Familienglück" zeigt den Zeichner und seine Familie mit Gasmasken

Carlo Mierendorff

„Wir hätten Mierendorff befreien sollen statt ihn zu töten"
(Zitat aus der britischen Zeitung „New Statesman and Nation")

Nachdem Carlo Mierendorff verschiedene Konzentrationslager überlebt hat, wird er bei einem englischen Bombenangriff auf Leipzig das einzige Opfer des Hauses, in welches er nach dem Abendessen bei seiner Tante zurückkehrte.

Geboren am 24. März 1897 in Großenhain, legt er 1914 am LGG, wo er mit Freunden und späteren Expressionisten die Zeitung und den Verlag „Die Dachstube" gründet, das Notabitur ab und meldet sich als Kriegsfreiwilliger. Die Erlebnisse des Weltkrieges machen ihn nach seiner Rückkehr 1918 zum Pazifisten. Er studiert Volkswirtschaft u.a. in Frankfurt/Main und Heidelberg und promoviert in Philosophie. Beruflich und politisch wird er tätig als wissenschaftlicher Mitarbeiter des Deutschen Transportarbeiterverbandes in Hamburg, Redakteur beim „Volksfreund" in Darmstadt, Sekretär der sozialdemokratischen Reichstagsfraktion in Berlin und ab 1929 Pressechef des hessischen Innenministers Wilhelm Leuschner. Im Kampf gegen den Nationalsozialismus widmet er sich intensiv den Werbe- und Propagandamethoden seiner Partei und entwirft die drei Pfeile als Symbol der „Eisernen Front". 1930–1933 ist er Mitglied des Reichstags. Nach der Ernennung Hitlers zum Reichskanzler verbringt Mierendorff fünf Jahre in mehreren Konzentrationslagern, „dieser Dreck geht auch zuende", soll er, unablässig an den Erfolg des Widerstandes glaubend, bei seiner Entlassung 1938 gesagt haben. Scheinbar unauffällig ist er Angestellter in einem Leipziger Rüstungsbetrieb, aber auch Korrespondent des verschwörerischen Kreisauer Kreises, der Hitlers Umsturz plant und Mierendorff zum Gejagten macht. Den Häschern des Naziregimes kommt eine britische Bombe am 4. Dezember zuvor. Freunde überführen seinen Leichnam auf den Darmstädter Waldfriedhof.

Carlo Mierendorff mit seinem Freund Henko, 1942

Deportationen

Auch bisher verschonte Bürger jüdischer Abstammung, die in so genannten „privilegierten Mischehen" lebten, werden am 30. April deportiert. Der ehemalige hessische Innenminister Heinrich Fulda kommt in Auschwitz um. Insgesamt werden von März 1942 bis September 1943 aus Darmstadt über 3000 jüdische Männer, Frauen und Kinder sowie Hunderte Sinti-Familien in die Vernichtungslager verschleppt. Nicht alle kommen aus der damaligen Hauptstadt Darmstadt, sondern auch aus den umliegenden Städten und Gemeinden.

Gefallenenehrung am 29. 9. 1943 vor dem Landesmuseum nach Luftangriff

Rhönring nach dem Luftangriff vom 23./24. September, im Hintergrund der Schlachthof

Ein schwerer britischer Luftangriff zerstört am 23. September große Teile der Altstadt. Darunter auch den Glockenbau des Schlosses mit dem Glockenspiel. Für die Opfer, 149 Tote und 278 Verwundete, findet am 29. September eine öffentliche Trauer-Demonstration vor dem Landesmuseum statt

---

1943

WAS SONST NOCH GESCHAH

16. Januar: Der junge Darmstädter Soldat Hermann Falck wird in Berlin wegen pazifistischer Tagebucheinträge zum Tode verurteilt.

10. Februar: 53 ältere Juden, unter ihnen der Rechtsanwalt Benno Joseph, der sich bis zuletzt für die Belange der entrechteten jüdischen Mitbürger eingesetzt hatte, werden ins KZ Theresienstadt deportiert.

12. Februar: Darmstädter Oberschüler werden auf Grund der gemeinsam von Reichsmarschall Göring, Kultusministerium und Reichsjugendführung erlassenen Einsatzbefehle als Flakhelfer eingesetzt. Bereits eine Woche später propagiert Goebbels in Berlin den „totalen Krieg".

15. Februar: Der frühere Stadtrat Georg Fröba (KPD) wird als Führer einer Widerstandsgruppe verhaftet und am 27. Oktober 1944 in Frankfurt hingerichtet.

21. Februar: Großen Anklang findet die Erstaufführung der „carmina burana" im Landestheater unter der Führung von Generalmusikdirektor Fritz Mechlenburg.

24. März: Elly Heuss-Knapp, Tochter des 1926 in Darmstadt verstorbenen Nationalökonomen Professor Georg Friedrich Knapp, spricht bei der „Gemeinschaft deutscher und österreichischer Künstlerinnen" (GEDOK) über die Darmstädter Biedermeierzeit.

11. April: Der schwere Bombenangriff auf Darmstadt fordert ein Todesopfer, 16 Verwundete und großen Sachschaden. Trotzdem wird am 19. April der 100. Todestag von Ernst Elias Niebergall mit einer Festaufführung des „Datterich" der Hessischen Spielgemeinschaft begangen.

16. Mai: Eröffnung einer Gedächtnisausstellung für den 1941 verstorbenen Architekten Albinmüller.

20. Juni: Im Rahmen eines Sportfestes ermittelt der „Bann 115 Peter Frieß" im Hochschulsportfeld seine neuen Meister und Meisterinnen.

23./24. Juni: Die Kreisleitung der NSDAP richtet einen Verwundetennachmittag im Oberwaldhausgarten mit Kaffee und Kuchen sowie Musik und Unterhaltung aus.

1944 Die Brandnacht

WAS SONST NOCH GESCHAH

5. Februar: Die „Darmstädter Zeitung" ruft zum Besuch einer Ausstellung über feindliche Luftangriffe im Luftschutzhaus Rheinstraße 36 auf.

1. März: Aufgrund des Benzinmangels wird eine O-Buslinie Böllenfalltor–Nieder-Ramstadt eingerichtet. 1948 folgt eine weitere Linie Eberstadt–Pfungstadt. 1963 werden beide Linien auf Dieselbetrieb umgestellt.

22. August: Als Vergeltungsmaßnahme für das gescheiterte Hitler-Attentat vom 20. Juli beginnt die Verhaftungsaktion „Gitter". Auch in Darmstadt werden ehemalige Kommunisten und Sozialdemokraten verhaftet. Unter diesen befinden sich Bürgermeister Heinrich Delp und Rechtsanwalt Otto Sturmfels, die beide im KZ Dachau ihren Tod finden.

6. September: Im Darmstädter Landgerichtsgebäude tagt der Zweite Senat des Volksgerichtshofs. Der ehemalige KPD-Stadtrat Georg Fröba wird als Kopf einer Anfang 1943 denunzierten Widerstandsgruppe zum Tode verurteilt und am 27. Oktober in Frankfurt-Preungesheim hingerichtet. Vier Mitangeklagte, darunter Hans Fillsack, der eine Widerstandsgruppe in der Maschinenfabrik Goebel organisiert hatte, erhalten langjährige Zuchthausstrafen.

19. September: Bei einem Tagesangriff wird das als Notpostamt eingerichtete Gemeindehaus der Johannesgemeinde durch einen Volltreffer zerstört (über 60 Tote).

7. Oktober: Ein Bericht des Darmstädter Schulamts spricht von schwerer sittlicher Gefährdung und Verwilderung der Jugendlichen durch den Aufenthalt in den Ruinen der Stadt und fordert die Wiederaufnahme des Schulunterrichts, der nach der Brandnacht zum Erliegen gekommen ist.

November: Die Straßenbahnen werden mit einem Tarnanstrich gegen Tiefflieger versehen.

21. November: Eine Bekanntmachung „Hier kann der Darmstädter noch einkaufen" weist die verlegten und provisorisch neu eingerichteten Geschäfte und Verkaufsstände nach. Zahlreiche Darmstädter suchen mit handgeschriebenen Anschlagzetteln nach vermissten Angehörigen.

Das Jahr 1944 bringt eine stark zunehmende Tätigkeit alliierter Bomberverbände. Auch die US Air Force beteiligt sich jetzt verstärkt am Luftkrieg. Vom Sommer 1944 bis zum Kriegsende müssen die Darmstädter fast täglich die Schutzräume aufsuchen. In den ersten sieben Monaten des Jahres erlebt die Stadt bereits acht Luftangriffe. Ein erster englischer Versuch, Darmstadt großflächig zu bombardieren, scheitert in der Nacht vom 25./26. August. Der fehlgeleitete Bomberverband verteilt seine tödliche Fracht weiträumig über das Zielgebiet: Eberstadt, Groß-Gerau, Bickenbach, Pfungstadt und weitere Orte. Besonders schwer wird Griesheim getroffen. In Darmstadt werden acht, in Eberstadt fünf Menschen getötet. Die Stadtkirche, aber auch zahlreiche Häuser, v. a. in der alten Eberstädter Kirchstraße, liegen in Trümmern.

In der Nacht vom 11./12. September starten erneut 220 Lancaster-Bomber und 14 Mosquito-Schnellbomber mit dem Einsatzbefehl „to destroy town" in Richtung Darmstadt. Von 23.55–00.20 Uhr werfen die Maschinen rund 220 Luftminen und Sprengbomben sowie 286 000 Stabbrandbomben ab und verwandeln die Stadt in ein flammendes Inferno. Ein sich aus Tausenden von Einzelbränden bildender Feuersturm macht die Straßen der Innenstadt unpassierbar und Rettungsmaßnahmen unmöglich. Im Zentrum des Sturms werden Temperaturen von über 1000 Grad erreicht. Die Verluste betragen über 11 000 Tote, rund 66 000 Menschen sind obdachlos; etwa die Hälfte aller Wohngebäude ist zerstört. Zu den Toten gehören auch an die 500 ausländische Zwangsarbeiter, die im Concordia-Saal in der Grafenstraße untergebracht waren, und mehrere Hundert russische Kriegsgefangene in einem Lager am Stadtrand. Am 13. und 19. September folgen weitere Angriffe auf die Darmstädter Bahnanlagen und den Nordwesten der Stadt.

Am 21. September versammeln sich vor dem Hauptportal des Waldfriedhofs die Überlebenden der Katastrophe zu einer Trauerfeier für die Toten. Für die rund 50 000 verbliebenen Einwohner findet der Luftkrieg noch kein Ende. Am 12. Dezember erfolgt erneut ein Großangriff, diesmal am Tage und ausgeführt durch fast 450 amerikanische Bomber, der sich gegen die Bahnanlagen und die Industriebetriebe richtet. Besonders schwer wird die bereits am 19. Juli angegriffene Chemie-Fabrik E. Merck getroffen. Man zählt 303 Tote. An Heiligabend greift erneut die US Air Force das Bahnhofsviertel und den Griesheimer Flugplatz an.

Die brennende Stadt am Mittag des 12. September. Zu erkennen sind am rechten Bildrand der Große Woog, nördlich davon Fiedlerweg und Spessartring, in der Mitte der Mercksplatz, nordwestlich davon die Magdalenenstraße und die Hochschulgebäude, das Landesmuseum und der Mathildenplatz mit dreieckigem Löschteich

Der frühere hessische Innenminister Wilhelm Leuschner, wegen maßgeblicher Mitwirkung am Putschversuch vom 20. Juli vom Volksgerichtshof am 8. September zum Tode verurteilt, wird am 29. September in Berlin-Plötzensee hingerichtet

Hinkelsgasse, Stadtmauer und Hinkelsturm nach dem Angriff vom 25./26. August

Die letzte Inszenierung im alten Landestheater vor der Zerstörung: Camillo–Camilla von Hanns Ernst Jäger (27. Juni)

Besatzung und politischer Neubeginn

1945

Frühmorgens am 25. März erreichen US-Panzer der 4th Armored Division die Randbezirke Darmstadts. Hans Lenhard, ein Metzgermeister aus Mainz-Kastel, überbringt eine Kapitulationsaufforderung der Amerikaner. Die offizielle Übergabe der von deutschen Truppen geräumten Stadt vollzieht schließlich um 16 Uhr Polizeihauptmann Fritz Krauth von der Schlosswache. Noch am selben Abend wird Rechtsanwalt Ludwig Metzger auf Empfehlung befragter Kirchenvertreter zum kommissarischen Oberbürgermeister bestellt. Im Einvernehmen mit der Militärregierung beruft er am 14. Mai einen neunköpfigen beratenden „Stadtausschuss" aus Vertretern verschiedener politischer Richtungen, Konfessionen und Berufsgruppen. Auf Seiten des Landes beginnt der politische Neuaufbau am 14. April mit der Bildung einer „Deutschen Regierung in der Provinz Starkenburg" unter dem Historiker und ehemaligen Reichstagsabgeordneten Prof. Ludwig Bergsträsser (nach Angliederung Oberhessens im Sommer „Deutsche Regierung des Landes Hessen"). Seine endgültige Gestalt erhält das Land Hessen mit der Proklamation Nr. 2 des US-Oberbefehlshabers Eisenhower vom 19. September: Die zur US-Zone gehörigen Teile des ehemaligen Volksstaats Hessen und die Provinz Hessen-Nassau werden zum Land Groß-Hessen vereinigt. Neue hessische Landeshauptstadt ist seit dem 12. Oktober Wiesbaden.

Ein US-Militärkonvoi passiert im April 1945 den Schlossgraben am Marktplatz, im Hintergrund die Ruine des Kaufhauses Deuster

Trümmerräumung

Am 26. November verhandelt der Stadtausschuss das wichtige Problem der Trümmerräumung. Stadtbaudirektor Raupp gibt zunächst bekannt, dass die Stadt die möglichst weitgehende Weiterverwertung der Trümmer anstrebe. Man stehe mit verschiedenen Firmen in Verhandlung, die hierzu unterschiedliche Anlagen anbiete. Bauingenieur Rudolf vom Tiefbauamt als Beauftragter für die technische Kalkulation der Trümmerräumung referiert das organisatorische Vorgehen. Alleine aus den Straßen seien 135 000 Kubikmeter Schutt abzuräumen. Man habe das Stadtgebiet in vier Bezirke unterteilt und mit Feldbahnsträngen von insgesamt 16 Kilometer Länge durchzogen. Abgeräumt werde auf vier Lagerplätzen auf dem Exerzierplatz, dem alten Bahneinschnitt hinter dem Donnersbergring, den Schießständen an der Kranichsteiner Straße und bei den ehemaligen Schweineställen an der Pallaswiesenstraße. Nur in der Stadtmitte kämen Lastkraftwagen zum Einsatz.

Aufruf des Oberbürgermeisters Ludwig Metzger an die Männer Darmstadts zur Beteiligung an der Trümmerräumung

Blick über das Ludwigsmonument auf die Ruinen des Landesmuseums und Landestheaters, 1945

Befreite Kultur

Die schrittweise Rückkehr zu demokratischen Verhältnissen unter dem Besatzungsstatut macht auch den Weg frei für ein pluralistisches Kulturleben jenseits der vom Nationalsozialismus eingeübten Ideologisierungen – der kulturelle Neubeginn wird freilich beträchtlich behindert durch die Zerstörung traditioneller Spielstätten und Veranstaltungssäle. Nach der Herrichtung der Bessunger Orangerie zum Ausweichquartier des ausgebombten Landestheaters können dort die Vorstellungen noch am 15. Dezember mit einer Aufführung von Goethes Iphigenie in einer Inszenierung von Karlheinz Stroux beginnen. Ebenfalls in der Orangerie kann die Landesmusikschule am 17. Dezember ihr Eröffnungskonzert für den am 7. Januar 1946 anlaufenden Unterricht geben. Die erste Ausstellung aktueller Kunst, die sich nicht mehr an staatlich vorgegebenen Kunstdoktrinen orientiert, eröffnet am 28. Oktober in der TH die neu begründete „Neue Darmstädter Sezession" unter dem Titel „Zeitgenössische Kunst im südwestdeutschen Raum". Den Abschluss der Ausstellung bildet am 11. November ein gemeinsam mit der „Jungen Bühne Darmstadt" gestalteter „Tag der Jungen Kunst".

WAS SONST NOCH GESCHAH

13. Februar: Das Nachrichtenblatt des Oberbürgermeisters der Landeshauptstadt Darmstadt meldet die Verlegung der SS-Standortführung nach Darmstadt-Eberstadt.

18. April: Im „Displaced Persons Camp" für befreite Kriegsgefangene, Zwangsarbeiter und KZ-Häftlinge in der Cambrai-Fritsch-Kaserne sind nach einem vorläufigen Bericht der US-Armee rund 11 000 Menschen, hauptsächlich Polen und Russen, untergebracht.

19. Mai: Die in der NS-Zeit umbenannten Straßen und Plätze erhalten ihre alten Namen zurück.

23. Juli: Der seit Beginn der amerikanischen Besatzung unterbrochene Postzustell- und Telefondienst wird wieder aufgenommen.

3. September: In der Technischen Hochschule beginnen sechswöchige Einführungs- und Wiederholungskurse für Kriegsteilnehmer.

5. September: Erster Erscheinungstag der Rhein-Neckar-Zeitung, die ab Nr. 3 auch eine Sonderausgabe „Darmstadt und Bergstraße" kennt.

5. September: Als erster Darmstädter Sportverein erhält der SV Darmstadt 98 von der US-Militärregierung die zur Aufnahme des Spielbetriebs notwendige Lizenz.

18. September: Die US-Militärregierung genehmigt die Einrichtung einer Zentralgewerkschaft in Darmstadt.

1. Oktober: In Bessungen und Eberstadt läuft der Volksschulunterricht an. Die höheren Schulen folgen seit dem 15. Oktober, die Berufsschulen am 23. Oktober.

1. November: Auf der ersten öffentlichen und genehmigten Versammlung der SPD im Bergsträßer Hof in Eberstadt spricht Regierungspräsident Prof. Ludwig Bergsträsser über den „Weg ins neue Deutschland".

21. November: Die Journalisten Johann Sebastian Dang und Paul Rodemann geben die erste Nummer des Darmstädter Echo heraus. Vorläufiger Sitz der Redaktion ist die Diesterwegschule in der Lagerhausstraße.

1946 Hauptschuldiger oder Mitläufer?

WAS SONST NOCH GESCHAH

7. Januar: Die Technische Hochschule Darmstadt wird in einer Feierstunde als erste Hochschule in der amerikanischen Besatzungszone offiziell wieder eröffnet.

16. Februar: Das Gebäude des ehemaligen Alice-Stifts in der Nieder-Ramstädter Straße wird Sitz des Polizeipräsidiums.

1. März: Im Bessunger Kino „Belida" wird an fünf Vorstellungen täglich der Film „Die Todesmühlen" gezeigt, der die Bevölkerung über die Verbrechen der Nationalsozialisten in den Konzentrationslagern aufklären soll.

4.–10. März: Die Neue Darmstädter Sezession zeigt in Zusammenarbeit mit der Kulturverwaltung der Stadt eine Ausstellung mit dem programmatischen Titel „Darmstadt lebt. Querschnitt durch das Kunstschaffen des heutigen Darmstadt".

6. Mai: Um Lebensmittelkarten zu erhalten, müssen künftig alle männlichen Bewohner zwischen 16 und 60 Jahren pro Monat einen eintägigen Arbeitseinsatz zur Trümmerbeseitigung nachweisen.

26. Mai: In Darmstadt finden nach dreizehnjähriger Pause die ersten freien Kommunalwahlen statt, bei der 51,7 % der Stimmen auf die SPD entfallen; die CDU erhält 30,2 %, die KPD 13,3 % und die LDP 4,8 %.

5. Juli: Das Kaufhaus Henschel & Ropertz eröffnet am Markt eine provisorische Verkaufsstelle in der Ruine des Geschäftsgebäudes.

29. September: Erstmals seit 1932 wird wieder der Georg-Büchner-Preis verliehen. Die Preisträger für 1945 und 1946 sind die Autoren Hans Schiebelhuth und Fritz Usinger.

22. Oktober: Die Anführer des Judenpogroms in der „Reichskristallnacht" werden der Brandstiftung an Synagogen in Darmstadt und Umgebung schuldig gesprochen und zu mehrjährigen Haftstrafen verurteilt.

1. November: Das seit Kriegsende als Internierungslager genutzte Zelt- und Barackenlager auf dem Kasernengelände am Kavalleriesand wird an die deutsche Verwaltung übergeben.

Beim ersten Entnazifizierungsprozess vor der Spruchkammer Darmstadt-Stadt wird am 7. Juni ein ehemaliger Gestapo-Beamter zu fünf Jahren Arbeitslager und Vermögenseinziehung verurteilt. Die Grundlage für dieses Verfahren bildet das am 5. März für die amerikanische Besatzungszone erlassene Gesetz zur Befreiung von Nationalsozialismus und Militarismus, mit dem die Militärregierung das Ziel verfolgt, ehemalige NS-Aktivisten aus staatlichen, wirtschaftlichen und kulturellen Schlüsselstellungen zu entfernen. Zur Durchführung dieses Entnazifizierungsgesetzes muss jeder Bürger über 18 Jahre seine politische Vergangenheit in einem Fragebogen ausführlich offenlegen. Anhand dieser Angaben stellt ein von der Besatzungsmacht eingesetzter so genannter öffentlicher Kläger der jeweils zuständigen Spruchkammer „auf Grund widerlegbarer Vermutungen" den Antrag auf Einstufung in eine der fünf Sühnegruppen – Hauptschuldige, Belastete, Minderbelastete, Mitläufer und Entlastete. Als Sanktionen drohen neben Freiheitsentzug und Berufsverbot u.a. Vermögenseinziehung und Geldbuße. Bis zum Herbst 1948 werden in Darmstadt 9913 Entnazifizierungsverfahren abgewickelt; dabei werden 179 Personen als Hauptschuldige und 1517 als Belastete eingestuft.

Der Entnazifizierungs-Fragebogen zur politischen Vergangenheit des Oberbürgermeisters Ludwig Metzger

Aufbaudienst – Pflichteinsatz zur Trümmerbeseitigung

„Darmstadt soll wiedererstehen" – so beginnt der im Mai von Parteien, Kammern, Gewerkschaften und Kirchen unterzeichnete Aufruf zum Gemeinschaftswerk der Trümmerbeseitigung. Auf Anordnung des Oberbürgermeisters Ludwig Metzger ist für die männliche Bevölkerung zwischen 16 und 60 Jahren künftig der so genannte Aufbaudienst von mindestens einem Tag Räumeinsatz im Monat Pflicht. Bis zum Jahresende werden mit der aus 24 Diesellokomotiven, 257 Muldenkippern und 14 Kilometern Fördergleis bestehenden Darmstädter Trümmerbahn 130 000 Kubikmeter Schutt zu den Sammel- und Abladestellen befördert. Im Dezember sind die Straßenzüge – bis auf den Altstadtkern – weitgehend trümmerfrei, so dass die Stadtverwaltung die Räumung von Baugrundstücken in Angriff nehmen kann.

Abbrucharbeiten in der Soderstraße

1946 werden auf Schloss Kranichstein erstmals die Ferienkurse für Neue Musik in Darmstadt veranstaltet

Am 31. März zeigt das Landestheater in der Orangerie in deutscher Erstaufführung Thornton Wilders Drama „Wir sind noch einmal davon gekommen". Bühnenbildentwurf von Max Fritzsche

„Amerikahaus"

Bevor das John-F.-Kennedy-Haus Ecke Rheinstraße/Kasinostraße fertig gestellt wird, richtet man am 6. Januar im Gebäude der Diesterwegschule vier große Räume her, die die seit dem Herbst 1946 bestehende amerikanische Bibliothek aufnehmen. Sie bietet einen Jugend-, einen Zeitschriften- und zwei Leseräume, in welchen rund 3000 Bände, 50 regelmäßig erscheinende Zeitschriften und zahlreiche Tageszeitungen eingesehen werden können. Die Bibliothek soll als „window to the world after many years of intellectual isolation" fungieren. In diesem Sinne werden auch Konzerte und Filmvorführungen arrangiert, Ausstellungen gezeigt und Diskussionsgruppen gebildet. Eine von Captain Bryant geleitete Vortragsreihe „Europäische Geschichte" für Jugendliche findet so regen Zuspruch, dass wegen Überfüllung die Teilnahme der Jugendlichen nach Alter beschränkt und die Veranstaltung geteilt wird. Die tägliche Besucherzahl der Bibliothek beläuft sich auf 100 bis 120 Personen, die die Alternative zu der noch im Aufbau befindlichen Stadtbibliothek gerne wahrnehmen. Auch andere Institutionen wie das Hessische Landesmuseum oder der Kunstverein nutzen die Räumlichkeiten für ihre eigenen Ausstellungen.

Eröffnung des Amerika-Hauses in der Diesterwegschule durch Ludwig Bergsträsser

Kinder der Gemeinde St. Ludwig warten auf das Lebensmittelauto aus dem Ried

„Darmstädter Wochenspiegel"

Die erste Ausgabe des „Darmstädter Wochenspiegels", der über die wöchentlichen Veranstaltungen informiert, erscheint am 4. Mai im Verlag des Ateliers Delp in der Bessunger Straße und ist zu einem Preis von 20 Pfennig zu erwerben.

Wiederbelebung des Büchner-Preises

Am 20. Juli wird in einer Feierstunde in der Aula der Darmstädter TH der neu belebte Georg-Büchner-Preis an die in Mainz geborene Schriftstellerin Anna Seghers verliehen, für 1945 rückwirkend an den 1944 im Exil verstorbenen Hans Schiebelhuth. Fritz Usinger, der Büchner-Preisträger des Vorjahres, hält die Laudatio auf Schiebelhuth. Auch Anna Seghers kann nicht persönlich an den Feierlichkeiten teilnehmen. In einem Danktelegramm aus Berlin betont sie, sie „unterstütze gern alles, was den Geist Georg Büchners hat".

Internationaler Kongress für Ingenieurausbildung

Der Internationale Kongress für Ingenieurausbildung wird im Beisein von zahlreichen Rektoren deutscher Hochschulen und Universitäten am 31. Juli an der TH eröffnet. Zu den Teilnehmern zählen etwa 500 Wissenschaftler aus dem In- und Ausland, sowie Vertreter aus Verwaltung und Industrie.

40. Ausstellung der Bücherstube Robert d'Hooghe. Plakatentwurf von Helmut Lortz 1947

1947

WAS SONST NOCH GESCHAH

März: Eröffnung der städtischen Frauenklinik im ehem. Haus Hagenburg an den Hirschköpfen. Das während des Krieges als Lazarett genutzte Gebäude wurde nach Übernahme durch die Stadt im Frühjahr 1946 vorübergehend als Erholungsheim für Lungenkranke genutzt.

30. März: Die „oekumenische Marienschwesternschaft" wird gegründet.

17. April: Heftige Proteste bei der Einstufung nach dem Zerstörungsgrad. Darmstadt belegt den 3. Platz unter den hessischen Städten und steht somit bei der Zuteilung der Baustoffe erst an dritter Stelle.

20. Juni: Professor Peter Grund wird als Oberbaudirektor zur Leitung der Wiederaufbauplanung nach Darmstadt berufen.

5. Juli: Die Stadt veranstaltet auf dem Messplatz ein zehntägiges Sommerfest zu Gunsten des Wiederaufbaus, auf dem „Baustein-Gutscheine" zu 5 Mark verkauft werden.

21. Juli: Der neu gegründete Verkehrsverein richtet seine erste Auskunftsstelle am Luisenplatz ein. Erst 1965 kann sie in die sachgerechten Räume des „Informationsdienstes Stadtmitte" in der Wilhelminenstraße umziehen.

1. August: Die Stadt beschlagnahmt sämtliche Trümmer zur Auswertung. Bauwillige Grundstückseigentümer erhalten auf Antrag wiederverwendbare Steine und Dachziegel.

1. September: Inzwischen sind 750 Geschäfte wieder eröffnet. 40 davon kehrten aus dem Umland zurück.

30. September: Darmstadt wird Sitz der Evangelischen Landeskirche in Hessen und Nassau, einem Zusammenschluss der evangelischen Kirchen in Hessen-Darmstadt, Nassau und Frankfurt, der durch einen gemeinsamen Kirchentag in Friedberg bestätigt wird.

5. Dezember: Am Steubenplatz wird eine jüdische Fachschule zur Vorbereitung auf das Leben in Israel eingerichtet. Vorläufiger Sitz der neu begründeten Jüdischen Gemeinde ist das Haus des nach Palästina ausgewanderten Arztes Dr. Julius Stern in der Wilhelm-Leuschner-Straße 5.

1948 Initiative für den Wiederaufbau

WAS SONST NOCH GESCHAH

25. Januar: Am „1. Darmstädter Liedertag", der auf Einladung der Amerikaner im Saal der Quartermaster School in der Cambrai-Fritsch-Kaserne abgehalten wird, nehmen 1700 Sängerinnen und Sänger aus 17 Vereinen in Darmstadt und Umgebung teil.

Mai: Im Lager Ludwigshöhe, das 1945 von den amerikanischen Soldaten eingerichtet wurde, leben noch über 1100 so genannte DP's, ehemalige Zwangsarbeiter.

20. Juni: Mit der Währungsreform wird auch in Hessen die „Deutsche Mark" als neues Zahlungsmittel eingeführt. Bei der Landeszentralbank in der Kasinostraße erhält jeder Darmstädter 40 DM. Am 6. September folgen nochmals 20 DM.

1. Juli: Das mit Zusammenführung der Dienststellen des ehem. Reichspostzentralamts neu gebildete Post- und Fernmeldetechnische Zentralamt bezieht Gebäude im Bereich der Darmstädter Kavalleriekaserne an der unteren Rheinstraße.

16. Juli: Die Bibliothek der Technischen Hochschule wird mit der Hessischen Landesbibliothek im Schloss zur „Hessischen Landes- und Hochschulbibliothek" vereinigt.

25. Juli: Die Turnhalle der Liebig- und der Eleonorenschule wird mit einem Symphoniekonzert als provisorische Stadthalle eingeweiht. In den wiederhergestellten Ausstellungshallen auf der Mathildenhöhe eröffnet die Neue Darmstädter Sezession am selben Tag ihre erste Sommerausstellung.

August: Durch die Folgen der Währungsreform verteuern sich die Maßnahmen der Trümmerräumung derart, dass die Stadtverwaltung die auf ihre Kosten betriebene Trümmerräumung einstellen muss.

14. August: Als erstes Kino in der Darmstädter Innenstadt wird das mit 1000 Plätzen neu aufgebaute „Thalia" wiedereröffnet. Am 4. Dezember ist das Palast-Kino in der Grafenstraße spielbereit.

7. Oktober: Die erste Ausstellung des Landesmuseums nach Kriegsende unter dem Titel „Kunstschätze aus dem Hessischen Landesmuseum" auf der Mathildenhöhe wird eröffnet.

Während sich das Ensemble des Darmstädter Staatstheaters in der eigentlich als provisorische Spielstätte gedachten Orangerie dauerhaft einrichtet – und fast drei Jahrzehnte dort spielen wird –, ruft im Juni 1948 eine Gruppe Darmstädter Bürger eine Initiative zum Wiederaufbau des zerstörten alten Landestheaters, des Mollerbaus, ins Leben. Unter dem Vorsitz von Johann Sebastian Dang, Redakteur beim Darmstädter Echo, gründet sich ein „Wiederaufbaukuratorium des Hessischen Landestheaters", das zu Spenden aufruft und die Beseitigung der Trümmer des Mollerbaus als ersten Schritt zum Wiederaufbau in Angriff nimmt. Einen ersten Erfolg bringt im Folgejahr die vom Land Hessen finanzierte Anbringung eines Notdachs. Weitere Bemühungen der folgenden Jahre werden jedoch nicht von Erfolg gekrönt sein.

Ruine des Prinz-Christians-Baus im Darmstädter Schloss; die Trümmer auf Straßen und in öffentlichen Gebäuden sind in Darmstadt weitgehend beseitigt. An einen Wiederaufbau ist jedoch noch lange nicht zu denken, er ist beim Schloss erst etwa 20 Jahre später abgeschlossen

Karikatur zur Initiative des Wiederaufbaus des Alten Landestheaters: Pimm, die von Hartmuth Pfeil gezeichnete Kunstfigur aus dem Darmstädter Echo, trifft Johann Sebastian Dang beim Trümmerräumen in der Theaterruine

Neue Heimat für Vertriebene

In einem Vertrag vom 7. Juli überlässt die Stadt Darmstadt der Siedlungsgemeinschaft der Buchenland-Handwerker 30 Hektar Bauland südwestlich der Heimstättensiedlung zur Ansiedlung von Flüchtlingen, die als Gegenleistung am Darmstädter Wiederaufbau mitwirken sollen; am 19. November 1949 folgt ein entsprechender Vertrag mit der „Ungarndeutschen Bau- und Siedlungsgenossenschaft eGmbH" zur Ansiedlung in der Heimstättensiedlung. Im September 1948 können die Ansiedlungswilligen durch Vermittlung des Evangelischen Hilfswerks die Baracken des aufgelösten Fraueninternierungslagers an der Unteren Rheinstraße als provisorische Wohnung beziehen. Die ersten 16 Häuser, die nach Entwürfen von Oberbaudirektor Peter Grund errichtet werden, sind im September 1949 bezugsfertig.

1948 herrschte trotz Währungsreform und allmählicher Stabilisierung der sozialen Lage immer noch große Wohnungsnot, so dass einige Studenten auf engstem Raum im ehemaligen Richthofenbunker an der Unteren Rheinstraße hausen mussten

Als erste Kirche in Darmstadt kann die Pauluskirche nach erfolgtem Wiederaufbau am 15. August wieder eingeweiht werden. Den ersten Gottesdienst hält Kirchenpräsident Martin Niemöller

Parkhotel Aachener Hof

Am 7. Oktober öffnet an der Ecke Rheinstraße/Kasinostraße das neu errichtete Parkhotel Aachener Hof seine Pforten. In dem von Oberbaudirektor Peter Grund entworfenen Gebäude befinden sich ferner die Aachener und Münchener Versicherung und der Friseursalon Krapf. Obwohl sich das 1950 und 1953 erweiterte Hotel als „neuestes und feinstes Haus am Platze" versteht, kann es sich nur bis 1960 halten. Im Gegensatz zur gediegeneren und betulicheren Traube, in der während der 1950er Jahre vorzugsweise die offiziellen Besucher Darmstadts absteigen, zeigt sich Darmstadt im Parkhotel gerne auch einmal von seiner mondänen Seite. Hier finden in regelmäßigen Abständen Modenschauen statt, auch deutsche Filmgrößen auf Premierentour tragen sich häufig ins Gästebuch des Parkhotels ein (Liselotte Pulver, Albert Lieven, Barbara Rütting).

Ehemaliges Parkhotel Aachener Hof am heutigen Kennedyplatz, Aufnahme um 1950

Katalogtitel der am 20. August eröffneten Leistungsschau „Schaffendes Darmstadt" auf der Mathildenhöhe

Im südlichen Palaisgarten eröffnen am 3. Dezember in einem hufeisenförmigen Flachbau 17 „elegante" Behelfsläden

Industrieansiedlung

Auf dem Gelände des ehemaligen Exerzierplatzes startet man 1949 mit einer gezielten Ansiedlung von Industrie. Stadtkämmerer Gustav Feick und der 1947 aus der sowjetischen Besatzungszone (SBZ) geflohene Architekt Kurt Jahn (1903–1978) rufen hierzu am 2. September die Wiederaufbau GmbH ins Leben. Vertragspartner und Kapitalgeber der Gesellschaft sind zu etwa gleichen Teilen die Stadt Darmstadt und Kurt Jahn. Unterstützung und Hilfe findet man bei einem Freund Kurt Jahns, dem ehemaligen OB von Jena, Heinrich Troeger, der mittlerweile als Ministerialdirektor des hessischen Finanzministers Hilpert fungiert. In den Genuss der stadtnahen Industrieansiedlung, durch die etwa 20 000 Arbeitsplätze geschaffen werden, kommen in erster Linie mittelständische Unternehmen der „Rauchlosen Industrie", deren Besitzer in der SBZ enteignet wurden. Zu den Geförderten zählen hauptsächlich grafische Betriebe, aber auch Unternehmen wie WELLA, Nähr-Engel und das Modehaus Fink.

Erste Bundestagswahl geht an die FDP

Die erste Bundestagswahl am 14. August endet im Wahlkreis Darmstadt-Stadt und -Land mit einem Ergebnis, das deutlich vom Bundestrend abweicht. Klarer Wahlsieger ist die FDP, deren Kandidat Dr. med. Richard Hammer das Direktmandat des Wahlkreises erringt. Geschlagen geben muss sich hingegen der spätere OB Dr. Ludwig Engel von der SPD, der sich nach dem klaren Sieg seiner Partei bei der Stadtverordnetenwahl von 1948 wohl schon Hoffnungen auf den Einzug in den Deutschen Bundestag gemacht hatte. Das Direktmandat des Wahlkreises Bergstraße geht an Heinrich von Brentano (CDU), den Kanzler Adenauer in der zweiten Sitzungsperiode des Bundestags zum Außenminister bestellt.

Erster Spatenstich für die Wohnblocks im zweiten Bauabschnitt der Kirchtannensiedlung in Eberstadt am 22. Mai. Von rechts: OB Ludwig Metzger, Ministerpräsident Christian Stock, Ortsverwalter Fritz Dächert

1949

WAS SONST NOCH GESCHAH

25. Januar: Wie das Darmstädter Echo meldet, hat die Militärregierung in Wiesbaden 23 Radiogeräte für die Schulen des Stadt- und Landkreises an Stadtrat Julius Reiber übergeben. Die Rundfunkempfänger sind insbesondere für Schulfunksendungen bestimmt.

21. Februar: Der von den Nationalsozialisten boykottierte und 1940 in die USA emigrierte Komponist Paul Hindemith spricht in der Stadthalle über „Musik in Amerika". Auf Einladung der Industrie-und-Handelskammer hält gleichzeitig im Zintl-Institut der Vater des Deutschen Wirtschaftswunders, Prof. Ludwig Erhard, einen Vortrag über „Wirtschaftsprobleme der Gegenwart".

28. März: Der Magistrat gibt bekannt, dass stadteigene Veranstaltungsräume künftig nicht mehr an die KPD vergeben werden.

6. April: Vorstellung des Marshallplans in Darmstadt durch den Sonderbeauftragten des Wiederaufbauwerks in den Westzonen Charles H. Collison.

5. Juni: Erster Gottesdienst im provisorisch wieder hergerichteten Chor der zerstörten Stadtkirche.

19. Juni: Auftakt zu den „4. Internationalen Ferienkursen für neue Musik" mit der „Woche für Neue Musik" des Hessischen Rundfunks.

30. Juli: Einweihung des von der German Youth Administration (GYA) eingerichteten Kinderspielplatzes im Prinz-Emil-Garten.

7. August: In der TH Darmstadt beginnt als Beitrag zum Goethejahr ein Sommerkurs über die Geschichte der Naturwissenschaften während der Goethezeit.

17. September: Unter dem Titel „Neuerwerbungen 1939 bis 1949" präsentiert das Hessische Landesmuseum im provisorisch wieder hergerichteten Barocksaal seine erste Nachkriegs-Ausstellung.

13. November: In der Eberstädter Dreifaltigkeitskirche werden mit einem Festgottesdienst die drei neuen Glocken St. Michael, St. Johann vom Berge und Auferstehung geweiht.

1950 — Das Menschenbild in unserer Zeit

WAS SONST NOCH GESCHAH

1. Januar: Die Stadtwerke werden auf Beschluss der Stadtverordnetenversammlung in Südhessische Gas und Wasser AG umbenannt.

15. Januar: Die Orangerie in Bessungen wird durch eine Gasexplosion stark beschädigt. Das Landestheater muss vorübergehend in die Stadthalle ausweichen. Mit einer Aufführung von Richard Wagners „Meistersinger" kehrt es nach Bessungen zurück.

21. Februar: Erstmals seit Kriegsende wird in Darmstadt wieder ein Fastnachtszug abgehalten. 131 Festwagen locken 40 000 Zuschauer an.

19. März: In der Heimstättensiedlung wird die Matthäuskirche eingeweiht. Sie ist die 31. von insgesamt 49 Notkirchen, die nach Otto Bartnings Plänen mit vorgefertigten Teilen im Baukastensystem errichtet werden. Das Notkirchenprogramm wird mit Unterstützung amerikanischer Kirchengemeinden vom Hilfswerk der Evangelischen Kirchen in Deutschland finanziert.

23. April: Der erste Bauabschnitt der in der Heimstättensiedlung gelegenen Friedrich-Ebert-Schule wird zur Nutzung freigegeben.

21. Mai: In einer Festvorführung wird im Thalia-Theater der neue Kulturfilm über Darmstadt uraufgeführt. Der Film trägt den englischen Titel „Story of a town". Er wird gleich nach der Darmstädter Aufführung in die Vereinigten Staaten und zur Kulturfilmwoche nach Zürich geschickt.

4. September: Der an der Rheinstraße gelegene, 1939 erbaute Richthofen-Bunker wird als Übernachtungsheim für männliche Obdachlose genutzt.

15. Oktober: Anlässlich der ersten Arbeitstagung der Deutschen Akademie für Sprache und Dichtung wird der Schriftstellerin Elisabeth Langgässer posthum der Georg-Büchner-Preis verliehen.

1. November: Nach Fertigstellung des ersten Bauabschnitts bezieht das „Darmstädter Echo" das Redaktions- und Druckereigebäude in der Holzhofallee. Mit der Inbetriebnahme der neuen Rotationsmaschine erscheint die Zeitung zum ersten Mal im Großformat.

Parallel zu der Ausstellung „Das Menschenbild in unserer Zeit" findet in der Darmstädter Stadthalle vom 15. bis zum 17. Juli als erläuterndes Gesprächsforum das so genannte 1. Darmstädter Gespräch statt, zu dem die Neue Darmstädter Sezession Theologen, Historiker, Philosophen, Juristen, Naturwissenschaftler sowie Künstler und Musiker geladen hat. In den Gesprächen sollen Kernfragen der Gegenwart behandelt und „Das Menschenbild in unserer Zeit" aus allen Perspektiven beleuchtet werden. Zum zentralen Thema entwickelt sich jedoch die rein kunsttheoretische Frage zum Für und Wider der modernen, speziell der abstrakten Kunst. Die Thesen der Hauptredner Hans Sedlmayr und Willi Baumeister werden kontrovers diskutiert und rufen beim Publikum starke Emotionen hervor, beinahe wäre es zu Handgreiflichkeiten unter den Zuhörern gekommen. In den folgenden Jahren werden von der Sezession in Zusammenarbeit mit der Stadt noch weitere Gespräche veranstaltet, die ähnliche Bedeutung erlangen wie das 1. Darmstädter Gespräch von 1950.

Die Ausstellung „Das Menschenbild in unserer Zeit" bildet den Auftakt zum „Darmstädter Kunstsommer"

Mit Schwung die Wilhelminenstraße hinunter

Am 4. Juni 1950 wird das erste Darmstädter Seifenkistenrennen ausgetragen. Etwa 2500 Zuschauer säumen die mit Fahnen geschmückte Wilhelminenstraße und feuern die 84 jugendlichen Fahrer an, die mit ihren selbst gebauten und schwerkraftgetriebenen Kleinrennwagen die abschüssige Strecke mit bis zu 40 km/h hinuntersausen. Bis zur Einstellung der Seifenkistenrennen im Jahr 1966 finden die Wettfahrten u. a. in der Taunusstraße und in der Teichhausstraße statt. Die Veranstaltungen werden seit 1951 von dem Automobilhersteller Opel gefördert, der den Teilnehmern zur Sicherung der Chancengleichheit verbindliche Bauanleitungen und Bausätze liefert. Die in den 50er Jahren weit verbreiteten Seifenkistenrennen kamen nach dem Zweiten Weltkrieg als Bestandteil des politischen Demokratisierungsprogramms durch die „German Youth Administration" der US-Besatzungstruppen nach Westdeutschland. In den Vereinigten Staaten wurden Seifenkistenrennen schon seit 1933 ausgetragen und gingen auf eine Werbeaktion einer Seifenfabrik zurück, bei der mit Modellzeichnungen bedruckte hölzerne Verpackungskisten („Soap-Boxes") ausgesägt und zu kleinen Autos zusammengebastelt werden konnten.

Der Fronleichnamszug der katholischen Gemeinde St. Ludwig führt auch 1950 durch noch immer zerstörte Straßenzüge

Indonesische Studenten leisten in den Sommersemesterferien einen freiwilligen Beitrag zum Wiederaufbau der Technischen Hochschule

Die Schillerschule in der Müllerstraße wird am 20. August mit der feierlichen Schlüsselübergabe eröffnet

Ein neues Fest für 100 000 Heiner

1951

Auf dem Darmstädter Marktplatz eröffnet am 30. Juni Oberbürgermeister Ludwig Engel das erste „Heinerfest", ein Volksfest, das an den drei Festtagen zahlreiche Besucher aus dem Umland lockt. „Heiner" ist der in seiner Herkunft nie völlig geklärte Spitzname der Darmstädter, die „Heinerdeutsch" reden. In dieser Mundart trägt Robert Stromberger am Eröffnungsabend im Schlosshof aus der Lokalposse „Datterich" und den Mundartgedichten seines Großvaters Robert Schneider vor. Ehrengast des seitdem jährlich gefeierten Festes ist der am 9. Juni geborene 100 000. Heiner Wilfried Münster.

Heinerfest-Ehrengast: Wilfried Münster

Versuchsbohrungen

Bei Versuchsbohrungen nach Erdöl im Ried bricht am 3. August Erdgas aus dem Bohrloch und entzündet sich. Die 80 Meter hohe Fackel rauscht tagelang und ist bis Darmstadt zu hören.

2. Darmstädter Gespräch

Am 4. August wird die Ausstellung „Mensch und Raum" auf der Mathildenhöhe eröffnet. Mit ihr wird ein Rückblick auf 50 Jahre Baukunst im 20. Jahrhundert gezeigt sowie die Entwürfe namhafter Architekten für „Meisterbauten" im Rahmen des Darmstädter Wiederaufbaus.
Am 16. September kommt Bundespräsident Prof. Theodor Heuss zu einem Besuch der Ausstellung.
In der Stadthalle beginnt am 29. Oktober das Darmstädter Gespräch über Mensch und Raum, zu welchem neben den Philosophen Martin Heidegger und José Ortega y Gasset, auch die Architekten Otto Bartning, Paul Bonatz, Richard Riemerschmid und Hans Scharoun nach Darmstadt kommen.

Die Sellner-Ära

Mit der Freilichtaufführung von „Leonce und Lena" des Landestheaters beginnt in Darmstadt am 2. September die „Sellner-Ära", wie man sie später nach dem Intendanten Gustav Rudolf Sellner nennen wird. Er übernimmt die Intendanz in dem Provisorium der Orangerie – und aus dem Behelfstheater in der Provinz wird eine Bühne, von deren legendärem Ruf das Theater noch Jahrzehnte später zehren wird. Sellner und Operndirektor Harro Dicks prägen den Darmstädter Stil, der aus der Not eine Aufsehen erregende Tugend macht: streng stilisierte, antinaturalistische Inszenierungen.

Wiederaufbau

Schwedische Gäste, ein Abgeordneter des Reichstags und ein Sekretär des Verbandes christlicher Sozialdemokraten, informieren sich am 26. September über den Wiederaufbau und besuchen die Buchenland- und die Donausiedlung.

Martinskirche

Die wieder aufgebaute Martinskirche wird im Rahmen der Martinskerb am 11. November feierlich geweiht und das Helia-Kino mit dem Curt-Goetz-Film „Das Haus in Montevideo" wieder eröffnet.

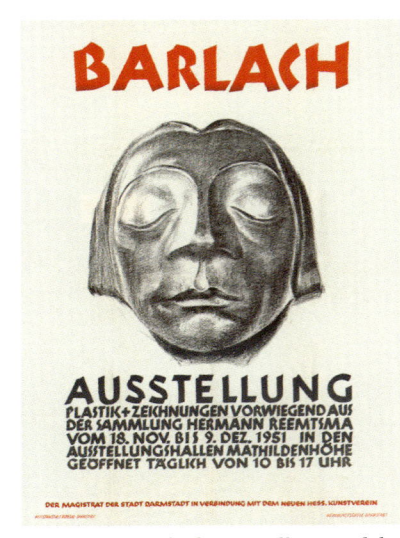

Plakat zur Barlach-Ausstellung auf der Mathildenhöhe

„Für unser Glockenspiel"

Nicht zur Weihnachtszeit, sondern schon am 16. Dezember erklingt das Glockenspiel nach acht Jahren zum ersten Mal wieder aus dem Darmstädter Schloss. Bereits am 29. November wurden die 21 Glocken des Darmstädter Glockenspiels wie in einem Triumphzug auf einem geschmückten Wagen, gezogen von sechs schönen Hengsten des Hessischen Landgestüts, durch die Stadt gefahren. Dank einer Bürgeraktion konnten die Glocken von der Glockengießerei Rincker in Sinn gegossen werden.

Der Erlös der von Hartmuth Pfeil entworfenen Glockenspielplakette soll dazu beitragen, Darmstadts Wahrzeichen wieder erklingen zu lassen

Das Lehrlingsheim am Mercksplatz im Sommer, kurz nach seiner Fertigstellung

WAS SONST NOCH GESCHAH

8. Januar: Der bisherige Senatspräsident am Oberlandesgericht und Vizepräsident des Hessischen Staatsgerichtshofes, Dr. Ludwig Engel, wird Oberbürgermeister.

15. Januar: Die ersten wieder hergestellten Telefonhäuschen werden in Betrieb genommen.

23. Februar: Das Stadtparlament fordert die Freigabe der von der US-Armee beschlagnahmten Sportstadien; am 27. Juni protestieren deshalb die Studenten vor der US-Zivilverwaltung in der Kasinostraße.

8. April: Die Freiwillige Feuerwehr Arheilgen feiert die Fertigstellung der neuen Feuerwache in der Bachgasse.

1. Juni: Einweihung des neuen Kreishauses für den Landkreis Darmstadt am Steubenplatz.

16. Juni: Das wiederhergestellte Ernst-Ludwig-Haus auf der Mathildenhöhe wird als künftiger Sitz der „Akademie für Sprache und Dichtung" eingeweiht.

18. Juni: In der Taunusstraße rennen die Seifenkisten, gefördert durch den Automobilhersteller Opel, der auch die Preise stiftet.

16. Juli: Die Deutsche Bausparkasse bezieht ihr neues Verwaltungsgebäude in der Heidelberger Straße.

20./22. September: Darmstadts ältester Verein „Privilegierte Schützengesellschaft" (1538) wird mit der Wahl des „Oberschützenmeisters" Paul Kröh im Restaurant „Maintor" neu konstituiert.

29. September: Im neu angelegten Prinz-Georgs-Garten feiert das wieder aufgebaute Porzellanschlösschen seine Einweihung. Am Großen Woog kann die neu gebaute Jugendherberge ihre ersten Gäste aufnehmen.

5. Oktober: Die Kirchenverwaltung der Evangelischen Kirche in Hessen und Nassau bezieht das wieder hergestellte Gebäude in der Adelungstraße.

10. Dezember: Die Groß-Gerauer-Allee wird als „neue Lebensader" dem Verkehr übergeben.

1952

3. Darmstädter Gespräch

WAS SONST NOCH GESCHAH

16. Januar: In der Heimstättensiedlung wird Richtfest für 44 Einfamilienhäuser gefeiert, die im Rahmen des „Hessenplans" die Neuansiedlung von Flüchtlingsfamilien ermöglichen sollen.

14. Februar: Die von dem Zoologen Prof. Gottlieb von Koch (†1914) in seinem Haus in der Viktoriastraße 49 eingerichtete Kindertagesstätte wird nach zwischenzeitlicher Entfremdung im Sinne der ursprünglichen Stiftung neu eröffnet. Angeschlossen ist das Seminar für Kindergärtnerinnen.

26. März: Das Richtfest für 48 HEGEMAG-Wohnungen in der Beckstraße markiert den rasch fortschreitenden Neuaufbau im Woogsviertel. 25 Wohnungen in der Roßdörfer und Gundolfstraße sind bereits bezogen, weitere 64 Wohnungen in der Heinrichstraße im Bau.

4. Mai: Bei den ersten Kommunalwahlen nach der neuen hessischen Gemeindeordnung verfehlt die Darmstädter SPD die absolute Mehrheit nur knapp. Im 60-köpfigen Stadtparlament besetzen die Sozialdemokraten künftig 29, die FDP 13 und die CDU 9 Mandate.

10. Juni: In einer Pressekonferenz in der Industrie- und Handelskammer präsentiert Stadtkämmerer Gustav Feick die bisherigen Erfolge der Wiederaufbau GmbH, die bisher 3000 neue Arbeitsplätze geschaffen hat. Als Beispiele der neuen „rauchlosen Industrie" werden u. a. der Deutsche Adressbuch-Verlag und die Wella-AG besichtigt.

9. August: Das Darmstädter Adressbuch 1952/53 gibt zum ersten Mal nach dem Krieg wieder einen vollständigen Überblick über die Straßen der Stadt und ihre Bewohner, lässt aber zugleich den noch fortbestehenden Anteil der Ruinengrundstücke erkennen.

7. September: Die Ökumenische Marienschwesternschaft in Eberstadt kann nach gut zweijähriger Bauzeit die Einweihung ihres Mutterhauses und der Kapelle „Von dem Leiden Jesu" feiern.

29. Oktober: Mit einer Rede von Ministerpräsident Georg August Zinn wird das in vierjähriger Arbeit wieder aufgebaute Landgerichtsgebäude am Mathildenplatz eingeweiht.

Das 3. Darmstädter Gespräch (20. bis 22. Juli) greift mit dem Thema „Mensch und Technik" wieder eines der Grundprobleme der Zeit auf. Namhafte Gelehrte, Politiker, Literaten und Manager aus der Wirtschaft befassen sich mit den Fragestellungen: Wie kann ich mit Hilfe der Technik mein Dasein erleichtern? Wie beherrsche ich die Technik geistig? Wie bewahre ich Leib und Seele gegenüber der Technik? Die Otto-Berndt-Halle kann die über 1400 zu den Diskussionsrunden und Vorträgen strömenden Zuschauer kaum fassen. Der dritte Tag, an dem führende deutsche und ausländische Designer zu Wort kommen, befasst sich mit dem Thema der industriellen Formgebung. In diesem Zusammenhang kann OB Ludwig Engel bekannt geben, dass der auf Vorschlag des Bundestags neu zu gründende „Rat für Formgebung" seinen Sitz in Darmstadt nehmen wird. Gemeinsam mit dem Institut für Neue Technische Form bezieht der Rat das Alfred-Messel-Haus im Eugen-Bracht-Weg. In Verbindung mit dem Gespräch wird auf der Mathildenhöhe eine Ausstellung zum Thema „Mensch und Technik" veranstaltet (20. September bis 2. November), die unter Beteiligung großer deutscher Firmen hochwertige Erzeugnisse aus Handwerk, Industrie und Werbung zeigt. Das Post- und Fernmeldetechnische Zentralamt führt das noch relativ junge Medium des Fernsehens vor. Schirmherr ist Bundespräsident Theodor Heuss, der am 4. Oktober die Ausstellung persönlich besichtigt.

Am Böllenfalltor wird am 29. Juni das nach Freigabe durch die US-Streitkräfte wieder hergestellte Stadion des SV 98 eingeweiht. 13 000 Besucher sehen das Eröffnungsspiel der 98er gegen Admira Wien, das die Darmstädter Fußballer mit 2:3 verlieren: Einmarsch der Sportler des SV Darmstadt 98 mit der Vereinsfahne

In Bessungen wird am 6. September die auf Initiative des Stammtischs „Alte Bessunger" neu hergerichtete „Brunnebütt", aus deren Brunnenröhren zur Feier des Tages wahlweise Wasser und Wein fließen, eingeweiht. Am Rednerpult Stadtmuseumsleiter Dr. Georg Wiesenthal

Kaufhaus Henschel & Ropertz nach dem Wiederaufbau, 8. November

Eröffnung der Altstadtanlage

Im Rahmen der Eröffnung des 2. Heinerfests wird am 5. Juli an der im Zuge der Altstadt-Enttrümmerung freigelegten Stadtmauer am Hinkelsturm eine Gedenktafel enthüllt, die an den in den Bombenangriffen 1943/44 untergegangenen Stadtkern erinnert. Der Kanzlerbrunnen, der sich bis 1944 am Hause Alexanderstraße 4 (Wohnhaus des Kanzlers Kilian von Schwarzenau, daher der Name) befand, wird unterhalb der Gedenktafel in einer Mauernische angebracht. Entlang der Stadtmauer legt die städtische Bauverwaltung einen Grünzug an, die künftige Altstadtanlage.

Plakat für das 2. Heinerfest vom 5.–7. Juli 1952; Entwurf von Hartmuth Pfeil

Enthüllung eines Mahnmals für die Kriegsgefangenen des Zweiten Weltkriegs mit der Aufschrift „Gebt sie frei" am 26. Oktober am Platz der Deutschen Einheit vor dem Hauptbahnhof

Der Wiederaufbau boomt

1953

Mit seiner nicht endenden Liste von Einweihungen und Richtfesten vermag 1953 alle bisherigen Wiederaufbaujahre bei weitem in den Schatten zu stellen. So begeht man am 23. Februar die Einweihung des als Regierungspräsidium wieder aufgebauten Kollegiengebäudes, und Anfang März ist Baubeginn für den in Rekordzeit hochgezogenen Kaufhof, der seine Tore am 14. Oktober inmitten eines Massenansturmes der Darmstädter Bevölkerung öffnet. Zehn Tage später kann auch der in diesem Zusammenhang neu gestaltete Ernst-Ludwig-Platz für den Verkehr freigegeben werden. Der 1949 als Gemeinschaftsleistung der Bessunger Vereine begonnene Wiederaufbau der Bessunger Turnhalle findet seinen feierlichen Abschluss am 14. November und am 29. November begeht man die offizielle Weihe der wieder aufgebauten Stadtkirche, deren endgültige Fertigstellung sich jedoch noch bis Februar 1954 hinzieht.

Auf den 15. Oktober fallen die Richtfeste des Alten Rathauses, des Hochzeitsturmes und des Ludwig-Georg-Gymnasiums, die Darmstädter Geschäftswelt lässt am gleichen Tag die Richtbänder über dem Hessenfahnen-Neubau in der Rheinstraße flattern.

Eröffnung des Kaufhofs am 14. Oktober inmitten eines Andrangs von 10 000 Menschen

Die Wohnungsnot der Ostzonenflüchtlinge

Obwohl Darmstadt noch unter der kriegsbedingten Wohnungsnot leidet, muss es 1953 ein größeres Kontingent aus dem stetig wachsenden Zustrom von Ostzonenflüchtlingen aufnehmen. Da für die Neuankömmlinge des Jahres – am 6. Juni wird der insgesamt 10 000. Flüchtling in Darmstadt registriert – nicht ausreichend Wohnraum zur Verfügung steht, müssen zunächst Behelfsquartiere gefunden werden. So kann am 24. März das kurzfristig als Auffanglager hergerichtete Oberwaldhaus bezogen werden, und in den Folgemonaten entstehen weitere Behelfsquartiere im Saal des Gasthofs „Zur Eisenbahn" in Eberstadt und in aufgelassenen Fabrikräumen in Arheilgen. Am 28. Mai feiert man schließlich auf dem ehemaligen MUNA-Gelände in der Eberstädter Kirchtannensiedlung Richtfest für 104 Flüchtlingswohnungen.

Liebig-Gedenkjahr

Anläßlich des 150. Geburtstages Justus von Liebigs ruft die Stadt Darmstadt 1953 zum Liebig-Gedenkjahr aus. Zentrale Veranstaltung ist ein akademischer Festakt am 12. Mai in der Otto-Berndt-Halle der TH Darmstadt. Mit besonderem Stolz erfüllt die Stadtväter die Anwesenheit des Bundespräsidenten Heuß, der Liebig in einem Festvortrag als den „größten Sohn der Stadt" würdigt. Der Jubeltag klingt aus mit einem studentischen Fackelzug zum Liebigdenkmal am Luisenplatz, bei dem die Studenten auch den im Hotel Traube gastierenden Bundespräsidenten grüßen. Auch das diesjährige Heinerfest steht ganz im Zeichen Liebigs. So lädt die Hessische Spielgemeinschaft am 4. Juli zur Uraufführung des von Robert Stromberg verfassten und von Liebigs Jugend handelnden Historienspiels „Aus dem Bub ward nix!" in die Stadthalle.

Fackelzug der Studenten zum Luisenplatz anlässlich der Liebig-Gedenkfeier am 12. Mai. Begrüßung des Bundespräsidenten Theodor Heuß im Hotel Traube

Offizielles Plakat für das Darmstädter Heinerfest im Liebig-Gedenkjahr von Hartmuth Pfeil

WAS SONST NOCH GESCHAH

5. Januar: Im bisherigen US-Resident Office Ecke Kasino-/Rheinstraße präsentiert sich als neuer Hausherr erstmals das Amerika-Haus, das nach der Räumung der Diesterwegschule vorübergehend in der Goldenen Krone untergebracht war.

3. Februar: Einführung von Prof. Max Ratschow als neuer Chefarzt der Medizinischen Klinik des Stadtkrankenhauses.

7. März: Der seit 23. Februar bestehende „Verein der Freunde des Großen Hauses des Darmstädter Theaters" startet eine Unterschriftenaktion für die Rettung des Mollerbaus.

8. April: Radio Vatikanstadt schaltet sich in die Suche nach den seit Monaten in Italien vermissten Darmstädter Studenten Günther Meister und Helmut Wermbter ein.

5. Mai: Die einsturzgefährdete Ruine des ehemaligen Landtagsgebäudes am Luisenplatz wird eingerissen.

16. Juni: Erstmals reisen 20 „Madonnenkinder" auf Kosten des Kantons Basel zur Erholung nach Davos. Die in den Folgejahren wiederholte Aktion ist die mit dem Haus Hessen vereinbarte Gegenleistung für die bis 1958 befristete Ausleihe der Holbein-Madonna an das Baseler Kunstmuseum.

25. Juni: Prinz Ludwig von Hessen übergibt Jagdschloss und Jagdmuseum Kranichstein offiziell an die Stiftung Hessischer Jägerhof.

12. August: Vorstellung des erstmals 1931 angelegten und nun erneuerten Eberstädter Naturpfads durch die Naturschutzstelle Darmstadt.

24. August: Grundsteinlegung für das Ludwig-Georgs-Gymnasium im halbfertigen Rohbau durch Kultusminister Ludwig Metzger. Der Entwurf des Berliner Architekten Max Taut zählt zu den Meisterbauten von 1951.

26. September: Beginn des vierten Darmstädter Gesprächs über „Individuum und Organisation" mit einer Aufführung des René Clair-Films „A nous la liberté" von 1931 im Thalia-Kino. Hauptredner der ersten Diskussionsrunde ist der Frankfurter Soziologe Theodor W. Adorno.

1954 Düsenjäger-Absturz bei Arheilgen

WAS SONST NOCH GESCHAH

5. Januar: Prinz Ludwig von Hessen und bei Rhein eröffnet im Institut für neue technische Form die „Ausstellung formschöner Erzeugnisse der deutschen Kunststoffindustrie".

4. März: Auf Grund eines neuen Sozialgerichtsgesetzes, das eine unabhängige Sozialgerichtsbarkeit geschaffen hat, wird das in Darmstadt als Berufungsinstanz eingerichtete Hessische Landessozialgericht feierlich eröffnet.

16. März: Die erste automatische Haltlichtanlage mit Halbschranke des Bundesgebietes wird zwischen Darmstadt und Weiterstadt am Bahnübergang der Riedbahn montiert und am 10. April in Betrieb genommen.

1. April: Durch die Umbenennung zahlreicher Straßen, vor allem in den Vorortbezirken, werden Doppelt- und Dreifachnennungen innerhalb Darmstadts beseitigt.

10. April: Die nach der verstorbenen Frau des Bundespräsidenten benannte Elly-Heuss-Knapp-Schule wird feierlich eröffnet.

25. Juni: Die Wiederherstellung des Weißen Turms wird mit dem Aufsetzen der Turmhaube abgeschlossen.

10. Juli: Die neue Darmstädter Feuerwache in der Bismarckstraße wird ihrer Bestimmung übergeben.

28. August: Die zu den Darmstädter Meisterbauten zählende, von Otto Bartning entworfene Frauenklinik der städtischen Krankenanstalten an der Bismarckstraße wird nach dreijähriger Bauzeit eingeweiht.

6. November: In der Orangerie wird – erstmals in Europa – das Stück „Camino Real" des amerikanischen Autors Tennessee Williams aufgeführt.

10. November: Die Gesellschaft für Christlich-Jüdische Zusammenarbeit wird gegründet, an die eine Bibliothek (die spätere Alexander-Haas-Bibliothek) und ein Pressearchiv angeschlossen sind.

15. Dezember: Im Park Rosenhöhe wird das Richtfest für das Künstlerhaus des Schriftstellers Kasimir Edschmid gefeiert. Es ist das erste der von der Stiftung „Verein Neue Künstlerkolonie" geplanten Häuser.

Drei amerikanische Düsenjäger des Typs Sabre F 86 stürzen am 11. Januar gegen 17.40 Uhr bei Eppertshausen, Georgenhausen und Darmstadt-Arheilgen ab. Die Maschinen hatten sich auf einem Übungsflug von Marseille nach München befunden und waren wegen schlechten Wetters nach Frankfurt umgeleitet worden. Während die Piloten noch auf die Landeerlaubnis warteten, ging den über dem Rhein-Main-Gebiet kreisenden Jets der Treibstoff aus. Um 17.42 Uhr schlägt eine der drei Maschinen auf einem Acker in Darmstadt-Arheilgen auf und bricht auseinander. Die Suche nach dem Piloten verläuft zunächst ergebnislos. Er wird erst am folgenden Tag in der Nähe von Ober-Roden, also etwa 1000 Meter von der Aufschlagstelle seiner Maschine entfernt, tot aufgefunden – der Fallschirm hatte sich nicht geöffnet.

Fischsterben im Altrhein

Giftige Abwässer der Darmstädter Chemiefabrik Merck verursachen ein Massenfischsterben im Altrhein. In dem nahezu stehenden Gewässer werden Spuren von Hexachlorzyklohexan und anderen chlorierten Kohlenwasserstoffen aus der Produktion von Schädlingsbekämpfungsmitteln nachgewiesen. Am 2. Juni fordern die Vertreter der Gemeinde Ginsheim das Darmstädter Unternehmen auf, Sofortmaßnahmen gegen die Verseuchung des Altrheins zu ergreifen. Daraufhin lässt die Firma Merck bis zur Fertigstellung eines Rückhaltebeckens einen Teil der besonders gefährlich erachteten Abwässer in Darmstadt absondern, in Kesselwagen verladen und nach starker Verdünnung in den Hauptstrom des Rheins leiten.

Die eingerüstete Turmhaube des Weißen Turms im April 1954

Die „Darmstadt" läuft vom Stapel

Nach der Taufe durch die Patin Alexandra Merck läuft bei der Howaldt-Werft in Hamburg am 3. April der Turbinenfrachter „Darmstadt" vom Stapel. Er ist 161,51 Meter lang, 19,20 Meter breit und die Seitenhöhe beträgt bis Shelterdeck 20 Meter. Das Schiff hat eine Ladefähigkeit von etwa 10 000 Tonnen und ist mit einer Getriebeturbinenanlage ausgerüstet, die 17,5 Knoten Fahrt ermöglicht. Die „Darmstadt" ist eines von fünf Schiffen, das die Howaldt-Werft für die Hamburg-Amerika-Linie gebaut hat. Es ist als Frachtschiff für den Ostasiendienst vorgesehen, kann außerdem bis zu sieben Passagiere aufnehmen; es geht Ende Mai nach New York auf Jungfernfahrt.

Die von Otto Bartning entworfene Frauenklinik in der Bismarckstraße am Tag der Einweihung

Die Landgraf-Georg-Straße befindet sich noch im Bau. Sie wird am 15. November für den allgemeinen Verkehr freigegeben

Das von Helmut Lortz gestaltete Plakat wirbt für die Ausstellung „Das Bild der Landschaft 1945–1954", die vom 27. Juni bis zum 15. August von der Neuen Darmstädter Sezession auf der Mathildenhöhe veranstaltet wird

Der Darmstädter Kunststreit

1955

Die Figurengruppe von Bernhard Heiliger, die als Beitrag zur „Kunst am Bau" an exponierter Stelle bereits im Februar auf dem Schulhof des Ludwig-Georgs-Gymnasiums aufgestellt wurde, erregt die der abstrakten Kunst noch wenig aufgeschlossenen Gemüter der Darmstädter. Despektierlich werden die antropomorph gestalteten Betongussfiguren mit „Kranke Neescher" betitelt. In polemischen Leserbriefen machen die entrüsteten und um die seelische Gesundheit der Schüler besorgten Bürger ihrem Unmut Luft und entfachen damit den in die Literatur eingegangenen „Darmstädter Kunststreit". Die Fronten zwischen den Vertretern des „gesunden" Volksempfindens einerseits und den Verfechtern der freien Kunst andererseits verhärten sich. Oberbürgermeister Engel sieht darin einen positiven Aspekt; die Diskussion wird als „erfrischend" gewertet, die „gut in unsere bewegliche Stadt und zu ihren aufgeschlossenen und zugleich kritischen Bürgern" passe. Die Stadtverwaltung enthält sich einer Entscheidung, da die künstlerische Auswahl allein der Architekt Max Taut getroffen hatte. Schließlich vereinigen sich einige prominente Darmstädter, u.a. Prinz Ludwig von Hessen, Dr. Merck, Ludwig Metzger und Kasimir Edschmid und veröffentlichen eine „Mahnung zur Vernunft". Sie definieren Demokratie als „politische Form, die die Freiheit des Einzelnen und die Ordnung des Zusammenlebens garantieren soll, sie ist nicht dazu da, den freien Geist totzuschlagen oder die Künste zu reglementieren." Trotz des mangelnden Verständnisses der Bürger für die scheinbar unverständliche Kunst setzt sich die im NS-Deutschland bekämpfte abstrakte Kunst „als Symbol demokratischer Tugenden" durch.

Die „nackte Neescher" auf dem Schulhof des Ludwig-Georgs-Gymnasiums. Im Hintergrund das Restaurant „Sitte" an der Karlstraße

Kunstgeschichte und Architektur als Lebenselement

Am 30. September stirbt 66-jährig die am 19. August 1889 in der Annastraße geborene Marie Frölich. Nach ihrer Ausbildung zur Lehrerin in Paris und London entdeckt sie ihre Liebe zur Kunstgeschichte. Um dieses Fach studieren zu können, holt sie das Abitur an der Viktoriaschule nach und nimmt ihr Studium zunächst in Tübingen, dann in Heidelberg und Darmstadt auf. Kunstgeschichte und Architektur werden ihr Lebensinhalt; sie hält kunsthistorische Vorträge bei verschiedenen Institutionen und Kurse als Dozentin an der Volkshochschule und erprobt sich als Stadtführerin – nicht nur in Darmstadt. Der Bombenangriff vernichtet 1944 ihr ganzes wissenschaftliches Material, dennoch lehrt und veröffentlicht sie weiterhin. Neben Publikationen in Zeitungen und Fachzeitschriften gibt sie 1949 den Bildband „Denkwürdiges Darmstadt" heraus und beginnt trotz mehrerer Krankheiten eine bedeutende Biografie über das Leben und Wirken des Architekten Georg Moller, die von Hans Günter Sperlich beendet wird.

Das Ledigenwohnheim des Architekten Ernst Neufert, der Meisterbau am Fuße der Mathildenhöhe

Feierlichkeit anlässlich der Verleihung der Ehrenbürgerurkunde der Stadt Darmstadt an Bundespräsident Theodor Heuss in der Otto-Berndt-Halle am 22. Oktober

Die ersten Parkuhren

Erstmals wird die Expansion des Individualverkehrs in der Innenstadt auch von seiner problematischen Seite gesehen: In der oberen Rheinstraße werden im Mai die ersten Parkuhren aufgestellt, der erste Führerschein wird eingezogen und eine „Interessengemeinschaft Heinrichstraße" protestiert gegen den unerträglichen Lärm.

Gut besuchte Waffenausstellung der US-Army an der Stadtmauer unter dem Motto „Power for peace"

Postkarte zum 2. Hessischen Landesturnfest

WAS SONST NOCH GESCHAH

7. März: Einweihung des Neubaus des Ludwig-Georgs-Gymnasiums. Die Aufstellung der von Bernhard Heiliger und Helmut Brinckmann entworfenen Plastiken „Zwei Figuren in Beziehung" entzündet den „Darmstädter Kunststreit".

13. März: Verleihung der neu geschaffenen Johann Heinrich Merck-Ehrung für „Persönlichkeiten, die eine Beziehung zum kulturellen und geistigen Leben der Stadt Darmstadt haben" an den Schriftsteller Frank Thiess zu seinem 65. Geburtstag.

24./25. April: Beginn des „5. Darmstädter Gesprächs" mit dem Thema „Theater", das sich u.a. auch mit dem Wiederaufbau des Mollertheaters befasst. Oberbaudirektor Hans Köhler hält es sowohl vom historischen als auch vom künstlerischen Standpunkt für nicht erhaltenswert.

15. Mai: Fertigstellung des geklinkerten Meisterbaus von Ernst Neufert in der Pützerstraße. Das Ledigenwohnheim wird von respektlosen Darmstädtern „Bullenburg" genannt.

26. Mai: Fertigstellung des neu erbauten Instituts für technische Physik und Grundsteinlegung für den Neubau des Deutschen Kunststoffinstituts der TH.

30. Mai: Weihe der wieder aufgebauten katholischen Kuppelkirche St. Ludwig und der mit Märtyrer-Reliquien ausgestatteten Altäre durch den Mainzer Bischof Albert Stohr.

29. Juni: Übergabe des wieder hergestellten Rathauses mit dem neu gestalteten Marktplatz als Höhepunkt der Feierlichkeiten zum 625-jährigen Jubiläum der Stadtrechtsverleihung.

1. Juli: Einweihung des Neubaus der Brauereigaststätte „Sitte" pünktlich zur Eröffnung des Heinerfestes.

18. Juli: Demonstration der Professoren und Studenten der TH für die Wiedervereinigung Deutschlands am Eröffnungstag der Genfer Viermächtekonferenz.

10. September: Beginn des Telefon-Selbstwählverkehrs in Darmstadt. Zu den direkt anwählbaren 41 Orten gehören Bad Homburg, Frankfurt, Mainz, Offenbach und Wiesbaden.

1956 — "Staatsbesuch" in Darmstadt

WAS SONST NOCH GESCHAH

13. Januar: Der zum ersten Mal nach dem Krieg verliehene Kunstpreis der Stadt Darmstadt wird für 1955 zwei Darmstädter Künstlern, dem Bildhauer Wilhelm Loth und dem Graphiker Helmut Lortz, zuerkannt. Im Juni folgt die mit dem Preis verbundene Ausstellung auf der Mathildenhöhe.

26. Februar: Für Verdienste um das Darmstädter Musikleben erhalten der langjährige Direktor der Akademie für Tonkunst Friedrich Noack, Generalmusikdirektor a. D. Fritz Mechlenburg und der Theaterhistoriker Hermann Kaiser die erstmals verliehene Bronzene Verdienstplakette.

11. März: Die am 22. Februar feierlich eingeholten Glocken der Stadtkirche werden durch Oberkirchenrat Bernhard Knell im Gottesdienst geweiht.

22. Mai: Nach Fertigstellung der ersten Bauabschnitte der für amerikanische Soldatenfamilien erstellten Lincoln-Siedlung beginnt der Bau der Offiziershäuser im benachbarten „Santa Barbara Village".

14. Juni: Der Religionsphilosoph Martin Buber spricht auf Einladung der Gesellschaft für christlich-jüdische Zusammenarbeit in der überfüllten Stadthalle.

25. Juni: Zum Auftakt des Heinerfestes wird auf der Mathildenhöhe eine Porträt-Ausstellung „Das Bild des Darmstädters" eröffnet.

12. Juli: Mit der festlichen Einweihung des auf dem Grundstück des ehemaligen Landtagsgebäudes neu errichteten Hauptbaus der Stadt- und Kreissparkasse ist die letzte Baulücke am Luisenplatz geschlossen.

29. Juli: Hans Köhler und Ingrid Künzel vom DS 1912 erringen bei den deutschen Schwimm-Meisterschaften in Hamburg-Eimsbüttel drei Meistertitel in den Kraul-Disziplinen.

5. August: Erzbischof Alexander, Oberhaupt der Russisch-Orthodoxen Kirche in Westberlin und der Bundesrepublik, zelebriert zum Fest der Heiligen Maria Magdalena einen liturgischen Gottesdienst in der mit Unterstützung der Stadt renovierten Russischen Kapelle auf der Mathildenhöhe.

Ministerpräsident Georg August Zinn kommt am 1. März zu einem offiziellen Besuch nach Darmstadt, um sich vor Ort über die Erfolge und Probleme des Wiederaufbaus zu unterrichten und einen persönlichen Eindruck von der Situation der Stadt zu erhalten. Zum Auftakt entwirft Stadtkämmerer Gustav Feick einen Abriss der derzeitigen finanziellen Situation; behandelt werden auch Fragen des Ausbaus der Technischen Hochschule. In Begleitung von OB Ludwig Engel, Stadtkämmerer Feick und weiteren Vertretern von Magistrat und Stadtverordnetenversammlung unternimmt der Ministerpräsident anschließend eine Rundfahrt durch Darmstadt, wo ihm Beispiele für den gelungenen Wiederaufbau und noch anstehende Probleme vor Augen geführt werden: die neue Postsiedlung in Bessungen, die Ansiedlung der Rauchlosen Industrie auf dem ehemaligen Exerzierplatz und neben weiteren Projekten das Große Haus des Landestheaters, für dessen Wiederaufbau immer noch keine Schritte eingeleitet worden sind. Vertieft werden die Eindrücke der Besichtigung bei einem abendlichen Empfang des Magistrats in der Traube.

Ministerpräsident Georg August Zinn vor dem Mahnmal am Kapellplatz bei der Besichtigung des Geländes für den zweiten Bauabschnitt der Alice-Eleonoren-Schule; v. l. Kultusminister Ludwig Metzger, Ministerpräsident Zinn, Stadtrechtsrat Ernst Holtzmann, OB Ludwig Engel, Stadtkämmerer Gustav Feick (mit Mütze), Stadtrat Hermann Neuschäffer (mit Stock); im Hintergrund halb verdeckt Kulturreferent Heinz-Winfried Sabais

Bundespräsident Theodor Heuß und OB Ludwig Engel betreten am 13. September die Ausstellungshallen auf der Mathildenhöhe zur Eröffnung der Ausstellung „Kunst aus dem Osten"

Der Kaufhof am Weißen Turm hat sich im April 1956 für die Italienischen Wochen herausgeputzt, in denen nicht nur für italienisches Essen und Trinken, sondern auch für Italien als Tourismusziel geworben wird, in einer Zeit, in der der deutsche Urlauber die italienischen Strände zu entdecken beginnt und die ersten italienischen Gastarbeiter nach Deutschland kommen

Eröffnung der Wilhelm-Leuschner-Schule

Mit einem Festakt im Beisein der Witwe Elisabeth Leuschner und weiterer Familienangehöriger, des Hessischen Kultusministers Arno Hennig und des DGB-Vorsitzenden Willi Richter weiht OB Ludwig Engel am 20. Oktober den weiträumigen Neubau der Wilhelm-Leuschner-Schule in Bessungen ein, den dritten Schulneubau seit 1945 nach der Friedrich-Ebert-Schule (1950) und der Elly-Heuss-Knapp-Schule (1954). Mit der Eröffnung kann in fünf Darmstädter Schulen nach langen Jahren der Schichtunterricht beendet werden. Die Festrede des niedersächsischen Kultusministers Adolf Grimme würdigt das Leben des kämpferischen hessischen Innenministers Wilhelm Leuschner. Im Anschluss an die Feier schließt sich eine Besichtigung des Schulgebäudes an. Am 22. November folgt die Einweihung des zugehörigen Schulkindergartens.

Der von Bildhauer Hermann Geibel aus Muschelkalk und Marmor gestaltete Einhornbrunnen wird 1956 an der Kirchstraße neben der ehemaligen Buchhandlung Saeng aufgestellt

Wilhelm-Leuschner-Schule mit dem großen Sgraffito von Ernst Vogel

Bahn startet ins elektrische Zeitalter 1957

Im Laufe des Jahres bezieht die Bundesbahn auch den Darmstädter Hauptbahnhof in die fortschreitende Elektrifizierung ihres Schienennetzes ein. Rein technisch ist die Strecke der Main-Neckar-Bahn bereits seit dem 15. August elektrifiziert, offiziell in Betrieb genommen wird sie jedoch erst am 19. November mit einem Sonderzug, der auch im Darmstädter Hauptbahnhof Station macht. Ministerpräsident Georg August Zinn kommt von Wiesbaden und steigt in Darmstadt zu. Neben der heutigen Prominenz begrüßt auch der Datterich in Person des kostümierten Journalisten Fritz Roth den rauchlosen Zug. Am 20. November fahren bereits 82 Züge mit Elektrolok vom Darmstädter Hauptbahnhof ab.

Einfahrt der ersten Elektrolok in den Darmstädter Hauptbahnhof am 19. November, rechts Begrüßungsgäste, darunter Journalist Fritz Roth als „Datterich"

Die geheimsten Geheimnisse der Nike

Die Stationierung der ferngelenkten Flakrakete „Nike" sorgt für einige diplomatische Verwirrungen zwischen der US-Standortverwaltung und der Stadtverwaltung. In der zweiten Januarhälfte werden Vertreter des Landkreises und der Stadtverwaltung von den Amerikanern vor Ort über ihre Raketenstationierungspläne informiert und es werden die hierzu notwendigen Baumaßnahmen am Griesheimer Flugplatz besprochen.
Als diese dann allerdings im Juli ohne Einholung einer formellen Genehmigung beginnen, verständigen sich Stadt und Land Hessen zu einer konzertierten Protestaktion gegen das undiplomatische Vorgehen der Amerikaner. Diese verlegen daraufhin alle Maßnahmen auf ihr Gelände und blockieren damit die freie Benutzung des Griesheimer Sportflugplatzes. Außerdem erklären sie alle Vorgänge um die Stationierung der Nike für „Geheim", wovon sich Autobahnbenutzer jederzeit selbst überzeugen können.

TH grenzt farbentragende und schlagende Verbindungen aus

Das Interesse der Hochschulen aus der ganzen Bundesrepublik richtet sich zu Beginn des Monats Juli auf die TH Darmstadt, als der Große Senat den schlagenden und farbentragenden Verbindungen die Lizenz als Hochschulkörperschaft entzieht. Die Verbindungen, die bisher Bestand der Technischen Hochschule waren, bestehen nun als rein private Organisationen fort. Rektor Professor Walter Brecht und der Große Senat bezeichnen die schlagenden Verbindungen als nicht mehr in unsere Zeit passend. An der Technischen Hochschule Darmstadt bestehen zu dieser Zeit 57 Verbindungen und Vereinigungen, davon 16 farbentragende und schlagende.

Erster Spatenstich für das Mühltalbad Eberstadt und Maifeiertag. Festrede des Ortsverwalters Fritz Dächert

Die Bernhard-Adelung-Schule in der Wolfskehlstraße, die an den letzten demokratisch gewählten Präsidenten des Volksstaats Hessen erinnert, wird am 23. Oktober ihrer Bestimmung übergeben

WAS SONST NOCH GESCHAH

2. Februar: Bezug des von Kurt Jahn entworfenen siebenstöckigen Büroneubaus der Firma Röhm & Haas an der Mainzer Straße.

13. April: Der Darmstädter Kunstverein feiert die Eröffnung der von Prof. Theo Pabst erbauten Kunsthalle am Rheintor mit einer Vernissage für die Ausstellung „Kunst aus Darmstädter Privatbesitz".

11. Mai: Die neue Bundeswehrgarnison stellt sich mit einer Parade auf dem Friedensplatz der Darmstädter Öffentlichkeit vor.

17. Juni: Gedenkkundgebung zur 4. Wiederkehr des Volksaufstands in der DDR am Mahnmal vor dem Darmstädter Hauptbahnhof. Der Bahnhofsvorplatz wird dabei in Platz der deutschen Einheit umbenannt.

11. Juli: Das mit erheblichen Eigenleistungen errichtete neue Tierheim des Tierschutzvereins an der unteren Rheinstraße wird eingeweiht.

11. August: Ingrid Künzel vom DSW 1912 gewinnt bei den deutschen Schwimmmeisterschaften über 100 Meter Kraul und 100 Meter Delphin.

1. September: Feierlicher Abschluss der Kanalbauarbeiten in Darmstadt-Eberstadt. In dreijähriger Arbeit wurden 29 Kilometer Rohrleitung oder 2,4 Millionen DM unter den Straßen des südlichen Stadtteils vergraben.

12. September: Einweihung des Hauses der Landwirtschaft an der Rheinstraße 9. Nach dem langjährigen Direktor der Landwirtschaftlichen Versuchsanstalt erhält es den Namen Paul-Wagner-Haus.

19. November: Feier zur Einführung des Elektroverkehrs auf der Bahnstrecke Weinheim–Frankfurt im Darmstädter Hauptbahnhof

5. Dezember: Die Deutsche Bausparkasse eröffnet die neue Ausstellungshalle an ihrem Verwaltungsgebäude Heinrichstraße 2.
Richtfest für das Eberstädter Mühltalbad.

27. Dezember: Ein Großbrand zerstört drei Geschosse des Farbenhauses Krauth in der Ernst-Ludwig-Straße.

1960 Reihe der Meisterbauten vollendet

WAS SONST NOCH GESCHAH

8. Januar: Die Ausstellungshallen auf der Mathildenhöhe präsentieren sich als „zwitscherndes, buntes Vogelhaus". Über 4000 Gefiederte aus 17 Ländern hat die „Weltausstellung und Weltmeisterschaft der Gesangs- und Kanarienvögel" nach Darmstadt gelockt.

14. Februar: Das von den Schauspielern Dieter Rummel und Werner Klein begründete „Studio 60", das spätere TAP, gibt seine erste Vorstellung in den HEAG-Hallen.

15. März: In der Carl-Schurz-Schule wird die „Lebenshilfe für geistig Behinderte" gegründet, ein Ableger des gleichnamigen Vereins, der seit 1958 in Marburg besteht.

17. April: Die Michaeliskirche in der Liebfrauenstraße wird eingeweiht; bereits am 2. April waren die neuen Glocken eingetroffen.

9. Mai: Einweihung des Altenwohnheims im Prinz-Emil-Garten.

4.–6. Juni: Unter dem Motto „Heimatliebe – Heimattreue – Heimatrecht" findet in einem „Riesenzelt" auf dem Kavalleriesand das Landestreffen der ost- und westpreußischen Landsmannschaft statt, an dem über 6000 Menschen teilnehmen.

8.–10. Juli: Im Hochschulstadion werden die Titelträger der Deutschen Hochschulmeisterschaften ermittelt.

12. August: Vor zahlreichen Fachleuten, darunter dem Bundeswahlleiter, präsentiert der Magistrat im Stadthaus die von Fritz Eller entwickelte „Darmstädter Wahlmaschine".

5. Oktober: In Anwesenheit von Alt-Bundespräsident Theodor Heuss wird dem Schriftsteller Kasimir Edschmid die Ehrenbürgerwürde der Stadt Darmstadt verliehen.

4. November: Die in der Kunsthalle eröffnete Ausstellung „Holzschnitte junger thailändischer Maler" dokumentiert das Bemühen des Kunstvereins um internationale Kontakte.

14. Dezember: Der Hessische Landesverband für innere Mission weiht das neue Altersheim „Wilhelm-Röhricht-Haus" am Schiebelhuthweg mit 100 Plätzen ein.

Das 1950/51 von der Stadtverwaltung initiierte Projekt der „Meisterbauten" findet im Jahr 1960 mit der Fertigstellung von zwei Bauprojekten seinen Abschluss. Am 5. September wird der bereits mit Schuljahrsbeginn im April in Betrieb genommene Neubau der Georg-Büchner-Schule offiziell eingeweiht. Der Entwurf der „spartanischen Schulstadt" hinter dem Alten Friedhof an der Nieder-Ramstädter Straße war Hans Schwipperts Beitrag zu den „Meisterbauten", der sich jedoch nur mit erheblichen Umplanungen am ursprünglichen Entwurf hat umsetzen lassen. Am 20. Oktober wird mit dem Kinderhort der dritte und letzte Abschnitt der von dem Wiener Architekten Franz Schuster entworfenen „Kinderwelt" in der Kittlerstraße eingeweiht. Auch Schuster kann seinen ursprünglichen Entwurf nicht verwirklichen, das Raumprogramm musste aus Kostengründen reduziert werden.

Kinderhort „Kinderwelt" in der Kittlerstraße, Ecke Hohler Weg

Darmstädter Gespräch

Im Blickpunkt des „7. Darmstädter Gesprächs" stehen am 10.–12. September „Der Mensch und seine Meinung", auf dem unter dem Vorsitz von Prof. Eugen Kogon „mehr diskutiert als referiert" wird; zu den Diskutanten zählen Staatssekretär Felix von Eckardt, Prof. Carlo Schmid, die FDP-Politiker Wolfgang Mischnick und Hildegard Hamm-Brücher und Meinungsforscherin Elisabeth Nölle-Neumann. Klaus von Donanyi referiert am 11. September über „Methoden der Meinungsforschung". Die am Vortag eröffnete Begleitausstellung „An mein Volk" (bis 1. November) behandelt die Verknüpfung von Machtmissbrauch und Propaganda in der Geschichte. Am dritten und letzten Tag des Gesprächs spricht Bundestagsvizepräsident Carlo Schmidt über „Die Rolle der Urteilskraft für die Gesellschaft". Anschließend trägt Eugen Kogon seine zehn Thesen zum Thema „Der Mensch und seine Meinung" vor.

Vorankündigung des 7. Darmstädter Gesprächs

Einholung der Glocken für die Michaeliskirche an der Liebfrauenstraße am 2. April

Kasimir Edschmid, Ehrenbürger der Stadt Darmstadt seit 5. Oktober 1960

Besucher der Eröffnung der Ausstellung „Junge Realisten" auf der Mathildenhöhe am 13. März 1960 vor dem apokalyptischen Gemälde „SIEBEN MAL SIEBEN ARS MORIENDI" des Düsseldorfer Grafikers Bert Gerresheim

Jahr der kirchlichen Erneuerung

Auf dem öffentlichen Bausektor war 1961 ein Jahr der kirchlichen Erneuerung – vor allem im Stadtteil Eberstadt. Dort werden geweiht: am 15. März die Jesu-Ruf-Kapelle der Ev. Marienschwesternschaft, am 6. Mai die St. Georgskirche in der Kirchtannensiedlung und am 25. Dezember nach nur einjähriger Bauzeit die Ev. Christuskirche. In Darmstadt spielt man am 2. April zum ersten Mal die neue Hauptorgel der Stadtkirche, am gleichen Tag eröffnet die Ev. Thomasgemeinde ihr neues Gemeindezentrum, und die Paul-Gerhard-Gemeinde in der Waldkolonie legt am 2. Juli den Grundstein zu ihrer gleichnamigen Kirche.

Jesu-Ruf-Kapelle der Ev. Marienschwesternschaft Eberstadt

Straßenbahn modernisiert

Ein schriller Klingelton weist Anfang Oktober auf einen neuen Teilnehmer am Darmstädter Straßenverkehr hin: die HEAG hat zur Modernisierung ihres Fuhrparks die ersten 13 neuen Gelenkwagen angeschafft. Ihren probeweisen Ersteinsatz absolvieren sie seit 27. September auf der Linie 9 nach Griesheim, ab 2. Oktober gehen sie in den Regelbetrieb. Das scharfe Klingelzeichen der neuen Triebwagen hängt mit ihrer Höchstgeschwindigkeit zusammen: 70 km/h. In Betrieb genommen wird von der HEAG 1961 auch der neue Betriebshof Frankenstein in Eberstadt.

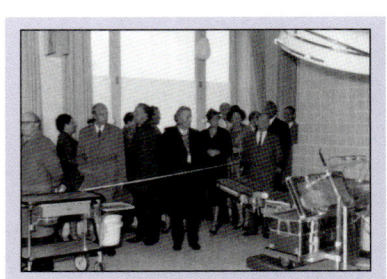

Einweihung der von Prof. Peter Grund geplanten Chirurgischen Klinik am 3. November. In den hierdurch freigewordenen Räumen des Eberstädter Krankenhauses wird 1962/63 die von Prof. Max Ratschow geleitete Angiologische Klinik eingerichtet

Bundestagswahlkampf 1961. Der Regierende Bürgermeister von Berlin Willy Brandt (SPD) spricht vor dem Eberstädter Rathaus, 9. August

Duck and cover! – Wohin bei Luftalarm?

Der spätere Kultfilm „The Atomic Cafe" kam 1982 in die Kinos. Darin machen sich die Gebrüder Rafferty über die US-amerikanischen Aufklärungsfilme zur atomaren Bedrohung aus den 1950er Jahren lustig, in denen man der Bevölkerung für den Ernstfall nur ein hilfloses Duck and cover! (Duck und bedeck Dich!) zu empfehlen wusste. Auch die 1961 in Darmstadt durchgeführten Luftschutzmaßnahmen hätten sehr gut in diesen Film gepasst: Zwar wurden 65 Luftschutzsirenen auf den Dächern montiert, aber niemand bei den verantwortlichen Stellen konnte etwas über zugehörige Schutzräume mitteilen.

Wachablösung in der Cambrai-Fritsch-Kaserne. Brigadegeneral William A. Harris übergibt am 12. Juli das Kommando der Artillerie des 5. US-Korps an Brigadegeneral Francis Hill. Unter den Ehrengästen OB Ludwig Engel und Gemahlin

Hohe Strafen im Mordfall Lewis

In den Ostertagen werden die Nachrichten von der Ermordung des 21-jährigen US-Soldaten David G. Lewis beherrscht, dessen Leiche am 3. April aus einem Teich an der Kastanienallee auftaucht. Schon am 11. April kann das Darmstädter Echo von den Geständnissen der Täter berichten. Lewis war danach das Opfer einer verbrecherischen „Wohngemeinschaft" aus einer Stadtrandsiedlung: zwei Prostituierte und drei Männer, denen aus unterschiedlichen Gründen der Boden in Darmstadt zu heiß geworden war, ermordeten ihr Opfer, weil sie mit seinem Wagen an die französische Riviera fliehen wollten. Bereits im November stehen die Täter in Darmstadt vor Gericht.

Zuschauer im Mordprozess Lewis am 23. November. Die Haupttäter erhalten lebenslängliche Zuchthausstrafen. Zeichnung von Hartmuth Pfeil

1961

WAS SONST NOCH GESCHAH

26. Januar: Die Stadtbücherei eröffnet in dem Haus Bessunger Straße 48 (Alte Stadt- und Kreissparkasse) eine Zweigstelle Bessungen.

28. Februar: Beginn der Ausstellung „150 Jahre Darmstädter Theater" in der Hessischen Landes- und Hochschulbibliothek.

12. März: Der „11. Deutsche Luftfahrertag" findet in Darmstadt statt. Auf der Mathildenhöhe wird aus diesem Anlass die Ausstellung „Flugsport der Jugend" gezeigt.

7. April: Gründung des Vereins „Kaupiana" im Landesmuseum. Der nach dessen langjährigem Zoologen, Prof. Johann Jakob Kaup benannte Verein will das 1957 vom städtischen Büro für Unterrichtshilfen aufgebaute Schulvivarium fördern.

8. April: Eröffnung des Bauhaus-Archivs im Ernst-Ludwig-Haus im Beisein von Prof. Walter Gropius.

27. April: Auf Antrag der SPD beschließen die Stadtverordneten auf dem Gelände des Neuen Palais einen Theaterneubau zu errichten und die Ruine des Mollerbaus für andere Zwecke zu erhalten.

2. Mai: Erster Tag der 10. Deutsch-Amerikanischen Freundschaftswoche.

27. Juni: Offizielle Verabschiedung des Theaterintendanten Rudolf Sellner in der Bessunger Orangerie. Sellners Nachfolger ist Gerhard F. Hering.

1./2. Juli: Bei den Hessischen Schwimmmeisterschaften im Großen Woog gewinnt Traudi Beierlein vom DSW 1912 als erfolgreichste Teilnehmerin drei Titel.

4. September: Verleihung des Darmstädter Kunstpreises an den schwäbischen Maler und Graphiker HAP Grieshaber.

24. September: Hessische Landesmeisterschaft der Friseure in der Otto-Berndt-Halle. Im Mittelpunkt des Interesses steht der nach der Frau des neuen US-Präsidenten benannte „Jackie-Look".

14. Oktober: Verleihung des Büchner-Preises an den Dichter Hans-Erich Nossack.

1962 Verstärkter Kampf gegen Krankheiten

WAS SONST NOCH GESCHAH

18. Februar: In der großen Experimentierhalle des Instituts für Kernphysik der Technischen Hochschule macht der Elektronen-Linearbeschleuniger „Dalinac" seinen ersten Probelauf.

9. März: Erstmals tagt die 22 Mitglieder zählende städtische Schuldeputation. Vorrangiges Thema ist die geplante Einführung eines neunten Volksschuljahres.

1. April: Das Deutsche Rechenzentrum nimmt mit der Aufstellung eines von der Computerfirma IBM gestifteten Großrechners seine Arbeit auf und wird am 12. Juni eingeweiht.

12. April: Der Neubau des Hauptzollamtes am Steubenplatz wird seiner Bestimmung übergeben.

4. Juni: Der Grafiker Hartmuth Pfeil stirbt im Alter von 69 Jahren in Darmstadt.

17. Juni: Auf der Mathildenhöhe wird die Ausstellung „5000 Jahre Kunst aus Pakistan" eröffnet.

13. Oktober: Im Rahmen einer Feierstunde zum 50-jährigen Bestehen des Darmstädter Schwimm- und Wassersportclub 1912 würdigt der hessische Innenminister Heinrich Schneider die Verdienste des Vereins und überreicht im Auftrag des Bundespräsidenten das Silberne Lorbeerblatt. Diese höchste Ehrung im deutschen Sport wurde zuvor nur Einzelsportlern und Nationalmannschaften zuteil.

18. Oktober: In Anwesenheit des Altbundespräsidenten Theodor Heuss und der Künstlerin Ulla Scholl wird die Büste von Elly Heuss-Knapp in der nach ihr benannten Grundschule enthüllt.

26. Oktober: Die Viktoriaschule erhält einen Anbau, in dem die Turnhalle und die Fachsäle für Naturwissenschaften eingerichtet werden.

20. November: Die Industrie- und Handelskammer feiert gleichzeitig mit der Einweihung des schon am 15. Oktober bezogenen Neubaus in der Rheinstraße ihr 100-jähriges Bestehen.

1. Dezember: In der Kunsthalle am Steubenplatz wird die Ausstellung „Mexikanische Volkskunst" eröffnet.

Im Juli 1962 zieht das von Gesundheitsämtern, Krankenhäusern und Ärzten in Anspruch genommene Staatliche Medizinal-Untersuchungsamt mit seinen Labors in zwei Stockwerke des Neubaus in der Wilhelminenstraße 2a. Hier werden die bakteriologischen, serologischen und mikroskopischen Untersuchungen vorgenommen, die zur rechtzeitigen Diagnose infektiöser Erkrankungen nötig sind. Das 1961 erlassene Bundesseuchengesetz schreibt regelmäßige Kontrollen aller in der Lebensmittelbranche beschäftigten Personen vor. Die zwei Ärzte und die fünf medizinisch-technischen Assistentinnen des Staatlichen Medizinal-Untersuchungsamtes müssen deshalb rund 30 000 Untersuchungen im Jahr vornehmen. Zur Verhütung und Bekämpfung übertragbarer Krankheiten werden auch Maßnahmen auf dem Gebiet der Präventiv-Medizin ergriffen. 1962 wird in Westdeutschland die freiwillige Schluckimpfung gegen Kinderlähmung eingeführt. Im Stadtkreis Darmstadt nehmen 59 371 Personen, also rund 40 % der Darmstädter Bevölkerung, an der zwei Wochen dauernden ersten Impfaktion teil.

Die Enthüllung einer Büste von Elly Heuss-Knapp findet in Anwesenheit des Altbundespräsidenten Theodor Heuss (vorne links) und der Künstlerin Ulla Scholl (vorne rechts) statt

Zum Auftakt seiner Asienreise besucht Bundespräsident Heinrich Lübke die Ausstellung „5000 Jahre Kunst aus Pakistan"

Schüler der Lichtenbergschule fordern bei einer Demonstration den Bau eines eigenen Schulgebäudes

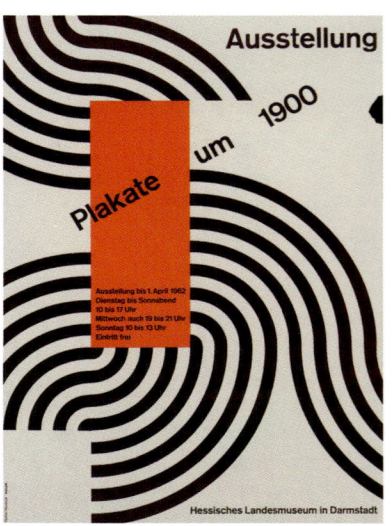

Am 26. Januar wird die Ausstellung „Plakate um 1900" im Hessischen Landesmuseum eröffnet

Die Landsmannschaft der Deutsch-Balten

Am 6. Oktober übernimmt die Stadt Darmstadt die Patenschaft für die in Darmstadt ansässige Deutsch-Baltische Landsmannschaft im Bundesgebiet e. V. (DBLiB), die 1950 als Bundesvereinigung der Deutsch-Balten aus Estland und Lettland gegründet worden ist. Seit der Gründung haben sich die Aufgaben der institutionell geförderten Vereinigung stark gewandelt. Nach dem Zweiten Weltkrieg standen die soziale Betreuung, die Wahrung der kulturellen Identität und der Zusammenhalt der heimatvertriebenen deutsch-baltischen Volksgruppen im Vordergrund. Seit dem Zusammenbruch des Ostblocks liegt der Arbeitsschwerpunkt im Aufbau und der Pflege gesellschaftlicher und kultureller Beziehungen zu den baltischen Staaten und ihrer Bevölkerung. Die Bundesgeschäftsstelle der DBLiB hat seit 1983 ihren Sitz im ehemaligen Haus Haardteck im Herdweg 79, in dem auch die Fachbibliothek „Baltische Landeskundliche Sammlung", die Deutsch-Baltische Genealogische Gesellschaft und der Deutschbaltische Jugend- und Studentenring untergebracht sind.

Internationales Musikinstitut

Das „Kranichsteiner Musikinstitut" ändert am 1. Oktober seinen Namen in „Internationales Musikinstitut Darmstadt – Informationszentrum für zeitgenössische Musik". Dies bringt den vergrößerten Aufgabenbereich des Instituts zum Ausdruck, dem die Stadt als Träger mit der Pfotenhauerschen Villa in der Nieder-Ramstädter Straße 190 ein eigenes Haus zur Verfügung stellt. Damit wird auch eine großzügige Erweiterung von Bibliothek und Tonbandarchiv sowie der Einbau eines Aufnahme- und Wiedergabestudios ermöglicht. Weiterhin wird die Verbindung mit der Deutschen Sektion der Internationalen Gesellschaft für Neue Musik aufrechterhalten und die Fortführung der Internationalen Ferienkurse für Neue Musik, deren Arbeitsgemeinschaften, Fachkurse, Vorlesungen und Konzertveranstaltungen in den Räumlichkeiten des Seminars Marienhöhe starken Zuspruch finden.

Die erste eigenständige Angiologische Klinik

In Eberstadt wird die erste eigenständige Angiologische Klinik nicht nur der Bundesrepublik, sondern des europäischen Festlandes eingeweiht. Geleitet wird die neue Klinik von Prof. Dr. Max Ratschow und seinem Arbeitsteam, die seit langem führend auf dem Gebiet der Angiologie, der Erforschung und Behandlung von Gefäßerkrankungen, tätig sind. Als Teil der Städtischen Krankenanstalten ist sie in dem gründlich umgebauten und verbesserten Gebäude der Alten Chirurgie an der Heidelberger Landstraße untergebracht. Die Klinik hat 85 Betten, die einzeln und bis zu sieben in einem Zimmer stehen, Labors, Bäder, Behandlungsräume, Gymnastiksaal und modernste Maschinen für Diagnostik und Behandlung. Zu ihren Aufgaben gehört die Behandlung von Schlaganfällen, Herzinfarkten und von Verschlüssen der Gliedmaßenarterien, die zum Absterben der Glieder führen können. An Herz- und Gefäßkrankheiten sterben zu dieser Zeit mehr Menschen als an Krebs und Tbc zusammen.

Erweiterung der Bernhard-Adelung-Schule mit Pavillons in Fertigbauweise für vier Klassen ab 29. August

Wandbild „Guernica" von Pablo Picasso und Rotterdam-Denkmal „Die zerstörte Stadt" von Ossip Zadkines in der Ausstellung zum 8. Darmstädter Gespräch auf der Mathildenhöhe

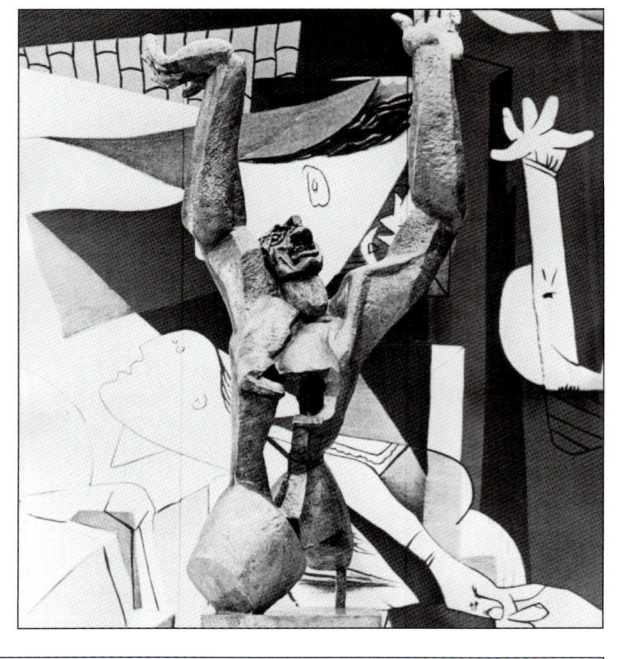

In Eberstadt wird am 19. November an der Nussbaumallee das als Modellprojekt gebaute Dreistufenheim (Wohnheim, Altersheim, Pflegeheim) festlich eingeweiht

1963

WAS SONST NOCH GESCHAH

7. bis 10. Januar: Tagung der Vereinigung Deutscher Werk- und Wirtschaftsarchivare.

18. Februar: Die Heeres-Ingenieurschule am Dornheimer Weg entlässt ihre ersten elf Absolventen, deren Abschluss mit dem einer staatlichen Ingenieurschule gleichzusetzen ist.

25. Februar: Die Stadt ehrt den Wirtschafts- und Kommunalpolitiker und HEAG-Vorsitzenden Professor Wilhelm Strahringer zu seinem 65. Geburtstag mit der silbernen Verdienstplakette. Im Mai bekommt er das Großkreuz des Verdienstordens der Bundesrepublik.

30. März: Eröffnung der Bauhaus-Ausstellung mit der Sonderschau „Bauhaus-Graphik".

18. April: Übergabe der nun wegen des Verkehrslärms geschlossenen, einst offenen, luftig und sonnig gedachten Unterrichtsräume am Ludwig-Georgs-Gymnasium an die Schüler.

12. Juni: Offizielle Einweihung des Deutschen Rechenzentrums in der Rheinstraße mit seinen für Forschungsaufgaben konzipierten Elektronenrechnern. Es fungiert als überregionales Rechenzentrum für alle deutschen Hochschulen.

28. Juni: Beginn des achten Darmstädter Gesprächs und Eröffnung der Ausstellung „Zeugnisse der Angst in der modernen Kunst" auf der Mathildenhöhe.

29. August: Beginn der von der Darmstädter Goethe-Gesellschaft gestalteten Ausstellung „Darmstadt zur Goethezeit" in der Kunsthalle.

12. Oktober: Beginn der Festwoche zum 150. Geburtstag Georg Büchners mit einem Platzkonzert vor der Loge und einer Festrede Kasimir Edschmids, die von Kulturdezernent Heinz Winfried Sabais verlesen wird. Der Georg-Büchner-Preis wird am 19. Oktober an Hans Magnus Enzensberger verliehen.

28. Oktober: Auf dem Tauschwege übergibt Darmstadt dem Land Hessen das Gelände des Alten Flugplatzes auf der Lichtwiese für den Ausbau der TH.

1964 Neues Bürgerhaus

WAS SONST NOCH GESCHAH

20. März: Die Verträge über die Europäische Organisation für Weltraumforschung (ESRO) treten in Kraft. Das Datenzentrum (ESDAC), Vorgänger des ESOC, erhält seinen Sitz in Darmstadt und nimmt in einigen Räumen in der Havelstraße 16 seine Arbeit auf.

24. Mai. Hans Joachim Klein vom DSW 1912 stellt in Dortmund mit 1:58,2 min einen neuen Weltrekord im 200 m Kraulschwimmen auf.

11. Juli: In der Kunsthalle wird die Ausstellung „Frauen stellen aus" eröffnet. Die gezeigten Arbeiten von acht Malerinnen, einer Bildhauerin, einer Graphikerin und zwei Goldschmiedinnen dokumentieren für Kustos Dr. Sperlich den „bedeutenden Wandel, der in der Stellung der Frau innerhalb der Gesellschaft vor sich gegangen ist."

24. September: Einweihung der Staatlichen Materialprüfungsanstalt und des Instituts für Werkstoffkunde auf dem Gelände des abgerissenen Marstalls am Mathildenplatz.

29. September: In einem Staatsakt zum Gedenken des 1944 hingerichteten ehemaligen hessischen Innenministers Wilhelm Leuschner im Justus-Liebig-Haus verkündet Ministerpräsident Zinn die Stiftung einer Wilhelm-Leuschner-Medaille, die künftig als höchste Auszeichnung des Landes „für hervorragende Verdienste um die demokratische Gesellschaft" verliehen wird.

17. Oktober: Auf der Herbsttagung der Deutschen Akademie für Sprache und Dichtung werden neben dem Georg-Büchner-Preis, den Ingeborg Bachmann erhält, erstmals der neu geschaffene Johann-Heinrich-Merck-Preis für literarische Kritik (Günter Blöcker), der Sigmund-Freud-Preis für wissenschaftliche Prosa (Hugo Friedrich) und der künftig nach Friedrich Gundolf benannte Preis für Germanistik im Ausland (Robert Minder) verliehen.

19. November: Beim Staatsbegräbnis für den am 14. November verstorbenen Heinrich von Brentano auf dem Waldfriedhof würdigt Bundeskanzler Erhard den ehemaligen Bundesaußenminister als „Edelmann ohne Furcht und Tadel".

Auf dem Gelände der zerstörten Darmstädter Altstadt wird am 3. April mit einem Festvortrag von Bundestagsvizepräsident Carlo Schmidt das im Rahmen des „Bürgerhaus"-Programms errichtete Volksbildungsheim eröffnet, das später den Namen „Justus-Liebig-Haus" trägt. Schon seit 1954 hat die Stadtverwaltung einen Neubau für die im Krieg zerstörten Gebäude des Stadtmuseums und der Stadtbibliothek vorgesehen, die Planungen jedoch mehrfach zurückgestellt. Seit 1958 ist auch die Unterbringung der Volkshochschule und eines Sitzungssaals für die Stadtverordneten in dem Neubau vorgesehen, dafür fällt das Stadtmuseum aus den Planungen heraus. Das Justus-Liebig-Haus nimmt Volkshochschule und Bibliothek auf, bietet aber mit Festsaal und Foyer zugleich vielfältig genutzte Veranstaltungs- und Ausstellungsräume. Am 23. April tagt das Stadtparlament zum ersten Mal im neuen Sitzungssaal. Die geretteten Bestände des Stadtmuseums werden zusammen mit der städtischen Kunstsammlung mehr schlecht als recht im Keller untergebracht.

Justus-Liebig-Haus, Altbau, 1964 erbaut

Deutsche Sportler bei Olympia erfolgreich

Mit nicht enden wollendem Jubel begrüßen am Abend des 5. November an die 20 000 Darmstädter die erfolgreichen Schwimmer des Darmstädter Schwimmclubs DSW 1912, die bei den Olympischen Sommerspielen 1964 in Tokio einige Medaillen geholt haben. Über 4 x 100 Meter Kraul erringen Hans Joachim Klein und Uwe Jacobsen die Silbermedaille in neuer Europarekord-Zeit von 3:37,2 Minuten. Klein, der seit Mai den Weltrekord über 200 m Kraul hält, holt noch zwei weitere Silber- und eine Bronzemedaille. Traudi Beierlein erreicht mit der 4 x 100-m-Kraulstaffel den sechsten Platz. Die um 19.00 Uhr in Frankfurt gelandeten Olympioniken bahnen sich zwischen 21.00 und 22.00 Uhr mit einem Wagenkorso einen Weg durch die überfüllte Rheinstraße bis zum Marktplatz, wo sie zusammen mit ihrem Trainer Janos Satori und dem aus Darmstadt stammenden Präsidenten des Deutschen Schwimmverbandes, Karl Wilhelm Leyerzapf, von OB Ludwig Engel empfangen werden. Anschließend tragen sie sich die Heimkehrer in das Goldene Buch der Stadt ein. Hans Joachim Klein wird im folgenden Jahr zum deutschen Sportler des Jahres 1964 gewählt.

Die Olympiaheimkehrer Uwe Jacobsen, Traudi Beierlein und Hans Joachim Klein (v.l.) beim Korso durch die Stadt am Abend des 5. November

Glockenhof des Schlosses während des Wiederaufbaus am 30. November 1964. Erst 1961 hat das Land Hessen beschlossen, den Renaissancebau des Schlosses aus dem 16. Jahrhundert für Zwecke der Technischen Hochschule wieder aufzubauen

Innenraum der katholischen Pfarrkirche Heilig Kreuz, mit deren Bau 1964 begonnen wird, nachdem die katholische Filiale der Heimstättensiedlung zur selbstständigen Pfarrei erhoben worden ist

Hessentag und Heinerfest gemeinsam

1965

Als lokale Besonderheit kann der 5. Hessentag in Darmstadt gleichzeitig mit dem jährlichen großen Stadtfest begangen werden. Die Festivitäten dauern vom 1. bis 5. Juli und beginnen mit dem Heinerfest-Bieranstich am Donnerstagabend. Ein Empfang im Justus-Liebig-Haus am 2. Juli für das hessische Kabinett mit Ministerpräsident Georg-August Zinn an der Spitze gilt als offizieller Auftakt des Hessentages. Zum vielfältigen Programm beider Veranstaltungen gehört eine von Rundfunk und Fernsehen übertragene Aufführung des Mundartstückes „Der Datterich" von Ernst Elias Niebergall in der Stadthalle. Eine internationale Sport- und Musikschau am Samstag im Böllenfalltorstadion stellt einer breiteren Öffentlichkeit erstmals die noch nicht völlig fertig gestellte neue Sporthalle am Böllenfalltor vor. Als feierlicher Höhepunkt des Hessentages bewegt sich am Sonntag, dem 4. Juli, ein mehr als zehn Kilometer langer Festumzug mit Teilnehmern aus allen Landesteilen durch die Darmstädter Innenstadt.

Ein Wagen der Friseurinnung beim großen Hessentagsfestzug vor dem Ludwig-Georgs-Gymnasium am Sonntag, dem 4. Juli

Büchner-Preis an Günter Grass verliehen

Begleitet von Protesten und Demonstrationen, die sich gegen „Pornographie und Gottlosigkeit" im Werk des Dichters richten, wird am 9. Oktober von der Deutschen Akademie für Sprache und Dichtung in der Bessunger Orangerie der Büchner-Preis an Günter Grass verliehen. Grass gibt der Preisverleihung selbst eine ungewohnt politische Note, als er in seiner Dankesrede auf den vergangenen Bundestagswahlkampf zu sprechen kommt und eine Abrechnung mit den politischen Gegnern des unterlegenen und von ihm unterstützten Kanzlerkandidaten der SPD, Willy Brandt, vollzieht. Die hiervon ausgelöste Pressekritik aus Kreisen der CDU weiß Grass allerdings wirkungsvoll mit einer überzeugenden Lesung aus seinem vielschichtigen Werk im Audimax der Technischen Hochschule zu konterkarieren.

Nach der Verleihung des Büchner-Preises an Günter Grass

Sommerliche Hochwasserkatastrophe

Nach dem Pfingstwochenende kommt es in Süddeutschland zwischen dem 7. und 9. Juni zu tagelangen schweren Regenfällen, die im Raum Darmstadt in eine Hochwasserkatastrophe münden und die Ausrufung des Katastrophenzustandes für Südhessen auslösen. In Darmstadt sind vor allem die Vororte Arheilgen und Eberstadt betroffen, nachdem sich dort der Ruthsenbach und die Modau in reißende Flüsse verwandelt haben. Als am Abend des 9. Juni der Steinbrückerteich über den Damm an der Dieburger Straße zu treten droht, muss aus Wiesbaden der Katastrophen-Einsatzzug der Landespolizei herbeigeordert werden, um eine Überflutung Arheilgens abzuwenden. In Eberstadt bauen Feuerwehr und Technisches Hilfswerk in der Kirchstraße aus Sandsäcken ein Behelfsbett für die Modau, gleichzeitig wird die Brücke an der Eschollmühle gegen den Wegriss durch mitgeführtes Treibholz gesichert. Als unmittelbare Folge des Hochwassers wird im gesamten Landkreis die Regulierung der über die Ufer getretenen Bäche eingeleitet.

Luftaufnahme des am 5. Oktober bezogenen Neubaus der Staatlichen Ingenieurschule für Bauwesen an der Schöfferstraße inmitten des nach 1945 entstandenen Viertels der „rauchlosen Industrie" auf dem ehemaligen Darmstädter Exerzierplatz

WAS SONST NOCH GESCHAH

16. Januar: Im John-F.-Kennedy-Haus wird eine von der Stadt Darmstadt gestiftete und von Knud Knudsen geschaffene Büste des 1963 ermordeten US-Präsidenten enthüllt.

Enthüllung der Kennedy-Büste

2. Februar: Der Hamburger Architekt Werner Kallmorgen präsentiert seine Pläne für den Ausbau des Moller-Theaters zum Kongress- und Konzerthaus.

17. März: Der Nachlass des Begründers der „Schule der Weisheit", Graf Hermann Keyserling, wird der Stadt Darmstadt übergeben; endgültiger Verwahrungsort ist seit 1981 die Landes- und Hochschulbibliothek.

27. April: Richtfest für die ersten Häuser im Neubaugebiet Eberstadt-Süd I zwischen Seeheimer und Heidelberger Straße.

20. Mai: Queen Elizabeth II. unterbricht ihren Staatsbesuch in der Bundesrepublik für eine abendliche Visite bei den hessischen Verwandten auf Schloß Wolfsgarten.

26. Juni: Mit Begleitmusik von den „Woog City Stompers" wird auf der Mathildenhöhe die Weltausstellung der Photographie eröffnet.

28. August: Einweihung des von Architekt Rolf Prange gestalteten Vivariums am Rand der Lichtwiese. Initiatoren der Einrichtung sind die Fördergesellschaft „Kaupiana" und Magistratsrat Dr. Heinz Ackermann.

12. September: Der ehemalige Landwirtschaftsminister der USA Ezra Taft Benson weiht in seiner Eigenschaft als Mormonenapostel die Kirche der Mormonen am Richard-Wagner-Weg.

4. November: Einweihung des Neubaus der Peter-Behrens-Schule in der Mornewegstraße.

1966 Neubau der Lichtenbergschule

WAS SONST NOCH GESCHAH

7. Februar: Die Technische Hochschule nimmt das neu eingerichtete Hochschulrechenzentrum in Betrieb. Ab April kann auch der neue Hochleistungs-Analogrechner genutzt werden.

19. April: An die Stelle des Deutsch-Amerikanischen Instituts tritt die neu gegründete Deutsch-Amerikanische Gesellschaft, die weiterhin die bereits vorhandene Bibliothek im John-F.-Kennedy-Haus betreibt und ein umfassendes kulturelles Programm zur deutsch-amerikanischen Verständigung veranstaltet.

20. Mai: Die Brüder-Grimm-Schule in Arheilgen und die Andersenschule in Eberstadt werden eingeweiht. Schon seit Anfang des Jahres wird in den beiden Grundschulen unterrichtet.

Mitte Juli: Die Wirtschafts- und Wohngebäude des ehemaligen Gutshofs „Karlshof" werden abgerissen. Auf dem Gelände sollen Wohnhäuser und ein Studentenwohnheim gebaut werden.

31. August: Der expressionistische Schriftsteller und Mitbegründer der Darmstädter Sezession Kasimir Edschmid stirbt in Vulpera im Engadin.

10.–12. September: In der Otto-Berndt-Halle findet das „9. Darmstädter Gespräch" mit dem Titel „Der Mensch und seine Zukunft" statt.

15. September: Der Neubau der Lichtenbergschule an der Ludwigshöhstraße wird nach vier Jahren Bauzeit eingeweiht. Schon am 6. Juni ist der Schulbetrieb – erstmals seit Kriegsende ohne Schichtunterricht – aufgenommen worden.

25. Oktober: Die Bundeswehranlage am Dornheimer Weg erhält den Namen Starkenburg-Kaserne. Das Bundeswehr-Gerätedepot in Eberstadt wird zur „Frankenstein-Kaserne".

2. November: Die Firma Merck nimmt die schon im August des Vorjahres fertig gestellte erste biologische Kläranlage Westeuropas in Betrieb.

6. Dezember: Hermann Heiss, der Komponist des seit 1955 vom Hessischen Rundfunk gesendeten Pausenzeichens, stirbt im Alter von 68 Jahren in Darmstadt.

Die seit 1956 nach dem Schriftsteller und Physiker Johann Christoph Lichtenberg benannte Lichtenberg-Schule erhält 1966 nach vier Jahren Bauzeit an der Ludwigshöhstraße einen eigenen Schulbau. Sie ist die Nachfolgeschule der Ludwigs-Oberrealschule am Kapellplatz, die 1937 in „Ludwigsschule, Oberschule für Jungen" umbenannt worden war. Nach der Zerstörung des Schulgebäudes in der Darmstädter Brandnacht im Jahre 1944 wurde sie als Ludwigs-Realgymnasium im Gebäude der Justus-Liebig-Schule wieder eröffnet. Auch die Viktoriaschule und das Ludwig-Georgs-Gymnasium dienten als Ausweichgebäude, wo bis 1965 Schichtunterricht erteilt wurde. Dieser unbeliebte Schichtunterricht hat im Juni 1966 mit dem Umzug in den Neubau ein Ende. Die stark wachsenden Schülerzahlen machen jedoch bereits 1970 die Aufstellung von Behelfspavillons notwendig, bis 1974 ein Erweiterungsbau mit über zwanzig Räumen bezogen werden kann.

Der Pausenhof der 1966 fertiggestellten Lichtenbergschule

Das Moller-Haus – Sitz der Freimaurer-Loge „Johannes der Evangelist zur Eintracht"

Im Jahre 1816 wurde in Darmstadt die Freimaurer-Loge „Johannes der Evangelist zur Eintracht" gegründet – eine den Idealen der Aufklärung verpflichtete Bruderschaft aller Stände und Konfessionen, die Großherzog Ludwig I. gestiftet hatte. Sie erhielt 1817/18 ein von dem Architekten und Logenbruder Georg Moller entworfenes Versammlungshaus in der Sandstraße. Es bestand aus einem fensterlosen, mit großer Rundnische versehenen Logensaal und einem quer gestellten, zweigeschossigen Vorderbau, in dem sich Gesellschaftsräume, Archiv, Bibliothek und Hausmeisterwohnung befanden. 1944 wurde dieses Gebäude in der Darmstädter Brandnacht fast völlig zerstört. Nur der Säulenportikus mit den sechs ionischen Säulen und der Freitreppe mit den zwei Sphingen blieben erhalten. Die erhaltenen Teile wurden bei dem zwischen 1962 und 1966 nach den Plänen der Architekten Rolf Romero und Lothar Willius errichteten Neubau wieder verwendet. Das neue Logengebäude – nun unter dem Namen Moller-Haus – wird am 11. Juni eingeweiht und dient der 1945/46 erneuerten Darmstädter Loge „Johannes Evangelist zur Eintracht" als Versammlungsort. Daneben wird das erstmals mit der Generalversammlung des PEN-Zentrums am 31. April in Betrieb genommene Gebäude vor allem für kulturelle Veranstaltungen genutzt.

In der Loge der Freimaurer „Johannes der Evangelist zur Eintracht" hat unter anderem das PEN-Zentrum seinen Sitz

Bei Kanalisationsarbeiten in der Eberstädter Odenwaldstraße stößt ein Bagger am 12. März auf zwei Gefäße, die mit 643 Münzen gefüllt sind. Das Alter der Taler und Heller wird auf 350 bis 400 Jahre geschätzt

Plakat zur Marino Marini-Ausstellung in der Kunsthalle

Golf am Steinbrücker Teich?

Dieser Wunsch der Amerikaner geht mit der Verwirklichung des Freizeitzentrums am Steinbrücker Teich zwar nicht in Erfüllung, doch bieten sich nun dem Erholung suchenden Bürger neben dem Bootfahren noch zahlreiche Alternativen wie Kleingolf, Freilandschach, Federball, Tischtennis, Krocket und Boccia, für welche die Spielgeräte ebenso auszuleihen sind wie Liegestühle und Sonnenschirme. Speziell für Kinder sind ein Holzkletterplatz und ein Indianerdorf angelegt. Wer sein Ausflugsziel nicht mit der Straßenbahn ansteuert, findet einen Parkplatz an oder hinter dem Steinbrücker Teich. Da die Stadt die finanziellen Mittel für solche Anlagen nicht aufbringen konnte, hatte sie bereits 1966 als Einrichtung des Verkehrsvereins ein „Kuratorium Freizeit und Erholung" gegründet, dessen Zweck darin bestand, Gelegenheiten zu Spiel, Sport und Erholung zu schaffen. Zahlreiche spendenfreudige Bürger schlossen sich an; manche halfen eigenhändig, andere wie auch Industrie, Handel, Gewerbe, Banken, Sparkassen und das Land Hessen gaben finanzielle Zuschüsse. Neben den Spielgeräten werden auch 60 neue Bänke aufgestellt und über 700 Bäume und Sträucher gepflanzt. So entsteht eine als „Musterbeispiel für Hessen" geltende Anlage. Sie wird am 28. April durch Stadtkämmerer Joachim Borsdorff eröffnet.

Eine studierte Bildhauerin: Luise Federn-Staudinger

Am 8. Mai stirbt die Künstlerin knapp 88-jährig in Darmstadt. Nach ihrem Studium des Kunstgewerbes in Mainz, Worms, München und Darmstadt tritt die am 1. August 1879 in Worms geborene Luise Staudinger 1901 als eine der ersten Frauen in die Bildhauerklasse von Prof. Ludwig Habich ein. Nach Studien in Paris lässt sie sich von 1908 bis 1917 in Berlin nieder, wo sie neben ihrer künstlerischen Arbeit in ihrem großen Lehratelier Modellierkurse gibt. 1917 zieht sie in die Liebigstraße 25 nach Darmstadt. Besonders erfolgreich wird sie mit ihrer Plastik „Lesendes Mädchen", die im Haus der Deutschen Kunst 1935 in München gezeigt und 78-mal auf Bestellung nachgebildet wird. Durch ihre Grabmäler – hierzu gehört auch das Portrait von Luise Büchner auf dem Alten Friedhof – Terrakotten, Bildnisbüsten, Plaketten und Kleinplastiken – wird sie eine bekannte Künstlerin. Die später ebenfalls bekannte Bildhauerin Ulla Scholl gehört zu ihren Schülerinnen.

Fasnachtsorden der Narhalla zum 111. „närrischen" Jubiläum

Das Gesundheitsamt für den Stadt- und Landkreis bezieht am 4. Juli sein neues Gebäude in der Niersteiner Straße in Bessungen

Das von Helmut Lortz entworfene Mahnmal zur Erinnerung an die Synagoge der jüdischen liberalen Gemeinde auf dem Gelände des Stadtkrankenhauses wird am 9. November eingeweiht

Die 20 Millionen DM teure, im Auftrag der Stadt von der Südhessischen Gas- und Wasser AG betriebene Müllverbrennungsanlage am Sensfelder Weg ist das größte Bauprojekt der Stadt seit Kriegsende und eine der ersten Anlagen dieser Art in der Bundesrepublik. Blick von der Pallaswiesenstraße nach Norden. Unten: Gaswerk, oben: Bundesbahnausbesserungswerk

1967

WAS SONST NOCH GESCHAH

Januar: Seit Beginn des Jahres überprüft die Verbraucherberatung allwöchentlich die Preise des Einzelhandels und gibt den Hausfrauen nützliche Hinweise.

21. März: Oberbürgermeister Engel und die Landräte der südhessischen Kreise gründen unter Mitwirkung der Landesregierung die „Regionale Planungsgemeinschaft Starkenburg".

11. April. Enthüllung der von Knud Knudsen geschaffenen Carlo-Mierendorff-Büste im Justus-Liebig-Haus.

27. April: Fertigstellung eines Erweiterungsbaus des Baumusterhauses vor dem Hauptbahnhof, entworfen von Ernst Samesreuther. Das Baumusterhaus zeigt eine ständige Repräsentativschau von Baustoffen und -teilen und verfügt über Räume für Sonderausstellungen und Vorträge.

5. Mai. Offizielle Eröffnung des Neubaus für die staatliche Schule für sozialpädagogische Berufe in der Martinstraße zu ihrem 50. Geburtstag. Sie geht auf die bereits 1917 gegründete Kindergärtnerinnenschule zurück.

28. Juli: Der „Kolomea-Prozess" am Schwurgericht in Darmstadt endet mit hohen Strafen für die Mitglieder der SS-Einsatzgruppen, die 30 000 Menschen in der galizischen Hauptstadt Kolomea und in den besetzten Ostgebieten ermordeten.

8. September. Einweihung des Europäischen Datenzentrums für Weltraumforschung (ESDAC) im Neubaukomplex für die europäischen Weltrauminstitute. Wenig später folgt die Eröffnung des Weltraumoperationszentrums ESOC, das den Betrieb aller europäischen Satelliten koordiniert. Beide Zentren gehören zur ESA.

22. Oktober: Heinrich Böll erhält den Georg-Büchner-Preis.

28. Oktober: Die in der Buderus-Eisengießerei in Hirzenhain gegossenen Bronzetore des Löwentors von Hermann Tomada an der Rosenhöhe nach Entwürfen von Bernhard Hoetger werden der Öffentlichkeit vorgestellt.

28. Oktober. Die ersten Farbseiten kommen aus dem Falzwerk des Darmstädter Echos.

1968 — Ein neuer Stadtteil entsteht

WAS SONST NOCH GESCHAH

6. Februar: Der Versuch des Hessischen Kultusministeriums, den schon 1952 als Szene-Treff eingerichteten „Kellerclub" im Schloss zu schließen, um die Räume zur Erweiterung von Archiv und Bibliothek zu nutzen, scheitert am Protest der Darmstädter.

9. April: Erstmalige Durchführung des Ökumenischen Kreuzwegs, der künftig gemeinsam von evangelischer und katholischer Kirche immer am Dienstag der Karwoche veranstaltet wird.

4. Mai: Erster Träger des neu geschaffenen Leonce- und Lena-Preises für Lyrik wird Wolf Wondratschek.

12. Juni: Baubeginn für den Neubau des Staatstheaters nach den Plänen des Darmstädter Architekten Rolf Prange, der den ausgeschriebenen Wettbewerb gewonnen hatte.

23. August: Die zur Entlastung der überforderten Rheintalstrecke geplante Bergstraßen-Autobahn A 5 wird auf dem Abschnitt Darmstadt-Weinheim für den Verkehr freigegeben.

4. September: Im Arheilger Neubaugebiet „Im Elsee" wird die „Wilhelm-Busch-Schule", eine Grundschule in Stahlbeton-Fertigteilbauweise, nach nur sechs Monaten Bauzeit zur Nutzung übergeben.

28.–30. September: 10. Darmstädter Gespräch „Mensch und Menschenbilder". Zu den Veranstaltungen kommen knapp 6000 Besucher.

5. Oktober: Im Hof des Landhauses in Graz unterzeichnen Bürgermeister Sagor für Trondheim/Norwegen, Bürgermeister Gustav Scherbaum für Graz/Österreich und OB Ludwig Engel für Darmstadt die Urkunde für die Verschwisterung der drei Städte.

18. Oktober: Bei den Olympischen Spielen in Mexiko gewinnt die Darmstädter Delphin-Schwimmerin Heike Hustede mit der 4x100-Meter-Lagenstaffel eine Bronzemedaille.

Dezember: Inbetriebnahme des Gemeindebades mit vier Wannen- und fünf Duschkabinen in der Bessunger Turnhalle. Sie werden benötigt, weil noch immer viele Bessunger Wohnungen nicht mit eigenen Bädern ausgestattet sind.

Mit der Grundsteinlegung für den ersten Hochhaus-Block am 24. Mai beginnt der Bau des unter maßgeblicher Mitwirkung des Frankfurter Stadtplaners Ernst May entworfenen Stadtteils Neu-Kranichstein. Ursprünglich sahen die Planungen mehrere große Trabantensiedlungen am Waldrand für über 20 000 Menschen vor, die vor allem durch den Bau einer Nord-Süd-Autobahn und durch eine vierspurig in die Stadt führende Schnellstraße an die Verkehrsinfrastruktur angeschlossen werden sollten. Hinzu kommen Gemeinschaftseinrichtungen wie Schulen, Kindergärten, Kirchen, Läden, Sport- und Grünanlagen. Die Planungen werden jedoch schon bald reduziert, nachdem der Bau der Autobahn scheitert. Der erste Bauabschnitt sieht die Fertigstellung von ca. 1700 Wohnungen für etwa 5900 Bewohner vor. Der erste Wohnblock, die zwölf Geschosse hohe und 175 Meter lange Hochhausscheibe der Baugesellschaft „Daheim" in der Bartningstraße, die schon bald den Namen „Eiger-Nordwand" trägt, wird in Rekordzeit fertig gestellt. Schon am 19. November kann Richtfest gefeiert werden, am 16. Dezember ziehen die ersten Bewohner ein.

Grundsteinlegung für den ersten Wohnblock des neuen Stadtteils Kranichstein an der Bartningstraße durch den hessischen Innenminister Schneider, in der Bildmitte OB Ludwig Engel, rechts Architekt Ernst May

Haus Hessen-Darmstadt

Mit dem Tod des Prinzen Ludwig von Hessen und bei Rhein am 30. Mai erlischt die mit der Landesteilung unter den Söhnen Landgraf Philipps des Großmütigen 1567 gebildete Darmstädter Linie des Hauses Hessen. Noch am 15. Juli 1967 hat man in Darmstadt das 400-jährige Jubiläum der Residenz-Gründung gefeiert. Und im April 1968 hat Prinz Ludwig noch König Gustav Adolf VI. von Schweden und einige Verwandte des Hauses Hessen in Darmstadt begrüßt, mit denen er am Ostergottesdienst (14. April) in der Stadtkirche teilgenommen hat. Die Adoption des Landgrafen Moritz von Hessen aus der Kasseler Linie bereitet die künftige Zusammenfassung der Familiengüter in der „Hessischen Hausstiftung" vor.

Verleihung des Georg-Büchner-Preises am 26. Oktober an Golo Mann (v. l. Christoph Barth, Frau Hensel, Georg Hensel, Golo Mann, Gerhard Storz)

Am 11. März 1968 beginnen die Bauarbeiten für das Schlosscafé, das Architekt Jakob Mengler auf dem Friedensplatz gegenüber dem Landesmuseum errichtet. Der ursprünglich für August vorgesehene Eröffnungstermin verzögert sich jedoch, so dass das Café erst an Ostern 1969 eröffnet werden kann

Ein neuer Geist in Politik und Kultur — 1969

Mehrere Ereignisse des Jahres beleuchten schlaglichtartig, dass der kritische Geist der 68er-Generation auch in Darmstadt lebendig ist. So findet zunächst am 5. Februar auch an der TH Darmstadt der Kampf der Studenten um die Drittelparität in den Hochschulgremien seinen formalen Abschluss: Der Große Senat der TH beschliesst, dass der Senat künftig aus je 36 Hochschullehrern, Assistenten und Studenten bestehen soll. Der Auftritt der rechtsradikalen NPD mit ihrem Anführer Adolf von Thadden wird gleichermaßen zum roten Tuch für protestbereite Studenten und Schüler wie für die Vertreter der demokratischen Parteien in der Stadtverwaltung. Ein Auftritt von Thaddens im Liebighaus am 18. Juni geht in von Studenten und Schülern provozierten Krawallen unter, und eine für den 4. September auf dem Mercksplatz geplante Kundgebung der NPD mit von Thadden wird von OB Ludwig Engel untersagt. Schließlich versuchen Schüler und Studenten die Verleihung des Büchnerpreises am 18. Oktober in der Otto-Berndt-Halle in eine „Gegenöffentlichkeit umzufunktionieren". In einer Protestresolution behaupten sie, das „Establishment" aus Politik und Kultur missbrauche den Namen des Dichters und ein heutiger Büchner wäre antiautoritär und Sozialist.

Bereits 1969 wird auf dem Friedensplatz gegen den Krieg der USA in Vietnam demonstriert

Vom Arresthaus zum Fraunhofer Institut

Am 30. September zwischen 4.30 und 15.00 Uhr werden die verbliebenen 239 Insassen des alten Gefängnisses an der Rundeturmstraße in den noch nicht vollständig fertig gestellten Neubau unweit des ehemaligen Pfungstädter Galgens am Westrand der Eberstädter Gemarkung verlegt. Die offizielle Einweihung des nach dem ersten Generalstaatsanwalt Hessens benannten „Fritz-Bauer-Hauses" findet dann am 8. April 1970 statt. Das Gelände des alten Arresthauses aus der Moller-Zeit sichert sich mit Übertragungsvertrag vom 15. Oktober zunächst die TH Darmstadt, um dort nach dem Abriss der maroden Baulichkeiten Parkplätze für die in der Innenstadt gelegenen TH-Institute anzulegen. Eine weit sinnvollere Verwendung des wertvollen Geländes findet man erst in den 1990er Jahren: nach einem Entwurf der Darmstädter Architekten Seidel, Hausmann und Partner entsteht dort das im Oktober 1997 bezugsfertige Institut für Graphische Datenverarbeitung der Fraunhofer-Gesellschaft.

„Sittenverfall" überall

Die Staatsanwaltschaft lässt am 12. November bei dem Verleger Jörg Schröder (Olympia-Press, März-Verlag) ein Werk der Autorin Harriet Daimler sowie Romane der Autoren del Piombo und R. B. Burns beschlagnahmen, weil ihr Inhalt „sittlich schwer jugendgefährdend" sei.

Eingangsbereich im neuen Institutsgebäude des Fachbereichs Architektur der TH Darmstadt auf der Lichtwiese, das am 9. Oktober fertig gestellt wird

Bei der größten Brandkatastrophe in Darmstadt seit dem Ende des Zweiten Weltkrieges wird am 11. August der COOP-Einkaufsmarkt in der Kasinostraße vernichtet

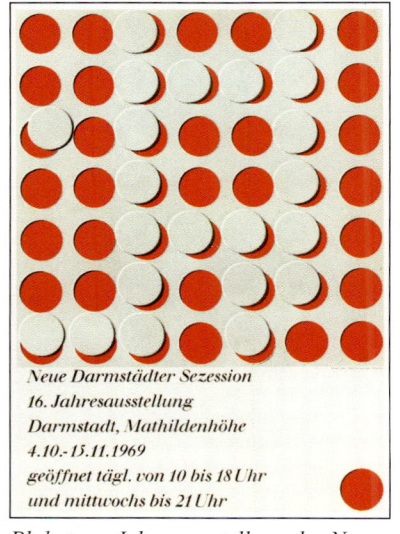

Plakat zur Jahresausstellung der Neuen Darmstädter Sezession vom 4. Oktober bis 15. November

WAS SONST NOCH GESCHAH

9. Januar: Baubeginn für den Durchbruch der Teichhausstraße in die Pützerstraße.

10. Januar: Studenten stören eine Verhandlung des Amtsgerichtes gegen ein Mitglied des Studentenbundes SDS wegen Verstoßes gegen das Pressegesetz und lösen damit einen größeren Polizeieinsatz im Gerichtsgebäude aus.

15. Januar: Der Magistrat beschließt die Zusammenlegung der Bertha-von-Suttner-Schule und der Alice-Eleonoren-Schule zu einer einzigen Berufsfachschule für Frauen.

30. Januar: Erster Unterrichtstag in der neuen Berufsschule Mornewegstraße (ehemaliges Arbeitsamt).

26. Februar: Ein leichtes Erdbeben erschüttert Darmstadt.

27. Februar: Esther und Abi Ofarim gastieren in der Sporthalle am Böllenfalltor.

23. März: Zur Rationalisierung des EDV-Einsatzes wird die Gründung eines Kommunalen Gebietsrechenzentrums für Starkenburg beschlossen. Offizieller Arbeitsbeginn des KGRZ in der Rheinstraße ist am 1. Juli 1970.

30. März: Beginn einer großen Werkschau des britischen Bildhauers Henry Moore auf der Mathildenhöhe.

30. April: Beginn der systematischen Umstellung der Darmstädter Gasversorgung auf das umweltfreundlichere Erdgas.

7. Juni: Anlässlich des Kirchenbautages wird in der Stadtkirche die Komposition „Herr höre mein Seufzen" von Konrad Lechner uraufgeführt.

28. September: Rechtsanwalt Günther Metzger wird als Direktkandidat der SPD in den Bundestag gewählt.

18. Oktober: Verleihung des Büchner-Preises an den Dichter Helmut Heißenbüttel.

6. Dezember: Offizielle Einweihung der Erich-Kästner-Schule in Neu Kranichstein in Anwesenheit des Namenspatrons – Unterrichtsbeginn war bereits am 4. November.

1970 Protest gegen Numerus Clausus

WAS SONST NOCH GESCHAH

2. Januar: Mit dem „Darmstädter Schulentwicklungsplan" wird von Stadtrat Heinz-Winfried Sabais der erste Entwurf zur Integrierten Gesamtschule in Darmstadt vorgelegt.

17. März: Das in einem Neubau am Ludwigsplatz eingerichtete Quelle-Kaufhaus wird eröffnet.

8. April: Der hessische Justizminister Karl Hemfler übergibt die Eberstädter Straf- und Untersuchungshaftanstalt ihrer Bestimmung.

24. April: In den Obergeschossen des Hessischen Landesmuseums wird die zunächst für fünf Jahre zur Verfügung gestellte Sammlung Ströher der Öffentlichkeit zugänglich gemacht.

27. Mai: Die jahrelang ruhenden Arbeiten an der bereits 1962 geplanten Werkkunstschule auf der Mathildenhöhe werden wieder aufgenommen.

3. Juni: Gegen 20.00 Uhr bricht im Hotel-Restaurant Einsiedel ein Brand aus. Das Dachgeschoss und das zweite Obergeschoss des 1908 erbauten Gebäudes werden zerstört.

28. August: Zum Beginn des neuen Schuljahres sind die dringend benötigten Behelfspavillons zur räumlichen Erweiterung der Georg-Büchner-Schule, der Lichtenbergschule und der Viktoriaschule noch nicht fertig gestellt. Erst am 16. September kann der erste Schulpavillon der Georg-Büchner-Schule bezogen werden.

7. Oktober: Wegen angeblich überhöhter Essenspreise kommt es an der Technischen Hochschule zu einem einwöchigen Boykott der Mensa.

17. Oktober: Der österreichische Schriftsteller Thomas Bernhard wird in der Otto-Berndt-Halle mit dem Georg-Büchner-Preis ausgezeichnet.

6. November: Das Deutsche Rote Kreuz stellt den ersten Notarztwagen für Darmstadt und Umgebung in Dienst.

10. Dezember: Die Verwaltung der Technischen Hochschule bezieht den siebenstöckigen Neubau an der Alexanderstraße.

Mit einem Unterrichtsboykott der Oberstufenschüler der Justus-Liebig-Schule beginnen am 30. Januar die Protestaktionen Darmstädter Gymnasiasten gegen die geplante Einführung des Numerus Clausus an wissenschaftlichen Hochschulen und Universitäten. Bis zum 13. Februar finden Streiks und Demonstrationen statt, an denen sich auch viele Eltern beteiligen. Mit dem Numerus Clausus hofft man, die ständig wachsenden Studentenzahlen regulieren zu können.

Gleichzeitig kündigt das Land Hessen mehrere Bauvorhaben zur räumlichen Kapazitätserweiterung der Hochschulen an, die mit Hilfe der zusätzlichen Zuwendungen aus dem Hochschul-Sofort-Programm des Bundes und des Landes Hessen finanziert werden sollen. Auf Dauer reicht dieser Hochschulausbau jedoch nicht aus. Von Studiengängen, die traditionell Zulassungsbeschränkungen aufweisen, wie Medizin und Zahnmedizin, wird der Numerus Clausus auf Natur- und Ingenieurwissenschaften ausgeweitet und erstreckt sich bald auch auf Fächer, die nicht auf Labor- und Praktikantenplätze angewiesen sind.

Chopin-Gesellschaft

Obwohl es noch keinen offiziellen Kulturaustausch zwischen Deutschland und Polen gibt, gründet der polnische Pianist Maciej Lukaszczyk am 20. September in seiner neuen Heimatstadt Darmstadt die „Chopin-Gesellschaft in der Bundesrepublik Deutschland e. V.". Ihre Aufgabe ist die künstlerische und wissenschaftliche Auseinandersetzung mit dem Werk des Komponisten Frédéric Chopin. Seit 1972 richtet die Chopin-Gesellschaft in Darmstadt regelmäßig die Internationalen Meisterkurse für Pianisten aus und veranstaltet alle drei Jahre die Chopin-Klavierwettbewerbe, die junge Pianisten auf ihrem musikalischen Weg fördern sollen. Zum Programm der Gesellschaft gehören auch Konzertreihen, Vorträge und Musikreisen. Im Jahr 2000 wird die der Internationalen Föderation der Chopin-Gesellschaften (IFCS) angehörende Darmstädter Chopin-Gesellschaft vom polnischen Kultusministerium mit einer Auszeichnung für die Verdienste um die Förderung der polnischen Kunst und Kultur geehrt.

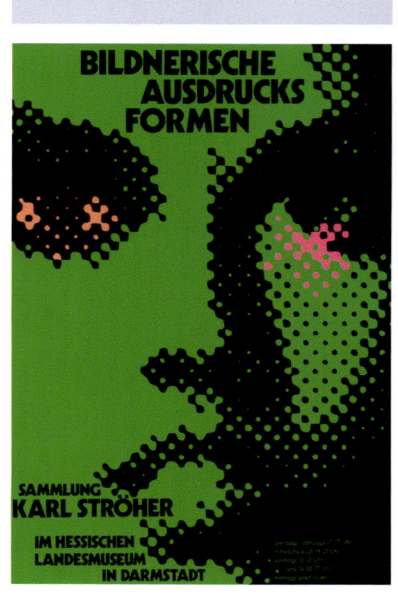

Das Plakat des Hessischen Landesmuseums wirbt für den Besuch der Ströher-Sammlung, die zunächst für fünf Jahre in den Obergeschossen des Gebäudes zu besichtigen ist

Die am 7. November eingeweihte Käthe-Kollwitz-Schule in der Waldkolonie ist neben der Frankenstein-Schule in der Eberstädter Villenkolonie und der Wilhelm-Hauff-Schule in Eberstadt-Süd die dritte im Jahr 1970 eröffnete Grundschule

Das von der Verwaltung der staatlichen Schlösser und Gärten auf Burg Frankenstein eingerichtete Burghotel mit angeschlossenem Restaurant wird am 16. November eröffnet. Hier ein Blick aus der Vogelperspektive

Keine luxuriöse „Schwimmoper"

Nach knapp eineinhalb Jahren wird am 29. November das zu einem sensationell niedrigen Festpreis von vier Millionen Mark errichtete Hallenbad am Elfeicher Weg eingeweiht. Wie OB Sabais betont, leistet sich Darmstadt hiermit keine luxuriöse Schwimmoper, sondern ein sparsames und zweckmäßiges Bad für Schule, Sport und Volksgesundheit. Auf den acht wettkampfgerechten 50-Meter-Bahnen wird daher nicht das Training, sondern die Öffentlichkeit Vorrang haben. Trotz der geringen Baukosten hat das von den Architekten Hofmann und Schader geplante Schwimmbad einige durchdachte Raffinessen: neben dem Wettkampfbecken gibt es sowohl ein Lehrschwimmbecken als auch ein weiteres zum Planschen für die Kleinsten. Für Ersteres ist eine elektronische Zeitmessung vorgesehen. Darüber hinaus verfügt es über einen neuartigen Beckenrand, die „Darmstädter Rinne". Dieser Beckenrand besteht aus einer 60 Zentimeter hohen Brüstung mit Überlauf, der den Anreiz, vom Beckenrand ins Wasser und somit womöglich Schwimmern auf den Kopf zu springen in gleichem Maße mindert, wie es den Einstieg über den Beckenrand erleichtert. Außerdem wird hierdurch auch die schädliche Chlorgaswolke vermieden und die Wettkampfschwimmer werden von den hinderlichen Beckenrandwellen befreit.

Nordbad innen

Nordbad außen

Der Mann aus Breslau

Der in Breslau geborene Heinz Winfried Sabais wird in einer Festsitzung im Justus-Liebig-Haus als neuer Oberbürgermeister eingeführt und tritt damit die Nachfolge von Oberbürgermeister Dr. Ludwig Engel an, der dieses Amt 20 Jahre innehatte. Er ist nach dem Krieg der erste Oberbürgermeister Darmstadts, der nicht aus dieser Stadt stammt. Dennoch ist er hier integriert und akzeptiert, hat er sich doch bereits ab 1954 als Kultur- und Pressereferent, ab 1963 als hauptamtlicher Beigeordneter im Kultur- und Schuldezernat in Darmstadt eingelebt.

Heinz Winfried Sabais erobert reitend Darmstadt – Niederschlag der Oberbürgermeisterwahl auf dem Fasnachtsorden

Die Frau an Leuschners Seite

Am 9. Oktober stirbt die Witwe des Widerstandskämpfers Wilhelm Leuschner in Darmstadt. Die als Elisabeth Batz am 22. April 1885 in Weisenau bei Mainz geborene Widerstandskämpferin lernt schon als Kind, Verantwortung zu übernehmen. Der arbeitslos gewordene Vater stirbt nach sechsjähriger schwerer Krankheit, die Mutter von fünf Kindern führt ein Weißwarengeschäft. Auch Elisabeth lernt nach dem Besuch der Bessunger Mädchenschule den Beruf der Weißnäherin. Im September 1911 heiratet sie den Holzbildhauer Wilhelm Leuschner, 1919 tritt sie in die Darmstädter SPD ein und unterstützt ihren Mann in seiner politischen Arbeit. Während der Wirtschaftskrise kocht sie im Darmstädter Gewerkschaftshaus für arbeitslose Freunde. Stets an der Seite ihres Mannes gründet sie mit ihm nach seiner vorübergehenden Freilassung aus dem Gefängnis ein Geschäft, das zum Zentrum des Widerstands wird. Nach dem missglückten Attentat auf Hitler am 20. Juli 1944 wird auch sie von der Gestapo erst ins Gefängnis Moabit, dann ins KZ Ravensbrück gebracht. Mutig widersteht sie dem Terror und gibt weder Namen der Widerstandskämpfer noch Aufenthaltsort ihres Mannes preis. Bis zum Kriegsende weigert sie sich, an die Hinrichtung ihres Mannes zu glauben. 1945 kehrt sie nach Darmstadt zurück, 1966 erhält sie die Leuschner-Medaille und 1969 die Ehrenurkunde der SPD.

Taufe einer Boeing 737 durch Inge Sabais auf den Namen „Darmstadt" am 26. August, sie soll auch mit dem Stadtwappen geschmückt werden. Allerdings passt die Krone desselben nicht in das vorgesehene Feld

1971

WAS SONST NOCH GESCHAH

14. Januar: Einführung des neuen Oberbürgermeisters Heinz Winfried Sabais in sein Amt.

20. Januar: Einrichtung eines „Büros für Stadterneuerung" für die Sanierung des Martinsviertels.

17. Februar: Wahl des Historikers Helmut Böhme mit knapper Mehrheit zum Präsidenten der TH.

12. März: Einweihung der ersten Bildfernsprech-Versuchsanlage der Bundesrepublik durch den Bundespostminister Georg Leber im FTZ mit einem Gespräch nach München.

26. März: Die Einweihung des Kindergarten-Pavillons signalisiert den Beginn der Infrastruktur für die Satellitenstadt Neu-Kranichstein.

23. April: Vereinbarung zwischen OB Sabais und TH-Präsident Böhme zur Bildung einer Projektgruppe für ein „Kongress- und Bildungszentrum Mollerbau".

7. Juli: Bursa wird Schwesterstadt. Unter den in Darmstadt „registrierten Ausländern" stellen 1560 Türken Ende 1971 die drittstärkste Gruppe nach Italienern und Jugoslawen.

4. September: Der Geologie- und Sportstudent Walter Schmidt vom ASC Darmstadt erzielt neuen Weltrekord im Hammerwerfen mit 76,40 Metern in seiner Heimatstadt Lahr.

14. September: Umstellung des Fernheizwerks der „Südhessischen" von Kohle auf Erdgas- und Heizölbetrieb. Es versorgt die Neubaugebiete Eberstadt-Nordwest und -Süd samt den Eberstädter Kliniken.

11. Oktober: Eröffnung des neu gegründeten „Hessischen Instituts Wohnen und Umwelt" in der ehemaligen Loge.

15. Oktober: Der aus der TV-Serie „Die Unverbesserlichen" bekannte Volksschauspieler Joseph Offenbach stirbt an den Folgen eines Herzinfarkts in Darmstadt. Seine Lieblingsrolle war jedoch der „Datterich".

24. Oktober: Besuch der schwedischen Kinderbuchautorin Astrid Lindgren anlässlich der 3. Darmstädter Jugendbuchmesse.

1972 — Das neue Theater

WAS SONST NOCH GESCHAH

18. Januar: Eine Hundertschaft Polizei räumt die am 28. Oktober des Vorjahres von der studentischen „Initiativgruppe Wohnen" besetzte Oetinger-Villa am Karlshof. Die am 6. November 1971 begonnene Besetzung von Räumen im ehemaligen Hotel „Traube" am Luisenplatz wird bereits am 10. Januar durch Polizeieinsatz beendet.

22. Januar: Zum ersten Mal findet im neuen Nordbad das vom „Darmstädter Echo" mit der SG Darmstadt organisierte „Darmstädter Volksschwimmen" statt.

12. Februar: Die nach Thomas Mann benannte neue Haupt- und Realschule für Arheilgen-Südost wird eingeweiht.

19./20. Februar: Aus Anlass der Feier des 80-jährigen Bestehens der Paramentenwerkstatt im Elisabethenstift findet der Paramententag 1972 in Darmstadt statt; damit verbunden ist eine Paramentenausstellung im Saal der Stiftskirche.

29. Mai: Die neuen Straßen im Eberstädter Neubaugebiet am Fuß des Frankensteins werden nach den Partnerstädten Alkmaar, Bursa, Chesterfield, Graz, Trondheim und Troyes benannt.

2. September: Im „Naherholungswald" am Eberstädter Waldsportplatz wird der erste „Abenteuerspielplatz" seiner Bestimmung übergeben. In der Heimstättensiedlung wird am gleichen Tag das „Buchenlandheim" eingeweiht.

25. September: Das „Theater am Platanenhain" eröffnet die neu ausgebaute Spielstätte in den vom Staatstheater geräumten Probenräumen im Nordteil des Mollerbaus. Der zum Markenzeichen gewordenen Name „TAP", der an die vorangegangenen Jahre im Ernst-Ludwig-Haus auf der Mathildenhöhe erinnert, bleibt erhalten.

22. Oktober: In der Kommunalwahl gewinnt die SPD mit 50,4% der Stimmen die vor vier Jahren verlorene absolute Mehrheit zurück und besetzt damit 37 von nunmehr 71 Sitzen im Stadtparlament. Bei der Bundestagswahl am 19. November gewinnt Günther Metzger sogar 55% der Erststimmen.

Unter der Leitung des seit Beginn der Spielzeit am 16. August 1971 amtierenden Intendanten Günter Beelitz beginnt am 7. März der Umzug des Landestheaters in den von Rolf Prange entworfenen Neubau am Marienplatz. Mit einer „heiteren Abschiedsvorstellung" zum Heinerfestwochenende verabschieden sich die Theaterleute am 30. Juni von der Orangerie, die über 20 Jahre Heimstatt des Theaters gewesen ist. Mit einer Festaufführung von Ludwig van Beethovens „Fidelio" im Großen Haus wird der modern-funktionale Neubau des nunmehrigen Staatstheaters am 6. Oktober eingeweiht; die Kosten liegen bei rund 75 Millionen DM. Am nächsten Tag folgt im Kleinen Haus die Uraufführung des von dem Chilenen Gaston Salvatore als Auftragswerk verfassten Schauspiels „Büchners Tod". Einer der ersten Höhepunkte im neuen Haus ist am 29. Oktober die Uraufführung von Benjamin Brittens eindrucksvollem „War Requiem", die in Gegenwart des Komponisten von Generalmusikdirektor Hans Drewanz geleitet wird.

Ehrung für erfolgreiche Olympiateilnehmer

Am 18. Oktober gibt die Stadt Darmstadt im Hotel Knauf in der Bleichstraße einen Empfang für die Darmstädter Teilnehmer an den Olympischen Spielen in München und ihre Helfer. OB Heinz Winfried Sabais bedankt sich bei Heike und Klaus Nagel, Volker Ohl, Lutz Philipp und Andreas Weber. Die herausragende Leistung vollbrachte Christiane Krause vom ASC Darmstadt, die als Startläuferin der deutschen 4 x 100-Meter-Staffel am 10. September die Goldmedaille in Weltrekordzeit errang.
Besonderes Aufsehen erregt die Ankündigung des Oberbürgermeisters, zusammen mit dem ebenfalls anwesenden Stadtkämmerer Borsdorff im kommenden Jahr das Sportabzeichen ablegen zu wollen.

Gefängnisstrafen für Kriegsverbrecher

Im sogenannten „Tomaszow-Prozess" verhängt das Darmstädter Schwurgericht am 7. Dezember nach mehr als dreijähriger Verhandlung gegen drei ehemalige Polizeibeamte wegen Beteiligung an der Erschießung von „Polen jüdischer Abstammung" Gefängnisstrafen zwischen sechs und acht Jahren.

Das neu erbaute Staatstheater mit dem „Grande Disco" von Arnoldo Pomodoro

Drei Installationen des Kunstpreisträgers Arnoldo Pomodoro in seiner Ausstellung vor und im neuen Staatstheater, die am 8. Oktober in Gegenwart des Künstlers eröffnet wird. Die Aufstellung der Großplastiken in den Theateranlagen ruft beim Publikum teils Bewunderung, teils Kopfschütteln hervor. Eine Großplastik, den „Grande Disco", kauft die Stadt später an, sie findet vor dem Staatstheater ihren endgültigen Standort

Der neu entstehende Stadtteil Kranichstein im Jahr 1972, vier Jahre nach Baubeginn; links ist der „Solitär" zu erkennen, rechts der Brentanosee. Im August dieses Jahres diskutiert man in der Stadtverwaltung erstmals über den Bau einer Straßenbahn zur Anbindung des neuen Stadtteils, ein Plan, dessen Vollendung genau 30 Jahre dauern wird

Jugendzentrum Oettinger-Villa

1973

In der hochgradig politisierten gesellschaftlichen Atmosphäre der frühen 1970er Jahre wird zwischen 1971 und 1973 das Projekt eines offenen Jugendzentrums in der stadteigenen Oettinger-Villa zur politischen Entscheidungsreife gebracht. Obwohl das 1971 aufgekommene Vorhaben die Sympathien des Magistrats und einer Mehrheit des Stadtparlaments genießt, droht es im Lauf des Jahres 1972 zunächst zerrieben zu werden zwischen widerstreitenden Vorstellungen von den Zielen öffentlicher Jugendarbeit. Diesbezüglich liegen Sozialdemokraten, Christdemokraten, Stadtjugendring und Autonome Jugendgruppen ideologisch zu weit auseinander. Die feste Zusage öffentlicher Zuschüsse stiftet bis 1973 jedoch einen inhaltlichen Grundkonsens, mit dem die politischen und institutionellen Weichen für die Gründung des Jugendhauses gestellt werden können. So beschließt die STAVO am 25. Januar mit den Stimmen von SPD und FDP die Herrichtung der Villa zum Jugendhaus und am 12. Oktober konstituiert sich im Max-Rieger-Heim der Trägerverein Jugendzentrum Darmstadt e.V. als Betreiber des Jugendzentrums. Sein vorrangiges Ziel soll in der Vermittlung politischer Bildung und Freizeithilfen nach dem Bundesjugendplan und dem Jugendplan der Stadt Darmstadt bestehen.

Ein Erneuerungskonzept für Eberstadt

Mitte Dezember gibt der Magistrat einen „Bericht zur Planung Eberstadt" an die Öffentlichkeit, den die von der Stadt eingesetzte „Planungsgruppe Programm" bereits im September abgeschlossen hat. Nach dem Willen des Magistrats soll das darin vorgestellte Konzept als Grundlage für eine umfassende Sanierung des Eberstädter Ortskernes dienen. Ins Auge gefasst werden der Bau von zwei Gesamtschulen im Hirtengrund und an der Eschollmühle sowie ein Hallenbad am Südufer der Modau. In der Oberstraße soll nahe der Ortsverwaltung eine Kindertagesstätte entstehen und die Freiwillige Feuerwehr ein zeitgemäßes Domizil erhalten. Schließlich will man die Straßenzüge des Ortskerns in eine Fußgängerzone umwandeln – die Anlage eines inneren und äußeren Verkehrsringes würde die hierzu nötigen verkehrstechnischen Voraussetzungen schaffen. Eine optimale Umsetzung aller Planungswünsche vorausgesetzt, könnte die Fußgängerzone bereits 1982 an die Bürgerschaft übergeben werden.

Blick über die neue, am 18. Juli eingeweihte „Piazza" an der Stadtkirche, mit bisher heimatlosen Spolien der Stadtgeschichte, darunter die Olbrich-Brunnen von der Gartenbauausstellung 1905 und der Löwenbrunnen aus dem Hof der Viktoriaschule

Blick über das Autobahnkreuz Darmstadt in den Mittagsstunden des 25. November

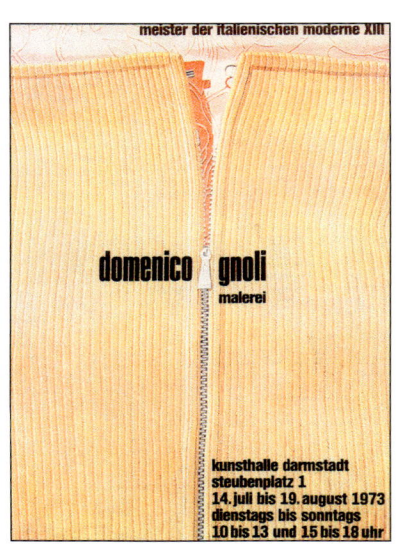

Plakat zur Ausstellung „Domenico Gnoli – Malerei" in der Kunsthalle vom 14. Juli bis 19. August

Durch einen 7:0-Sieg über den 1. FC Nürnberg am 13. Mai im Entscheidungsspiel am Böllenfalltor wird der SV Darmstadt 98 passend zum 75. Vereinsjubiläum Meister der Regionalliga Süd. Mannschaftsbild mit Meistertrainer Udo Klug

WAS SONST NOCH GESCHAH

22. Januar: Das Kommunale Gebietsrechenzentrum Starkenburg (KGRZ) bezieht einen Neubau in Kranichstein.

1. März: Helmut Qualtinger gibt im Staatstheater eine seiner kabarettistischen Lesungen aus Adolf Hitlers „Mein Kampf".

9. April: Die Städtischen Kliniken werden von der Universität Frankfurt offiziell als Lehrkrankenhaus anerkannt.

24. April: Erster Spatenstich für die von Architekt Rolf Prange geplante Verwaltung der Maschinenfabrik Goebel an der Mornewegstraße.

1. Juni: Der Bauverein für Arbeiterwohnungen beginnt mit dem Bau der Siedlung Eberstadt Süd III.

16. Juni: Die Neue Darmstädter Sezession zeigt erstmals „Plastiken auf der Ziegelhütte".

28. Juni: Richtfest für das Hauptgebäude der Gesellschaft für Schwerionenforschung (GSI) in der Wixhäuser Leonhardstanne.

15. August: Die Verträge zur Tieferlegung der Wilhelminenstraße und zur Abstimmung der hierfür notwendigen Baumaßnahmen mit den gleichzeitigen Baumaßnahmen am Luisencenter passieren den Magistrat.

12./13. September: Gastspiel des Thalia-Theaters Hamburg im Staatstheater mit Boy Gobert und Ingrid Andree in Stücken von Harold Pinter und James Saunders.

13. September: Der Magistrat startet die von ihm beschlossene Aktion „Sauberer Herrngarten".

18. Oktober: Die Bürgerinitiative Frankenstein stoppt die am 28. September begonnene Baumfällung für eine neue Zufahrtsstraße zum Burgrestaurant Frankenstein.

20. Oktober: Verleihung des Büchner-Preises an Peter Handke.

25. November: Erster Sonntag mit Fahrverbot für Kraftfahrzeuge wegen der vom Jom-Kippur-Krieg zwischen Israel und seinen arabischen Anrainerstaaten ausgelösten weltweiten Energiekrise.

1976

75 Jahre Darmstädter Jugendstil

WAS SONST NOCH GESCHAH

16. Januar: Der Aufsichtsrat der HEAG billigt den Ankauf eines erst 1973 fertig gestellten Hochhauses an der Jägertorstraße in Kranichstein als neuer Verwaltungssitz des Energie-Unternehmens. Dafür übernimmt die Stadt am 13. April die alte HEAG-Verwaltung in der Luisenstraße.

11. Februar: Darmstadt erhält einen städtischen Denkmalschutzbeirat; das siebenköpfige, weisungsunabhängige Gremium soll die Stadtverwaltung beraten und unterstützen.

8. Mai: In der Innenstadt demonstrieren 3000 Studenten, die schon mehrere Tage gegen das neue Hochschulrahmengesetz streiken. Presseberichte entfallen, da die Tageszeitungen ihrerseits von der IG Druck bestreikt werden.

10. Juni: Darmstadts erster Oberbürgermeister nach dem Krieg, Staatsminister a. D. Ludwig Metzger, wird Ehrenbürger der Stadt.

3. August: Der ASC Darmstadt feiert seine mit der deutschen Mannschaft aus Montreal zurückgekehrten Olympioniken: Klaus Peter Hildenbrand hat im 5000-Meter-Lauf und Lothar Krieg mit der 4 x 400-Meter-Staffel Bronze gewonnen. Walter Schmidt wurde Fünfter im Hammerwurf.

21. August: Das von einer Bürgeraktion in einjähriger Arbeit wieder hergerichtete Ausflugsgelände um den Aussichtsturm auf der Ludwigshöhe wird mit einem „zünftigen Bieranstich" eröffnet.

23. Oktober: Nach umfassender Renovierung wird die Russische Kapelle wieder eingeweiht und dient weiter der serbisch-orthodoxen Gemeinde als Gotteshaus.

28. Oktober: Zu Halloween organisiert der Amerikaner Brian Hill, angeregt durch den Frankenstein-Roman von Mary Shelley, auf Burg Frankenstein sein erstes Grusel-Festival.

16. Dezember: Der seit dem 12. Oktober amtierende Stadtkämmerer Otto Blöcker legt seinen ersten Haushalt vor, der bei Gesamtausgaben von 492 Mio. ein Defizit von 5,6 Mio. DM ausweist, z. T. Folge der hohen Instandsetzungskosten für die Mathildenhöhe.

Mit einem Festakt im Staatstheater, an dem auch Bundespräsident Walter Scheel teilnimmt, wird am 22. Oktober die mehrteilige Jubiläumsausstellung „Ein Dokument Deutscher Kunst 1901/1976" eröffnet, die an die erste Ausstellung der Darmstädter Künstlerkolonie 1901 erinnert und eine Retrospektive auf den künstlerischen Aufbruch des Darmstädter Jugendstils in den Jahren vor dem Ersten Weltkrieg zeigt. Mittelpunkt der Jubiläumsausstellung ist die Darstellung zur Geschichte und Tätigkeit der Künstlerkolonie Darmstadt 1899–1914, die in den nach der grundlegenden Renovierung gleichzeitig neu eingeweihten Ausstellungshallen auf der Mathildenhöhe präsentiert wird.

Das Hessische Landesmuseum zeigt Werke der angewandten Kunst (Möbel, Glasmalerei, Gebrauchsgeräte, Mode u. a.) aus den Jahren 1851–1914, ausgehend von der Neubesinnung auf angewandte Kunst bei der ersten Weltausstellung in London 1851.

Die ganze Palette freien Kunstschaffens um die Jahrhundertwende mit zahlreichen Beispielen aus Jugendstil, akademischer Maltradition und Sezessionismus bis hin zu den Malern der „Brücke" und des „Blauen Reiters" ist in der Ausstellung der Kunsthalle „Akademie – Sezession – Avantgarde" zu sehen, und die Landes- und Hochschulbibliothek präsentiert Beispiele der Literatur und Buchkunst des Jugendstils. Die Ausstellungen locken bis zum 30. Januar 1977 rund 500 000 Besucher an.

Blick in die Ausstellung auf der Mathildenhöhe zum 75-jährigen Jubiläum der ersten Künstlerkolonieausstellung

Eisenbahnmuseum

Auf dem Gelände des aufgelassenen Bahnhofs Kranichstein wird am 29. Mai das Eisenbahnmuseum Kranichstein eröffnet. Träger ist der Verein Museumsbahn e. V., der von Eisenbahn begeisterten Darmstädtern im Jahr 1970 gegründet wurde, als die Bundesbahn die letzten Dampfloks in Darmstadt außer Dienst stellte. Das Museum, das im alten Bahnbetriebswerk Kranichstein mit großer Werkstatthalle untergebracht ist, gibt einen Überblick über die Entwicklung der Eisenbahn von den Anfängen Mitte des 19. Jahrhunderts bis in die moderne Zeit. Zur Eröffnung kann der Verein den Ehrengästen seinen bereits imposanten Bestand von sechs Reisezugwagen, einem Güterwagen sowie fünf Dampflokomotiven präsentieren, darunter eine der jüngeren Generation mit 132 Tonnen Eigengewicht. Die Sammlung soll in Zukunft weiter ausgebaut werden.

Eisenbahnmuseum Kranichstein (Aufnahme 2004)

Plakat der Ausstellung von Druckgraphik und Gemälden des dänischen Künstlers Asger Jorn (1914–1973) in der Kunsthalle

Bei der Renovierung des „Achteckigen Hauses" in der Mauerstraße werden am 17. März Wandmalereien und Amoretten aus dem 17. Jahrhundert freigelegt

Wilhelminentunnel und Luisencenter

1977

Ende August Anfang September können die Darmstädter endlich ihr komplett umgestaltetes Stadtzentrum am Luisenplatz in Besitz nehmen. Das zugehörige Tunnelsystem unter dem Luisenplatz dürfen die Bürger am 28. August zunächst zu Fuß erkunden, bevor es am 31. August auch für den Verkehr freigegeben wird. Gleichzeitig weiht man oberirdisch das Luisencenter mit dem angrenzenden Karstadt-Kaufhaus ein, das einen Tag später auch dem Publikum erstmals offen steht. Zwei Tage später kann die Arbeitsgemeinschaft der Geschäfte an der Wilhelminenstraße das Ende aller Bauarbeiten in der neuen Fußgängerzone feiern.

Die neu gestaltete Fußgängerzone in der Wilhelminenstraße am 11. Oktober

Das Luisencenter mit dem anschließenden Karstadt-Kaufhaus am 11. Oktober

Die Ladenebenen im Inneren des Luisencenters nach der Eröffnung

Oberbürgermeister Heinz Winfried Sabais setzt am 30. August die zentrale Steuerungsanlage des Tunnelsystems zwischen Luisenplatz und Hügelstraße in Gang

Sieg für CDU bei Kommunalwahl am 20. März

Durch den Einsatz modernster Wahlmaschinen kann das Kommunale Gebietsrechenzentrum bereits wenige Minuten nach Schließung der Wahllokale einen Erdrutschsieg für die CDU verkünden. Bei den für die Sozialdemokraten landesweit verlustreichen Wahlen wird die CDU mit 45,6% stärkste Partei; die SPD fällt auf 37,7% zurück; ihr niedrigstes Ergebnis seit Kriegsende, die FDP erhält 7%. Der sozialdemokratisch geführte Magistrat muss künftig mit einer bürgerlichen Mehrheit im Stadtparlament regieren.

Darmstadt nach der Gebietsreform

Mit Inkrafttreten der abschließenden Neugliederungsgesetze zur hessischen Gebietsreform wird der bisherige Landkreis Darmstadt am 1. Januar Teil des neuen Großkreises Darmstadt-Dieburg. Darmstadt vergrößert sich um Wixhausen, verliert aber die nach Griesheim umgemeindete Siedlung St. Stephan. Das Ergebnis der ersten Kreistagswahl nach der Gebietsreform am 20. März zeigt nach Ansicht der Wahlanalytiker keine negativen Auswirkungen der Reform auf das Abschneiden von SPD und FDP, die beide die Gebietsreform zu verantworten haben.

Bürgerpark Nord wird Sportleistungszentrum

Der seit längerem geplante Ausbau des Bürgerparks Nord zum Sportleistungszentrum nimmt 1977 reale Gestalt an. Für die Wassersportler wird noch rechtzeitig vor Beginn der Freiluftsaison das am 30. April eingeweihte Schwimmleistungszentrum von Architekt Hans-Günter Hofmann am Nordbad fertig. Am 1. Oktober folgt das Leistungszentrum für den hessischen Rollsport mit der von Architekt Dieter Loewer gestalteten Rollsporthalle. Die Stadt Darmstadt ist an den Kosten des mit Landesmitteln geförderten Projektes beteiligt, dafür kann die Halle von der gymnasialen Oberstufe der Brecht-Schule mitbenutzt werden. Das am 1. November eröffnete Hallenbad im Bessunger Bezirkszentrum muss leider schon nach sechs Monaten wieder für Reparaturarbeiten geschlossen werden.

Steilkurve in der Rollsporthalle

WAS SONST NOCH GESCHAH

28. Januar: Einweihung des neuen FTZ-Forschungsinstituts auf dem Kavalleriesand.

2. Februar: Magistrat und Verkehrskommission akzeptieren ein Konzept der HEAG, wonach der Luisenplatz Drehscheibe des öffentlichen Nahverkehrs bleibt.

26. Mai: Die Druckerei Habra geht in Konkurs. Am 2. Juni erhalten die rund 300 Beschäftigten des größten Darmstädter Druckhauses ihre Kündigung.

15. Juni: Am Ende eines Sensationsprozesses verurteilt das Landgericht den Automaten-Hersteller Dieter Grünig wegen Steuerhinterziehung und Urkundenunterdrückung zu sechs Jahren Haft und einer Geldstrafe von 1,5 Millionen DM.

24. Juli: Der 400. Geburtstag des Großen Woog wird von Darmstadts Heimat- und Schwimmvereinen mit einer Gemeinschaftsveranstaltung in Darmstadts größtem Naturfreibad begangen.

7. August: Ein führerloser Bauzug der Deutschen Bahn AG rast von Messel durch die Darmstädter Vorortbahnhöfe bis Griesheim und zertrümmert dort ein Wohnhaus, verletzt aber glücklicherweise niemanden.

2. September: Justizminister Herbert Günther weiht im Eberstädter Gefängnis ein neues Freigängerhaus und ein Ausbildungszentrum für Drucker und Schriftsetzer ein.

3. September: In der Wilhelminenstraße feiert man die Fertigstellung der Fußgängerzone.

24. Oktober: Die GSI in Wixhausen nimmt ihren Schwerionenbeschleuniger in Betrieb.

23. November: Das Raumfahrt-Kontrollzentrum der ESOC in Darmstadt übernimmt die Steuerung des ersten europäischen Wettersatelliten Meteosat 1.

11. Dezember: Auf der Mathildenhöhe schließt die Gedenkausstellung zum 150. Todestag des Malers Arnold Böcklin; über 30 000 Besucher werden gezählt.

1978 — Die Lilien in der Ersten Bundesliga

WAS SONST NOCH GESCHAH

16. Januar: Das Umlegungsverfahren für die Fortführung des City-Rings im Bereich Kirchstraße-Holzstraße wird eingeleitet.

12. Februar: Auf Einladung des Garuda-Clubs spielt der tschechische Schachgroßmeister Ludek Pachmann in der Kunsthalle simultan an 30 Brettern und besiegt dabei 22 Gegner.

16. März: Das Bessunger Hallenbad wird vier Monate nach seiner Eröffnung wegen diverser Baumängel zur Renovierung geschlossen.

2. April: Im Kongress-Saal des Luisencenters wird noch einmal Einweihung gefeiert, nachdem nun auch die Verwaltungsgeschosse bezogen sind.

16. Juni: Die Stadt Darmstadt vergibt erstmals den Ricarda-Huch-Preis. Preisträger ist der Theaterkritiker Friedrich Luft, die Laudatio hält Marcel Reich-Ranicki.

17. Juli: Auf dem jüdischen Friedhof in Bessungen werden 36 Grabsteine und Postamente von Unbekannten umgeworfen.

23. August: Mit Freibier und Buletten für Gäste und Bewohner wird das Studentenwohnheim Karlshof eröffnet, das Platz für fast 1000 Studenten und Studentinnen bietet.

28. August: Das Auto der gesuchten RAF-Terroristen Christian Klar und Adelheid Schulz wird im Parkdeck der Technischen Hochschule an der Lichtwiese gefunden.

26. September: Das Studentenwerk übernimmt den 1,8 Millionen DM teuren Neubau der Mensa auf der Lichtwiese.

11. November: Mit einem Schuss aus 25 Metern Entfernung erzielt der SV 98-Spieler Uwe Hahn in der 90. Spielminute das Ausgleichstor gegen den 1. FC Bayern München. Von den Zuschauern des Aktuellen Sportstudios wird es zum Tor des Monats November gewählt.

8. Dezember: Nach sechs Jahren Bauzeit ist der achtspurige Ausbau der Autobahn A5 zwischen Darmstadt und Zeppelinheim abgeschlossen.

Schon am vorletzten Spieltag der Zweiten Bundesliga Süd haben Lilienfans allen Grund zum Feiern; denn mit dem 6:1-Sieg beim FK Pirmasens sichert sich die Elf des SV 98 auch ohne ihren verletzten Torschützenkönig Peter Cestonaro vorzeitig die Meisterschaft. Darmstadt steht Kopf: Die Lilien steigen erstmals in der Vereinsgeschichte in die Erste Bundesliga auf. Der Höhenflug der von Lothar Buchmann trainierten „Feierabendfußballer vom Böllenfalltor" hält jedoch nicht lange an. Schnell zeichnet sich ab, dass der Verein den Klassenerhalt nicht schaffen wird. Im Sommer 1979 steigen die Lilien nach nur einer Saison in der obersten deutschen Fußball-Liga als Tabellenletzte wieder ab.

1978 steigt die Fußballmannschaft des SV Darmstadt 98 in die Erste Bundesliga auf

Großfahndung

Um die Mittagszeit des 9. Oktober geht bei der Darmstädter Hauptwache der telefonische Hinweis ein, dass die gesuchten mutmaßlichen RAF-Terroristen Christian Klar und Adelheid Schulz in der Tiefgarage des Luisencenters gesichtet worden seien. Die Polizei leitet daraufhin eine Aufsehen erregende Polizeifahndung mit über 50 Beamten ein: Das Luisencenter wird umstellt, alle Räumlichkeiten, die Fahrstühle und Toiletten überprüft, die Zu- und Ausfahrten der Tiefgarage gesperrt und im Tunnel die Insassen aller ausfahrenden PKWs kontrolliert. Die Großfahndung verläuft ergebnislos und wird um 12.50 Uhr beendet.

Ricarda-Huch-Preis

Am 16. Juni 1978 erhält der Theaterkritiker Friedrich Luft den erstmals verliehenen Ricarda-Huch-Preis der Stadt Darmstadt. Den mit 10 000 DM dotierten Preis hat die Stadt im Gedenken an den DDR-Volksaufstand von 1953 gestiftet, um im Sinne der 1947 in Schönberg im Taunus gestorbenen Autorin Ricarda Huch literarische Werke zu würdigen, die „das Bewusstsein der Deutschen von der Einheit ihrer nationalen Kultur wachhalten", die Gemeinsamkeit der Sprache und der kulturellen Überlieferung pflegen und der Idee der Wiedervereinigung Deutschlands dienen. Die Satzung des alle drei Jahre vergebenen Ricarda-Huch-Preises wird nach der Wiedervereinigung am 16. September 1992 aktualisiert.

Am 11. November wird in den Ausstellungshallen auf der Mathildenhöhe die Ausstellung „Darmstadt in der Zeit des Klassizismus und der Romantik" eröffnet

Seit September 1978 ist die neue Mensa auf der Lichtwiese geöffnet

Wunderstute Halla

Am 19. Mai, kurz nach ihrem 34. Geburtstag, stirbt in der Hofmeierei Vierling die „Wunderstute Halla" an Herzversagen. Als Fohlen der Zuchtstute Helene und des Traberhengstes Oberst am 16. Mai 1945 geboren, war ihre spätere Karriere keinesfalls abzusehen. Weder als Renn- noch als Hindernispferd schien Halla geeignet zu sein. Wegen ihrer beeindruckenden Sprungkraft sollte sie schließlich als Vielseitigkeitspferd ausgebildet werden. Allerdings verweigerte sie sich in der Dressur. Erst das Zusammentreffen der Stute mit dem damals noch unbekannten Hans Günter Winkler im Herbst 1951 geriet für beide zu einer glücklichen Fügung. Bis zum Abschied aus dem Springsport gewannen sie gemeinsam drei Goldmedaillen und 125 Springen. Zur „Wunderstute" wurde Halla, als sie Winkler 1956 in Stockholm zum Olympiasieger der Springreiter machte. Winkler zog sich im ersten Umlauf des Parcours einen Muskelriss in der Leiste zu. Trotz großer Schmerzen ging er zum entscheidenden zweiten Umlauf an den Start. Als ob sich die Stute dieser Situation bewusst gewesen wäre, trug sie Winkler nahezu ohne Zügelhilfen des Reiters fehlerfrei über den Parcours. Winkler charakterisierte Halla als „eine Mischung aus Genie und irrer Ziege".

Literarischer März

Neben Kultureinrichtungen und Veranstaltungen, die allen Bürgern dienen, unterstützt die Stadt auch die Entwicklung der Künste. Um die Lücke im literarischen Sektor zu schließen, will man ein Forum für junge deutschsprachige Lyrik schaffen, um junge Literatur institutions- und gruppenfrei fördern zu können. Ein Anfang ist bereits 1968 mit der Verleihung des Leonce- und Lena-Preises für neue Lyrik gemacht. Zweck soll sein, alle zwei Jahre auf Einladung der Stadt eine Tagung für junge deutschsprachige Literatur stattfinden zu lassen, auf welcher junge Autoren durch Lesungen zu Wort kommen und durch Preise, Stipendien oder Abdruck gefördert werden können. Diese Tagung in der Loge, zu welcher jeweils eine siebenköpfige Jury gebildet und ein Ehrengast geladen wird, heißt gemäß ihrem Termin „Literarischer März".

Anstecker des DGB zum 1. Mai im Flower-Power-Stil

Der weiße Kopf

Architekturstudenten stellen nach dreimonatiger Arbeit Ende August den „Weißen Kopf", eine von Harald Männle als Übungsarbeit entworfene, sieben Meter hohe Großplastik aus Styropor auf der Lichtwiese auf, Anfang November wird sie mit letzten Arbeiten am Fundament vollendet. Die rund 17 000 Mark teure und rund 6,5 Tonnen schwere Attraktion für Darmstädter und ihre Besucher, für das Fernsehen und die Presse des In- und Auslands hält auch den ersten Winterstürmen mit Windböen bis zu 180 km/h stand. Die ursprünglich für drei Wochen geplante Aufstellung der Plastik besteht schließlich bis zur ihrer wegen zunehmender Verwitterungsspuren veranlassten Demontage 1987.

Der weiße Kopf

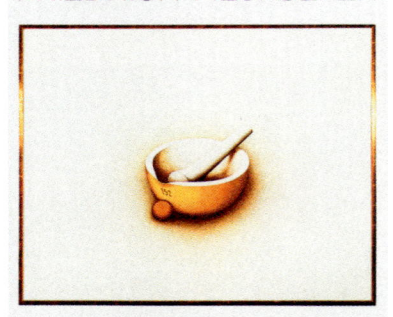

FRIEDRICH MECKSEPER

29. Juli bis 2. September 1979
Di.-So. 10-13 Uhr und 15-18 Uhr
montags geschlossen

KUNSTHALLE DARMSTADT

Ausstellung der Ölbilder und des graphischen Werks von Friedrich Meckseper vom 2. Juli bis 2. September in der Kunsthalle. Er gilt als „der" Radierer der deutschen Gegenwartskunst

Einweihung eines Neubautrakts für die Psychiatrische Abteilung des Elisabethenstifts am 28. Juni. Unter der Leitung des Chefarztes Eugen Wolpert wird in Verbindung mit dem neu begründeten „Verein zur Förderung sozial-psychiatrischer Versorgung" ein „Darmstädter Modell" der bundesweit propagierten „gemeindenahen Psychiatrie" entwickelt

---

1979

WAS SONST NOCH GESCHAH

14. Februar: Einweihung eines Kinderhorts im historisch restaurierten Bessunger Forstmeisterhaus von 1725.

25. März: Verleihung des in diesem Jahr gedritteilten „Leonce-und-Lena-Preises" an die Schriftsteller Rainer Malkowski, Rolf Haufs und Ludwig Fels im Rahmen des neu geschaffenen „Literarischen März".

23. April: Die berühmte Londoner Zeitung „Times" will ihre erste Auslandsausgabe in Darmstadt drucken lassen.

4. Mai: Einführung der elektronischen Datenverarbeitung in der Kraftfahrzeug-Zulassungsstelle.

2. Juni: Demonstration von rund 700 Radlern für eine Verbesserung des Radwegenetzes in Darmstadt.

6. Juli: Zusammenschluss der Handwerkskammern Frankfurt und Darmstadt zur Handwerkskammer Rhein-Main.

14. Juli: Der Darmstädter TH-Professor Bert Breuer stellt sein Forschungsergebnis „Das Auto der Zukunft" vor. Es zeichnet sich durch verbesserte Sicherheit, Umweltfreundlichkeit und geringen Benzinverbrauch aus.

24. August: Thomas-Mann-Schule und Friedrich-Ebert-Schule bieten neben zwei weiteren Schulen zum neuen Schuljahr erstmals Förderstufenunterricht an.

17. September: Sechzehn „Grüne" gründen einen Kreisverband in Darmstadt. Sie beschließen jedoch, im Kommunalwahlkampf nicht gegen die Wählergemeinschaft Darmstadt anzutreten.

3. Oktober: Mit der Übergabe des Hallenzentrums an die SGA (Sportgemeinschaft Arheilgen) wird der Ausbau der Sportanlagen am Arheilger Mühlchen abgeschlossen.

5. November: Einweihung des Fürstensaals am Hauptbahnhof nach umfangreichen Restaurierungsarbeiten.

11. Dezember: Ein orkanähnlicher Sturm richtet schwere Schäden an und entwurzelt mehr als 10 000 Bäume.

1980 Luisenplatzumbau abgeschlossen

WAS SONST NOCH GESCHAH

30. Januar: Mit der offiziellen „Enthüllung" der Bauschilder beginnt der mehrfach verzögerte Bau der bereits vor Jahren trassierten Entlastungsstraße von der Autobahnzufahrt Pfungstadt/Darmstadt-Eberstadt zum Bessunger Donnersbergring (Neue Bundesstraße 3).

29. Februar: Eröffnung des „halb-Neun-Theaters". Premierenabend ist der 6. März mit dem Programm „Keine Fragen mehr" von Dieter Hildebrandt und Werner Schneyder.

11. März: Das am 13. Dezember des Vorjahres auf Initiative von Karl Dedecius gegründete „Deutsche Polen-Institut" wird mit einem Festakt im Kleinen Haus des Staatstheaters eröffnet. Sitz des Instituts ist das neu hergerichtete Olbrich-Haus am Alexandraweg.

31. August: Nach einem Platzkonzert des Grenzschutz-Musikkorps eröffnet Wirtschaftsminister Herbert Karry am Sonntag die erste Darmstädter „Hessenschau", an der sich 326 Aussteller beteiligen.

6. September: Auf der Mathildenhöhe wird als dritte Folge der Aufarbeitung von Darmstadts Kultur- und Kunstgeschichte die Ausstellung „Darmstadt zur Zeit des Barock und Rokoko" eröffnet.

5. Oktober: Die ganze Nation wartet am Abend der Bundestagswahl auf Darmstadt. Wegen Zählpannen im Gebietsrechenzentrum gibt der Bundeswahlleiter das vorläufige Endergebnis um 2 Uhr morgens ohne die Darmstädter Endzahlen bekannt.

2. November: Mit getrennten Gottesdiensten und gemeinsamem Empfang werden im „ökumenischen Kirchenzentrum" Neu-Kranichstein die ev. Philippus- und die kath. St. Jacobus-Kirche eingeweiht.

21. November: Die chinesische Tong-Ji-Universität in Shanghai und die Technische Hochschule schließen im Darmstädter Schloss einen Vertrag über die Erneuerung der schon vor dem Weltkrieg begonnenen Zusammenarbeit.

8. Dezember: Das mobile „Kinder- und Jugendtheater Rhein-Main" spielt erstmals im Justus-Liebig-Haus.

Er ist fast so schön wie der Markusplatz in Venedig" lobt OB Heinz Winfried Sabais den neu gestalteten Luisenplatz, den er in einer Feierstunde am 28. Juni der Bürgerschaft übergibt. Zugleich wird im dritten Stock des Luisencenters eine Ausstellung zur Geschichte und zur Neuplanung des Platzes eröffnet. Nach dem Abschluss der Bauarbeiten für das Luisencenter und den Tunnel unter der Wilhelminenstraße war eine Neugestaltung des nunmehr als Fußgängerzone ausgewiesenen Platzes geboten, die jedoch die Nutzung durch Busse und Straßenbahnen berücksichtigen musste. Mit der Neugestaltung beauftragt wurde der Stadtplaner Herbert Lindinger. Die gesamte Platzfläche ist neu gepflastert worden. Weiße Linien aus Marmor durchlaufen das Pflaster und betonen die architektonische Strenge des Luisenplatzes. Poller wurden um die Notausstiege herum aufgestellt. Die beiden von Olbrich geschaffenen Brunnen sind wieder instand gesetzt. Vor den Brunnen sind neue Ruhebänke aufgestellt worden, ebenso sind die Wartehäuschen an den Haltestellen erneuert worden. Nur der von mehreren Seiten ausgesprochene Wunsch nach einer Begrünung – mit Ausnahme der äußeren Platzecken – hat sich nicht erfüllen lassen. Leider fällt die Feier zur Eröffnung des neu gestalteten Platzes buchstäblich ins Wasser. Dauerregen macht den Organisatoren einen Strich durch die Rechnung.

Der Luisenplatz nach Abschluss der Neugestaltung im Juni 1980; der „Lange Ludwig" ist für die Feiern zum Stadtjubiläum geflaggt

Beim 18. Rhein-Mainischen Gardetreffen am 20. Januar wird in einem Zugwagen Stadtbaurat Herbert Reisser wegen umstrittener Lärmschutzmaßnahmen auf der Heinrichstraße angegriffen, die die Stadt so gestaltet hat, dass es auf Darmstädter Seite leiser und auf Bessunger Seite lauter ist

Neues Frauenhaus

Im neu eingerichteten „Haus für Frauen und Kinder" in Arheilgen können am 20. Januar nach Bewilligung eines Landeszuschusses die ersten Zimmer bezogen werden. Betreut wird das Haus vom Deutschen Frauenring.

Neues Gästehaus

Unter dem Namen „Georg-Christoph-Lichtenberg-Haus" wird die für 2,5 Mill. DM renovierte ehemalige Villa Hagenburg an der Dieburger Straße als künftiges Gästehaus für TH und GSI am 23. Juni ihrer neuen Bestimmung übergeben.

Die mit dem „Prolog" in Frankfurt gestartete „Tour de France" rollt auf ihrer ersten Etappe am 29. Juni auf der B 3 durch Darmstadt; um 10.05 Uhr flitzt der Franzose Yves Bertrand als Vorreiter der Kavalkade von 126 Fahrern über den Platz vor dem Kennedy-Haus; nach wenigen Minuten ist alles vorbei

650 Jahre Verleihung der Stadtrechte

Der Festakt zum Stadtjubiläum im Luisencenter am Heinerfestwochenende (5. Juli) beginnt mit der Uraufführung der von Wolfgang von Schweinitz komponierten „Festlichen Intrada", eines Auftragswerkes zur Stadtrechtsfeier, durch das Orchester des Staatstheaters. Nach der Begrüßungsansprache von OB Heinz Winfried Sabais erfolgt die Verleihung der Freiherr-vom-Stein-Plakette an die Stadt Darmstadt. Den Festvortrag zum Thema „Bürgertum und Bürgerschaft" hält Dolf Sternberger. Die Stadt Darmstadt feiert die 650. Wiederkehr des 23. Juli 1330, an dem Kaiser Ludwig der Bayer dem Grafen Wilhelm von Katzenelnbogen Stadtrechte für seinen Ort Darmstadt verlieh, mit einer Vielzahl von Veranstaltungen, die sich über das ganze Jahr erstrecken.

Plakat der Stadt Darmstadt zum Stadtjubiläum

Neue Mehrheit im Stadtparlament

1981

Die Kommunalwahl am 22. März endet mit einem Patt zwischen den beiden großen Parteien CDU (42,6%) und SPD (41,4%), die beide je 30 Sitze in der STAVO erreichen. Da eine Große Koalition unter einem OB Metzger nicht in Frage kommt und der Stimmenanteil der FDP (4 Sitze) nicht für eine Fortsetzung ihrer bisherigen Koalition mit der CDU ausreicht, wird die Wählergemeinschaft Darmstadt (WGD) mit ihren 7 Sitzen für die ebenfalls erstarkte SPD zum „Königsmacher": Am 21. Mai wählt die neue Koalition Günther Metzger (SPD) zum Nachfolger des im März verstorbenen OB Heinz Winfried Sabais. Ein von der WGD durchgesetzter Beitritt der Stadt zur Kommunalen Arbeitsgemeinschaft gegen den Ausbau des Flughafens Frankfurt bleibt vorerst ohne Bedeutung.

Amtseinführung des neuen Oberbürgermeisters Günther Metzger. Vereidigung durch Stadtverordnetenvorsteher Günter Pitthan am 24. Juni

Verbandsklage verzögert Bau der Südumgehung Eberstadt

Nach über zehn Jahren Bürgerprotest in Eberstadt kommt 1981 endlich die Planung für die Südumgehung Eberstadt zum Abschluss. Der vom hessischen Verkehrsminister Klaus-Jürgen Hoffie angeordnete umgehende Vollzug des Planfeststellungsbeschlusses lässt allerdings nur vorübergehend Hoffnung auf eine zügige Lösung der Verkehrsprobleme im Eberstädter Ortskern aufkommen. Da der von Hoffie zugesicherte Bestandsschutz für das Nadelöhr Kühler Grund den interessierten Naturschutzverbänden nicht ausreicht, ziehen BUND und die Hessische Gesellschaft für Ornithologie und Naturschutz mit einer Verbandsklage – der ersten Deutschlands – gegen das Verkehrsprojekt vor Gericht.

„Tod eines Schülers"

Im ZDF läuft am 18. Januar die Fernsehserie „Tod eines Schülers" an, die in Darmstadt besondere Aufmerksamkeit erregt, da sie vor Ort gedreht wurde und ihr Drehbuch von dem Darmstädter Autor Robert Stromberger stammt.

Literarischer März 1981. Verleihung des Leonce und Lena-Preises an Ulla Hahn während der abschließenden Pressekonferenz am 29. März

Abbau und Verpackung der Ströher-Sammlung am 10. März im Hessischen Landesmuseum nach ihrem Verkauf an das Museum für Moderne Kunst in Frankfurt/Main

Am Drehort der ZDF-Fernsehserie „Tod eines Schülers" im Hof der Liebig-Schule. Der Berliner Schauspieler Till Topf als Claus Wagner

Die Stadt lässt „ihren" SV Darmstadt 98 im Dunkeln stehen

Obwohl der SV Darmstadt 98 mit dem diesjährigen Aufstieg in die Erste Fußballbundesliga selbst die beste Werbung für sich macht, muss er nach etlichen herben Abfuhren auf dem Spielfeld am Jahresende auch noch eine politische durch die Stadt Darmstadt hinnehmen. Bei nur fünf Gegenstimmen beschließt die Stadtverordnetenversammlung am 15. Dezember, den Sportverein nicht bei der Finanzierung eines neuen Flutlichts im Böllenfalltorstadion zu unterstützen. Das Votum für eine finanzielle Beihilfe der Stadt an den SV 98 kam ursprünglich von der FDP, wurde aber auch von OB Metzger mitgetragen. Mit dieser Vorstellung konnte er sich jedoch weder bei seiner eigenen Partei, der SPD, noch beim Koalitionspartner WGD durchsetzen. Letztere hatten deswegen sogar mit der Ablehnung des gesamten Haushalts gedroht.

WAS SONST NOCH GESCHAH

16. Februar: Landesdenkmalpfleger Gottfried Kiesow erklärt das Jugendstil-Ensemble auf der Mathildenhöhe zum Denkmal von nationaler Bedeutung.

18. März: Ein Polizeieinsatz beendet die sechsstündige Besetzung des Jägerhausblocks in der Kranichsteiner Straße.

29. März: Die Martinskirche wird von den aus dem Jägerhausblock vertriebenen Hausbesetzern besetzt. Die Gemeindepfarrer Gieselmann und Courtin sprechen sich gegen einen Polizeieinsatz aus.

16. April: Wiederaufstellung der Hirschköpfe am Fasanerietor nach grundlegender Restaurierung. „Schützt Darmstadt" konnte ein fehlendes Hirschohr im Original wiederbeschaffen und anfügen lassen.

16. Mai: Nach einem 4:0 beim SC Freiburg steigt der SV Darmstadt 98 zum zweiten Mal in die Fußball-Bundesliga auf – und wird, wie schon 1978/79, am Ende der Saison wieder absteigen.

23. August: Elfstündiges Musikfestival „Rock-City-Darmstadt" vor 40 000 Zuhörern im Stadion am Böllenfalltor mit internationalen Gruppen wie Blue-Oyster-Cult und Kansas.

27. September: Feier des bundesweit ausgerufenen „Autofreien Sonntags" in der Innenstadt. OB Metzger verkündet die Freigabe der Fußgängerzone für Radfahrer.

1. Oktober: Die Maschinenfabrik Schenck stiftet zum 100-jährigen Firmenjubiläum den Carl-Schenck-Preis für Nachwuchsforscher der Technischen Universität.

19. Oktober: An der Hammelstrift in Neu-Kranichstein beginnt der Bau von 26 Eigenheimen nach einer Modellplanung des Instituts für Wohnen und Umwelt.

11. Dezember: Lech Walesa, Führer der unabhängigen polnischen Gewerkschaft „Solidarität", dankt Mitgliedern des Darmstädter Sportvereins Blau-Gelb auf einer Gewerkschaftsversammlung in Danzig für die Überführung einer größeren Lebensmittelspende nach Polen.

1982 — A-, B- und C-Kurse in der Schule

WAS SONST NOCH GESCHAH

1. Januar: Das Hessische Oberbergamt in Wiesbaden genehmigt die Einrichtung einer Mülldeponie in der Grube Messel. Bis zum Sommer werden beim Verwaltungsgericht Darmstadt 39 Einspruchs-Klagen eingereicht.

22. Januar: Am Hauptbahnhof wird das neue Konferenzhotel Maritim mit 624 Betten eröffnet.

10. Februar bis 7. März: Mit Unterstützung der ESOC wird im Landesmuseum die Ausstellung „Meteosat – Der deutsche Wettersatellit" veranstaltet, die 50 000 Besucher anlockt.

28. April: Die ASC-Leichtathletin Charlotte Teske gewinnt vor zwei Millionen Zuschauern den 86. Boston Marathon.

21. Mai: Die Bundesbahnstrecke zwischen Darmstadt und Roßdorf wird stillgelegt.

28. Juni bis 3. Juli: Der Darmstädter Schwimm- und Wassersportclub 1912 richtet im Jahr seines 70-jährigen Bestehens die Deutschen Meisterschaften im Schwimmen aus.

30. Juli: Nach einem ersten Salmonellen-Alarm am 28. Mai wird der Woog schon zum zweiten Mal in diesem Jahr für den Badebetrieb gesperrt. Nach erneuter Verunreinigung wird die Badesaison am 31. August vorzeitig beendet.

7. Oktober: Die Wilhelminenpassage wird festlich eröffnet. Knapp vier Wochen später wird auch die HEAG-Passage zwischen Luisen- und Ernst-Ludwig-Straße als öffentlicher Durchgang freigegeben.

27. November: Der Förderkreis Hochzeitsturm wird gegründet.

13. Dezember: Der Kreistag Darmstadt-Dieburg stimmt der Bildung eines „Abfallentsorgungsverbundes" mit der Stadt Darmstadt zu.

15. Dezember: Bei einem Sprengstoffanschlag in der Darmstädter Jefferson-Siedlung wird ein amerikanischer Soldat verletzt. Einen Tag zuvor hatten Unbekannte in Butzbach und Frankfurt Anschläge auf amerikanische Einrichtungen verübt.

Die Bernhard-Adelung-Schule nimmt am 2. August als erste integrierte Gesamtschule Darmstadts nach den Sommerferien den Unterricht auf. Zunächst sind nur 115 Schüler von der Neuregelung betroffen, da die bestehenden Haupt- und Realschulklassen parallel zur schrittweisen Einführung der Gesamtschule auslaufen. Die integrierte Gesamtschule ist eine Alternative zum traditionellen dreigliedrigen Schulsystem. Wie in der Grundschule sollen die Schüler und Schülerinnen unabhängig von ihrem sozialen Stand durch ein längeres gemeinsames Lernen in leistungsgemischten Klassen mit der Fachleistungsdifferenzierung in A-, B- und C-Kursen gefördert werden. Der Einführung der integrierten Gesamtschule in Darmstadt ist eine jahrelange Diskussion vorausgegangen, die bis in die 1960er Jahre zurückreicht. Schon 1969 wird die Einrichtung der neuen Schulform angeregt und im Darmstädter Schulentwicklungsplan von 1970 verankert. Doch erst nach der Einführung der Förderstufe im Jahre 1980 wird die Umstrukturierung der Bernhard-Adelung-Schule beschlossen.

Plakat zur Graham-Sutherland-Ausstellung auf der Mathildenhöhe.

Der von dem Aachener Bildhauer Bonifatius Stirnberg geschaffene Datterichbrunnen vor dem Luisencenter wird am 18. August von Oberbürgermeister Günther Metzger der Öffentlichkeit vorgestellt

Bundeskanzler Helmut Schmidt bei seinem Besuch in Darmstadt am 2. September, von links Oberbürgermeister Günther Metzger, dahinter leicht verdeckt der Leiter der Mathildenhöhe Bernd Krimmel, Bundeskanzler Helmut Schmidt und Pfarrer Manfred Knodt

1200 Jahre Eberstadt

Bereits zwölfhundert Jahre sind vergangen, seit „Eberstat" in einer im Reichskloster Lorsch ausgestellten Schenkungsurkunde des fränkischen Edelmanns Walther und seiner Gemahlin Williswind vom 1. September 782 erstmals erwähnt wurde. Die Eberstädter, im Volksmund „Gaaßehenker" genannt, feiern das Stadtteiljubiläum mit Ausstellungen, Konzerten, Vorträgen sowie Tanz- und Sportveranstaltungen. Den Höhepunkt bilden die vom 5. August bis zum 5. September stattfindenden Festwochen, die mit der Eberstädter Kirchweihe zeitlich zusammengelegt worden sind. Am 22. August findet nach einem ökumenischen Festgottesdienst der Festakt in der Sporthalle auf dem Waldsportplatz statt, an dem auch der hessische Ministerpräsident Holger Börner teilnimmt. Anschließend wird eine von Gotthelf Schlotter geschaffene Plastik, der Eberstädter Watz, in den neu gestalteten Modau-Anlagen hinter dem Rathaus enthüllt.

Der „Eberstädter Watz" von Gotthelf Schlotter wird enthüllt

In Sorge um die bedrohte Umwelt

1983

Der Bau der Startbahn West ruft ebenso Gegner auf den Plan wie die Umgehung Eberstadts mit der Bundesstraße B 426, die die Landschaft zerschneidet und Erholungsgebiet vernichtet. Ebenfalls wird der Erhalt der Obstbaumwiesen gefordert. Der „Arbeitskreis Eberstadt" sammelt Unterschriften für Verkehrsberuhigung im Ortskern, die nicht nur Bewohnern, sondern auch der Geschäftsbelebung zugute kommen soll. Entgegengesetzter Meinung ist allerdings die „Interessenvertretung der gastronomischen und gewerblichen Anlieger der Heidelberger Landstraße Süd".
Der Individualverkehr setzt aber nicht nur Anliegern von Hauptstraßen zu, sondern muss auch für das überdurchschnittliche Baumsterben verantwortlich gemacht werden. Die besorgniserregende Umweltbelastung Darmstadts findet sogar Niederschlag im Umweltatlas des Magazins Geo. Die Arbeitsgemeinschaft Umweltschutz AGU protestiert vehement und mit Erfolg gegen den Heizkesselbau der Firma Merck. Nachdem sich innerhalb eines Jahres die Waldschäden verdreifacht haben, wird ein Rettungsprogramm mit Kalk, Magnesium und Phosphor entworfen, um den pH-Wert des durch schwefeldioxydhaltigen Regen verursachten sauren Waldbodens zu erhöhen.
Während Überlegungen zur Einschränkung der schädlichen Immissionen angestellt und eine Veranstaltungsreihe zum Modellvorhaben „Umweltfreundliche Stadt" eröffnet werden, will die Stadt den Bürgern auch Mut zu begrünten Wänden

Aufruf der „Bürgerinitiative gegen die Flughafenerweiterung", keine „Startbahnpartei" bei der hessischen Landtagswahl am 25. September zu wählen

machen. Sie selbst rüstet die städtischen Fahrzeuge mit Katalysatoren aus und bietet als erste Stadt in der Bundesrepublik ihren Bürgern das umweltfreundlichere, bleifreie Benzin an.

Gegen Ausländerfeindlichkeit

Das diesjährige „Vaddertags-Festival" im Schloss steht unter dem Motto „Gegen Ausländerfeindlichkeit". Neben Folklore, Spezialitäten aus verschiedenen Ländern gibt es Vorträge und Diskussionsgruppen. „Im Wartezimmer zum Glück" lautet eine Ausstellung im Justus-Liebig-Haus zur Gastarbeiterproblematik.
Die Arbeitsgemeinschaft für Spätaussiedler hilft der etwa drei- bis viertausend Spätaussiedlern, die zunächst in Wohnheimen unterkommen, bis für sie Arbeit und Wohnung gefunden ist, mit Mitteln aus Mitgliedsbeiträgen und Spenden. Sie bietet Unterstützung bei Sprachschwierigkeiten, dem Umgang mit Behörden und bei finanziellen Angelegenheiten sowie in politischen und rechtlichen Fragen. Trotz unterschiedlicher Weltanschauung hofft man, dass die Integration in der zweiten oder dritten Generation gelingt. Um ausländische Mitbürger handelt es sich auch bei den aus unterschiedlichen Ländern stammenden Asylanten und Roma und Sinti. Während erstere kaum in der Öffentlichkeit in Erscheinung treten, entbrennt um letztere eine heftige Diskussion, die nach Abriss eines Roma-Hauses in der Arheilger Straße zu eskalieren droht. Die 1979 nach einem „Zigeunerfestival" Eingeladenen durften längst nicht alle bleiben oder ließen sich nicht so unproblematisch integrieren wie erhofft. Die sich zuspitzende Situation veranlasst die Menschenrechtskommission vor Rassismus zu warnen. Die Stadt weist ihnen schließlich am 22. Dezember ein neues Holzhaus zu – Lösungen zur Integration bleiben hier jedoch offen.

Dank einer Spende kann im August für das Museum Künstlerkolonie ein Olbrich-Flügel erworben werden. Insgesamt wurden nur drei Instrumente dieser Art von der Koblenzer Piano-Fabrik Mand um 1900 hergestellt, die ihr ein Weltpatent einbrachten

Einweihung des „Hauses der Vereine" am 16. September in der Oberstraße 16 in Eberstadt, einem Fachwerkhaus aus dem 17. Jahrhundert

Die Filmfamilie „Drombusch" mit dem aus Darmstadt stammenden Schauspieler Günter Strack als „Onkel Ludwig" (Mitte). Robert Stromberger beginnt am 15. Juli mit den Dreharbeiten zu der Fernsehserie

WAS SONST NOCH GESCHAH

3. Januar: Beginn mit dem Sozialwohnungsbau an der Dieburger-, Ecke Heinheimer Straße. Insgesamt sind in dem von Stadt und Land getragenen Bauplan 492 Sozialwohnungen vorgesehen.

1. März: Festnahme der mutmaßlichen Terroristin und Mitglied der Roten Armee Fraktion Gisela Dutzi am Nordbahnhof.

22. März: Ankauf des Archivs und Nachlasses des bekannten Jazz-Kritikers Joachim-Ernst Behrendt durch die Stadt Darmstadt dank der Initiative des OB Günther Metzger.

15. Juni: Peter Benz wird im sechsten Wahlgang Nachfolger von Bürgermeister Horst Seffrin.

4. August: Angebot eines gymnasialen Zweigs durch die Carl-Ulrich-Schule in Arheilgen als zweite integrierte Gesamtschule in Darmstadt mit Beginn des neuen Schuljahrs 1983/84.

18. August: Inbetriebnahme der astronomischen Beobachtungsstation der Volkssternwarte auf der Ludwigshöhe nach sechs Jahren Bauzeit.

15. Oktober: Start einer drei Kilometer langen Menschenkette vom Luisenplatz bis zur Cambrai-Fritsch-Kaserne. Darmstädter Pfarrer, Studenten und Schüler unterstützen die Aktionswoche der Friedensbewegung.

19. Oktober: Einrichtung einer Gruppe für allein erziehende Frauen in der Beratungsstelle „pro familia".

6. November. Tina Turner-Konzert in der Diskothek „Lopo's Werkstatt". In diesem Jahr gastieren auch Sting (mit Police), Udo Jürgens und Mireille Matthieu in Darmstadt. Im Böllenfalltorstadion tritt neben den Woodstockmusikern Crosby, Stills und Nash auch Mike Oldfield auf.

20. Dezember: Die Uraufführung von Giselher Klebes Oper „Die Fastnachtsbeichte" (nach Carl Zuckmayer) wird zum Höhepunkt der Theatersaison.

23. Dezember: Geburt des ersten Retortenbabys in den Städtischen Kliniken. Die Befruchtung außerhalb des Mutterleibes hatte die Erlanger Universitätsklinik vorgenommen.

1984 — Das Pädagog ist wieder erstanden

WAS SONST NOCH GESCHAH

27. Januar: Der Ausbau der früher als Kinderheim genutzten Waldmühle am Rand der Eberstädter Gemarkung als Langzeit-Therapie-Einrichtung für Drogenabhängige ist nach dreijähriger Bauzeit abgeschlossen.

7. März: Der in Darmstadt studierende Algerier Ali Chohra entführt eine Passagiermaschine der Air France auf dem Flug Frankfurt–Paris, kann aber bei einer Zwischenlandung in Genf überwältigt werden.

15. März: Vorstellung des Gedenkbuches „Juden als Darmstädter Bürger", das an den jüdischen Beitrag zur Geschichte der Stadt bis zu den Verfolgungen und Deportationen der NS-Zeit erinnert.

5. April: In der Nacht verlassen die in der Gräfenhäuser Straße untergebrachten 28 Roma aus Furcht vor Ausweisung ihr Holzhaus. Der Bau wird abmontiert und in der Rodgaustraße als Jugendzentrum wieder aufgebaut.

8. Juni: Kirchenpräsident Helmut Hild und Karl Lehmann, Bischof von Mainz, besuchen das Ökumenische Zentrum in Kranichstein und zeigen sich beeindruckt von der Pionierarbeit auf dem Gebiet der Ökumene, die dort geleistet wird.

29. Juni: Der seit Wochen laufende Druckerstreik führt vor der Zufahrt zur Druckerei des „Darmstädter Echo" zu heftigen Krawallen mit Polizei- und Feuerwehreinsatz, als Streikposten die Auslieferung der „Notzeitung" verhindern wollen. Ab 2. Juli streiken auch die „Metaller" bei Schenck und der Bosch-Fernseh-GmbH.

23./24. November: Tausende Festmeter Holz fallen in der Nacht einem Orkan zum Opfer, der mit Windstärke 10 in der Umgebung von Darmstadt tobt. Bäume werden entwurzelt, viele Straßen sind gesperrt. Dabei sind im Darmstädter Wald noch nicht einmal die Schäden beseitigt, die ein Gewittersturm Anfang Juli angerichtet hat.

28. Dezember: Die Stadt Darmstadt kauft für 20 000 DM die Jazzbibliothek des Münchener Sammlers Andreas Masel, etwa 1500 Bände, für das Internationale Musikinstitut. Die Bibliothek erweitert die im Vorjahr angekaufte Jazz-Sammlung von Joachim Ernst Behrend.

Mit einem Tag der offenen Tür wird 40 Jahre nach seiner Zerstörung das wieder aufgebaute Pädagog seiner neuen Bestimmung übergeben. Nach jahrelangen Bemühungen der eigens gegründeten „Bürgeraktion Pädagog" haben im November 1980 die Arbeiten für den Wiederaufbau begonnen. Das Restaurant im Gewölbekeller konnte seine Pforten bereits im Juli 1983 öffnen. Hier findet auch die Statue der „Darmstadtia", die 1864–1905 als „Hassia" den Ludwigsplatz und danach den Taunusplatz zierte, ihren geschützten Standort. Die Räume der oberen Geschosse werden in Zukunft vom Ludwig-Georgs-Gymnasium, Alice-Eleonorenschule und Volkshochschule genutzt. In den Turmzimmern sind die Bürgeraktionen „Schützt Darmstadt" und „Altes Pädagog" untergebracht.

Das Pädagog nach der Zerstörung 1944 (oben) und nach der Wiederherstellung im September 1984 (rechts)

Museumsneubau – ohne Bestände

Als das hessische Landesmuseum am 26. Mai seinen Neubau für die Kunst des 20. Jahrhunderts eröffnet, ist die Sammlung des Industriellen Karl Ströher, die dort eigentlich gezeigt werden sollte, zum Teil nach Frankfurt abgewandert, wo sie künftig einen wesentlichen Bestandteil des Museums für Moderne Kunst bilden wird. Ströher, Gründer und Vorstand der Wella AG, hat schon seit Ende der 1960er Jahre mit dem Land Hessen über einen Anbau an das Museum für seine Kunstsammlung verhandelt, an der er sich sogar mit einer Million DM beteiligen wollte. Seit 1970 war ein Teil der Sammlung im Landesmuseum ausgestellt. Als die Landesregierung nach langem Zögern die Finanzierung des Anbaus 1981, vier Jahre nach dem Tod Ströhers, genehmigte, zogen die Erben die Kunstsammlung im selben Jahr ab. Ein Teil geht nach Frankfurt, der Rest wird auf Auktionen versteigert. Im Neubau für die Kunst des 20. Jahrhunderts zeigt das Landesmuseum nun Kunstwerke aus eigenen Beständen und Leihgaben des Mannheimer Sammlers Hans Rudolf Frank, die nach gescheiterten Ankaufsverhandlungen mit den Erben später ebenfalls abwandern.

Hessisches Landesmuseum, Anbau für die moderne Kunst, Entwurf des Architekten Reinhold Kargel

Das Zeitalter der Mülltrennung beginnt

Anfang Dezember beginnt im Gervinusviertel und in Neu-Kranichstein das Zeitalter der Mülltrennung. In einem halbjährigen Versuch sollen die Bewohner dieser Stadtviertel ihren Hausmüll vorsortieren. Papier, Glas, Kunststoff, Metall, Textilien und Holz kommen in die neu aufgestellten Wertstofftonnen, der übrige Hausmüll wie bisher in die Restmülltonne. Die erstmalige Leerung der Tonnen erfolgt am 7. Dezember. Die eingesammelten Wertstoffe werden von einer Spezialfirma sortiert und wieder verwertet. Die Stadtverwaltung erhofft sich von der Maßnahme eine Verringerung des stetig anwachsenden Müllbergs, denn trotz der schon längere Zeit aufgestellten Container für Glas und Papier wandern immer noch 50 Prozent des Altglases und 80 Prozent des Altpapiers in die Müllverbrennungsanlage.

Altpapier-Recycling in Eberstadt

„Trimm Dich" auf Rädern

Am Sonntag, dem 15. April, startet der Bund deutscher Radfahrer seine bundesweite Trimm-Dich-Aktion in Darmstadt. Einige Hundert Teilnehmer radeln um 11.00 Uhr vom Luisenplatz zum Steinbrücker Teich, wo nicht nur eine Bescheinigung, sondern auch eine stärkende Gulaschsuppe auf sie wartet.

Abschied vom City

Der 14. August wird Darmstadts Cineasten als trauriges Datum in Erinnerung bleiben: Nach über 30-jährigem Bestehen schließt das Filmkunst-Kino City der Familie Ritter in der Schulstraße. Zum Abschied sind noch einmal Hits der 70er und 80er Jahre zu sehen: Hal Ashbys „Harold and Maud" und Carlos Sauras „Carmen". Das 1955 ursprünglich als Tageskino gegründete City nahm in der Darmstädter Kinoszene einen besonderen Rang ein: seit 1961 war es von seinen Inhabern Walter und Anneliese Ritter ausschließlich als anspruchsvolles Programmkino geführt worden und hatte hierfür seit 1972 mehrfach Auszeichnungen des Bundesinnenministeriums erhalten. Nur mit öffentlicher Unterstützung hatte es seit 1979 eine Rentabilitätskrise meistern können. Ein städtisches Zuschussmodell und neue Programmstrukturen konnten das City aber nicht über das Datum des Auslaufens seiner Mietverträge im Jahre 1985 hinaus sichern.

In der Ausstellung „Darmstadt innovativ" auf der Mathildenhöhe demonstriert am 26. September die Region Südhessen wissenschaftliche und technische Leistungen. Eine Satellitenschaltung vermittelt zwischen der Mathildenhöhe und einer Plexiglaskuppel auf dem Luisenplatz

Empfang für Büchner-Preisträger Heiner Müller am 18. Oktober in der Orangerie mit Eintrag in das Goldene Buch der Stadt Darmstadt

Mollerbau endlich erlöst

Am 16. Oktober macht der Darmstädter Magistrat endgültig den Weg frei für den geplanten Umbau der Mollerbauruine zum Hessischen Staatsarchiv. Das Liegenschaftsamt wird zum Abschluss eines Vertrages mit dem Land Hessen ermächtigt, in dem man dem Land die Theaterruine als Geschenk überlässt. 76 Millionen Mark will das Land Hessen für den Einbau des Staatsarchivs aufbringen, der Beginn der Baumaßnahmen ist bereits für 1986 geplant. Die guten Nachrichten für das Staatsarchiv überschatten allerdings das 25-jährige Jubiläum des Theaters am Platanenhain, das mit seiner Boulevardbühne seit 1972 im hinteren Teil des ehemaligen Landestheaters residiert. Theaterleiter Dieter Rummel darf sich aber Hoffnungen auf den Umzug seiner Bühne in den Büchner-Saal der ehemaligen Artilleriekaserne Bessunger Straße 125 machen. Von dem drohenden Auszug unbeeindruckt gibt das TAP zum Jubiläum an alter Stelle im Februar das Lustspiel „Zum Teufel mit dem Sex".

Grube Messel

In seiner Nummer vom 13. Juni berichtet das Darmstädter Echo von einem neuen paläontologischen Sensationsfund in der Grube Messel, der in Forscherkreisen weltweit Aufsehen erregt. Nach abgeschlossener Präparation kann Grabungsleiter Wighart von Koenigswald das im Vorjahr gefundene Fossil nun in einer Themenausstellung des Landesmuseums erstmals öffentlich zeigen. Es handelt sich um einen etwa 70 cm langen Insektenfresser, der nach Meinung der Experten vor 50 Millionen Jahren mit seinem Rüssel durch den Laubgrund der Messeler Urwälder schnüffelte. Auch zum Zeitpunkt dieser neuerlichen Fundveröffentlichung hält die Stadt Darmstadt weiterhin „eisern" an dem geplanten Ausbau der Grube Messel zur Mülldeponie fest.

Das Darmstädter Kabarett „Die Heimleuchter" um Radiomoderator Rainer Witt überreicht OB Metzger am 3. Februar den „Goldenen Heimleuchter 1984" „wegen auffälliger Unentschlossenheit in Sachen HEAG-Hallen"

Veranstaltung der „Aktion Menschen für Menschen" in der Loge mit Karl-Heinz Böhm am 16. September

---

1985

WAS SONST NOCH GESCHAH

25. Januar: Grundsteinlegung für das Studentenwohnheim des Bauvereins in der Nieder-Ramstädter Straße.

1. März: Die Stadt Darmstadt eröffnet eine Schuldnerberatungsstelle im Sozialamt und die Deutsche Post ein Telekommunikations-Center am Luisenplatz.

10. März: Die SPD geht als stärkste Fraktion aus der Kommunalwahl hervor. Ergebnis der Koalitionsverhandlungen ist eine große Koalition aus CDU und FDP. OB Metzger bleibt seiner bereits im Januar verkündeten Linie treu, dass für ihn eine Zusammenarbeit mit den Grünen nicht in Frage komme.

31. März: Unter dem Titel „Durchblick – Kunst aus der DDR" zeigt der Kunstverein erstmals Kunst aus dem „anderen Teil Deutschlands" in Darmstadt.

23./24. April: Inoffizielle und öffentliche Premiere des Jazz-Domizils Bessunger Jagdhofkeller unter dem Forstmeisterplatz.

20. Mai: Stadtbaurat Rösch und der Gartenamtsleiter Mederake stellen den ersten Abschnitt der Eberstädter Modaupromenade zwischen Heidelberger Landstraße und Kirchstraße vor.

18. Juni: Mit einem Jahr Verspätung wird im Eberstädter Mühltalbad die Riesenrutschbahn eingeweiht.

2. Juli: Die ESOC übernimmt die Steuerung der europäischen Raumsonde Giotto.

3.–11. August: Bei den Schwimm-Europameisterschaften in Sofia siegen die Darmstädter Thomas Lebherz und André Schadt mit den Staffeln über 4x100 Meter Lagen und 4x100 Meter Freistil.

8. November: Freigabe der B 426 zwischen Kühler Grund und Karlsruher Straße; auch die Schnellstraße vom Ostbahnhof zur B 26 bei Dieburg ist seit heute offen.

15.–16. November: Ein Experten-Symposium zum Thema Stadtmuseum untermauert die von OB Metzger favorisierten Neubaupläne am Osthang der Mathildenhöhe.

1986 — Eumetsat liefert Satellitenbilder

WAS SONST NOCH GESCHAH

13./14. März: Die von der ESOC in Darmstadt navigierte europäische Raumsonde Giotto erreicht nach ihrer über 700 Millionen Kilometer langen Reise den Halleyschen Kometen. Die Auswertung der zur Erde gefunkten Daten ergibt, dass der Komet zum großen Teil aus Eis und Kohlenstoffverbindungen besteht.

3. April: Die Eberstädter Mühltalstraße muss an der Kreuzung zur neuen B 426 wegen drohenden Steinschlags gesperrt werden. Erst am 25. April ist die Straße nach Abschluss der Sicherungsarbeiten wieder befahrbar.

1. Juni: Auf der Mathildenhöhe wird die gemeinsam mit GSI und TH veranstaltete Ausstellung „Symmetrie" eröffnet.

1. August: Das von Wissenschaftlern der Technischen Hochschule entwickelte ferngesteuerte Hybrid-Flugzeug „Helitruck" absolviert auf der Lichtwiese erfolgreich seinen Erstflug.

10. Oktober: Der schweizerische Dramatiker und Erzähler Friedrich Dürrenmatt wird im Staatstheater mit dem Georg-Büchner-Preis ausgezeichnet.

15. November: Mit der Diplompädagogin Kaj Fölster setzt der Magistrat die erste externe Frauenbeauftragte der Stadt Darmstadt ein. Sie ist die Ansprechpartnerin für alle Darmstädter Bürgerinnen. Die interne Frauenbeauftragte Gudrun Groothuis-Eckhardt ist schon seit Januar tätig und kümmert sich um die Gleichstellung der Frauen innerhalb der Stadtverwaltung.

23. November: Die Bürgeraktion „Synagoge `88" und die Gesellschaft für Christlich-jüdische Zusammenarbeit veranstalten zugunsten der in der Wilhelm-Glässing-Straße geplanten Synagoge ein Wohltätigkeitskonzert mit dem Geiger Yehudi Menuhin. Die Benefizveranstaltung bringt fast 36 000 DM ein.

2. Dezember: Vor der Kunsthalle wird der nördliche Säuleneingang des ehemaligen Rheintors wieder aufgebaut. Die Sandsteinsäulen und -kapitele sind Anfang der 1960er Jahre abgetragen und im städtischen Bauhof gelagert worden. Der Portikus soll zukünftig den Eingang zu einem Skulpturengarten bilden.

Wie wird das Wetter morgen? Diese Frage wird täglich mit Hilfe der Wetterdaten beantwortet, die die Satelliten des Meteosat-Systems an das Kontrollzentrum der Europäischen Organisation für meteorologische Satelliten (Eumetsat) in Darmstadt liefern.

18 europäische Staaten und ihre nationalen Wetterdienste sind derzeit in der 1986 gegründeten Organisation zusammengeschlossen, die ihren Sitz nach langen Verhandlungen – entscheidend war die räumliche Nähe zum Kooperationspartner ESOC – in Darmstadt erhalten hat. Schon am 20. August tritt der leitende Organisations-Rat, dem Vertreter aller Mitgliedsstaaten angehören, erstmals in der Orangerie zusammen. Zu den Hauptaufgaben der Eumetsat gehört die Entwicklung, Unterhaltung und Nutzung meteorologischer Satellitensysteme. Die von den Wettersatelliten zur Erde gesendeten Bilder und Daten werden in Darmstadt gesammelt, ausgewertet und in alle Welt übertragen. Sie dienen zur Vorhersage des Wetters, werden aber auch zur langfristigen Überwachung und Erforschung des Klimas genutzt.

Das Reaktorunglück von Tschernobyl

Nach dem Reaktorunglück in Tschernobyl zieht eine radioaktive Wolke über Südhessen hinweg. Am 1. und 2. Mai wird in Darmstadt eine erhöhte Strahlenkonzentration gemessen, die für Kleinkinder den Grenzwert erreicht. Auch wenn sich die Belastung der Luft bald auf das normale Maß reduziert, sorgt man sich in der Bevölkerung über die möglichen Auswirkungen der freigesetzten Radioaktivität. Die Expertenmeinungen sind widersprüchlich – auch in der rot-grünen Koalition in Wiesbaden herrscht Uneinigkeit über die Einschätzung der Lage. Als im Boden erhöhte Werte gemessen werden, reagiert die Stadt Darmstadt mit der Schließung des Spielbetriebs im Bürgerpark Nord. Weiterhin wird den Sportvereinen empfohlen, vorerst nicht auf Rasenflächen zu trainieren, und Eltern werden davor gewarnt, ihre Kinder auf Spielplätzen und in Sandkästen spielen zu lassen. Die geplanten Maifeste zum Himmelfahrtstag werden abgesagt. Nur das Ludwigshöhfest der Kerbevereinigung Bessungen wird am 8. Mai pünktlich um 10.00 Uhr eröffnet.

Yehudi Menuhin nach dem Benefizkonzert vor dem Modell der geplanten Synagoge, von links nach rechts: Vorstandsmitglied der Jüdischen Gemeinde Moritz Neumann, Yehudi Menuhin, Generalmusikdirektor Hans Drewanz, Margaret Prinzessin von Hessen und bei Rhein und der Vorsitzende der jüdischen Gemeinde Josef Fränkel

Am 30. September wird das traditionsreiche „Darmstädter Tagblatt" eingestellt, das erstmals 1738 von dem Buchbinder Johann Christoph Forter als „Darmstädtisches Frag- und Anzeigungs-Blättgen" herausgegeben worden ist.

Parallel zur Symmetrie-Ausstellung auf der Mathildenhöhe veranstaltet die Technische Hochschule Darmstadt vom 13. bis 19. Juni ein interdisziplinäres wissenschaftliches Symposium

Taucher des Darmstädter Unterwasserclubs suchen nach den Meteoriten, die im Februar die mysteriösen Löcher in der Eisdecke des Teiches am Kalkofen verursacht haben sollen. Die Suche verläuft ergebnislos

Am 22. März besetzen zehn Arbeitslose, Studenten und Lehrlinge das seit zwei Jahren leerstehende so genannte Roma-Haus in der Fuhrmannstraße 9. Mit Erfolg – noch am selben Tag bietet Oberbürgermeister Metzger einen vorläufigen Nutzungsvertrag für das Gebäude an

Darmstadt im Georg-Büchner-Jahr

1987

Anlässlich des 150. Todestages von Georg Büchner wird mit einer Ringvorlesung der TH das „Büchner-Jahr" eingeleitet. Das Staatstheater zeigt am 13. Juni das Schauspiel „Leonce und Lena" und am 5. November die Oper „Dantons Tod" von Gottfried von Einem. Das deutsche PEN-Zentrum veranstaltet ebenfalls aus diesem Anlass seine Jahrestagung in Darmstadt. Etwa 50 Lesungen finden im Februar in Darmstädter Schulen statt, im Justus-Liebig-Haus ist eine öffentliche Podiumsdiskussion geplant. Der Philatelistenverein bietet im Februar einen Sonderstempel an und am 19. Februar legt die Stadt einen Kranz auf Büchners Grab in Zürich nieder. Eine von Land und Stadt gemeinsam ausgerichtete Ausstellung wird am 12. Juli auf der Mathildenhöhe mit dem Titel „Georg Büchner: Revolutionär – Dichter – Wissenschaftler" eröffnet.

„Unfriedliche" Verleihung des Georg-Büchner-Preises an Erich Fried

Auch die Herbsttagung der Akademie für Sprache und Dichtung steht unter dem Zeichen Büchners: „Im Namen Georg Büchners: Das Los des Literaturpreises". Während der Tagung wird auch der entsprechende Preis am 17. Oktober an Erich Fried verliehen. Er dankt mit einer auf den Namenspatron des Preises bezogenen Rede. Hierin bezeichnet er die Bundesrepublik als „Unterdrückungsstaat" und provoziert mit der Äußerung: „Büchner wäre heute Mitglied der Baader-Meinhof-Gruppe", die Beifall und Buhrufe hervorruft. Der anschließende Empfang der Stadt Darmstadt führt zum Eklat, als Oberbürgermeister Günther Metzger die Rede des Preisträgers kritisiert, die eine „doppelte Moral" dokumentiere. Fried und ein Teil der Akademiemitglieder verlassen den Saal. Erst eine von Akademie-Präsident Herbert Heckmann vermittelte Entschuldigung kann den Frieden wieder herstellen.

Ilse Langner, die vor 24 Jahren aus ihrer schlesischen Heimat nach Darmstadt kam, bei ihrem 80. Geburtstag in der Loge, rechts OB Sabais

Der Kunstverein feiert am 13. Juni in der neu eröffneten Kunsthalle mit der Ausstellung „Rätsel Wirklichkeit" sein 150. Gründungsjubiläum. Die klassizistischen Säulen von Georg Moller, die einst Bestandteil des ehemaligen Stadttores in der Rheinstraße waren, werden wieder aufgestellt. Am 25. August wird dem Verein die Silberne Verdienstplakette durch die Stadt Darmstadt verliehen

Festival der Pedale, hier: im Herrngarten

WAS SONST NOCH GESCHAH

Januar: Einführung des Kabelfernsehens in Darmstadt.

16. Januar: Bestattung der am 21. Mai 1899 geborenen Dichterin Ilse Langner auf dem Alten Friedhof.

4. Februar: Geburt des ersten in Darmstadt durch das von Prof. Gerhard Leyendecker eingeführte „In-Vitro-Fertilisationsprogramm" (künstliche Befruchtung) gezeugten Retortenbabys in der hiesigen Frauenklinik. Das erste in Darmstadt geborene Retortenbaby wurde vor vier Jahren in Erlangen gezeugt.

10. März: Auszeichnung für das von E. Merck und Bayer/Leverkusen entwickelte Heilmittel gegen die Tropenseuche Bilharziose mit dem „Prix Gallia" in Paris.

28. März: Einzug der Eberstädter Stadtteilbibliothek in die renovierte Gerberei in der Oberstraße.

April: Aufruf zum Ostermarsch gegen Atomwaffenstandorte.

25./26. Juli: Erstes Darmstädter Champagnerfest in der Orangerie.

21. August: Erstes Darmstädter Knoblauchfest auf Anregung des Buchhändlers Hans-Dietrich zur Megede, das bundesweit Aufsehen erregt und dessen Erlös Karlheinz Böhms Äthiopienhilfsprojekt „Menschen für Menschen" zugute kommt.

25. Oktober: Einweihung des Neubaus für die Akademie für Tonkunst in der Ludwigshöhstraße.

6. Dezember: Im Kernkraftwerk Biblis ereignet sich ein schwerer Störfall durch „menschliches Versagen". Erst ein Jahr später wird er von einem US-Magazin aufgedeckt.

16. Dezember: Gründung des „Zentrums für Interdisziplinäre Technikforschung" (ZIT) an der Technischen Hochschule. Direktorin wird die spätere Ministerin für Wissenschaft und Kunst, Prof. Evelies Mayer.

31. Dezember: Erstmalige Schließung des Schlachthofs wegen gravierender Mängel bei der Abwasserentsorgung.

1988 Eine neue Synagoge für Darmstadt

WAS SONST NOCH GESCHAH

7. Februar: Eine Ausstellung in der Kunsthalle zeigt Plastiken und Zeichnungen des seit 1951 in Darmstadt tätigen Bildhauers Gotthelf Schlotter; Titelbild des Katalogs ist der 1983 geschaffene „Vogelbrunnen" im niedersächsischen Vogelpark Walsrode.

24. Februar: Die Darmstädter Schriftstellerin Gabriele Wohmann wird in Schloss Biebrich mit dem Hessischen Kulturpreis ausgezeichnet.

1. April: Das Diakonische Werk eröffnet in der Kiesstraße eine Teestube für nicht Sesshafte mit Aufenthaltsräumen, Küche und Bad.

29. Mai: „That's Jazz. Der Sound des 20. Jahrhunderts" ist das Thema einer Multi-Media-Dokumentation auf der Mathildenhöhe, die in Zusammenwirken mit dem 1983 eingerichteten Jazz-Zentrum des Internationalen Musikinstituts vorbereitet wurde.

21. Juli: Um die Verschuldung des Fußball-Zweitliga-Vereins SV 98 abzubauen, kauft die Stadt für 2,2 Millionen DM das vereinseigene Böllenfalltor-Stadion.

31. September: Nach den NATO-Herbstmanövern machen 5000 amerikanische Soldaten bei Darmstadt Station. Auf den Truppenübungsplätzen am Eberstädter Weg wird eine riesige Zeltstadt aus dem Boden gestampft.

10. Oktober: An der Klappacher Straße wird der Grundstein für den Neubau des Polizeipräsidiums gelegt.

31. Oktober: In der IHK wird das „Hessische Design-Zentrum" aus der Taufe gehoben, das die 1986 mit dem Abzug des „Rats für Formgebung" aus Darmstadt entstandene Lücke schließen soll.

15. November: Nach anderthalb Jahren Bauzeit weiht das Fernmeldetechnische Zentralamt Darmstadt in der Hilpertstraße sein neues Bildungszentrum ein, in dem Postmitarbeiter aus ganz Deutschland künftig ihre Fortbildungsseminare absolvieren.

24. November: Die Rollhockeymannschaft des RSC Darmstadt, die in diesem Jahr Deutscher Meister geworden ist, wird von Bürgermeister und Sportdezernent Peter Benz im Rathaus empfangen.

Die Jüdische Gemeinde Darmstadt kann 50 Jahre nach der Zerstörung der Darmstädter Synagogen durch die SA-Büttel des Nazi-Regimes in einem Gedenk- und Festakt die neu errichtete Synagoge in der Wilhelm-Glässing-Straße übernehmen, deren Errichtung die Stadtverordnetenversammlung im Dezember 1984 beschlossen hat. Über 200 in den 1930er Jahren aus Darmstadt geflüchtete Juden nehmen als Gäste der Stadt an der Feier teil. Die aus Spenden finanzierten Glasfenster des britischen Künstlers Brian Clarke verleihen dem neuen Gotteshaus einen besonderen Akzent. „Die Synagoge ist kein Geschenk der Stadt an ihre jüdischen Bürger, vielmehr wird ihnen eine von drei 1938 zerstörten Synagogen zurückgegeben", stellt OB Günther Metzger in seiner Einweihungsrede fest.

Die neue Synagoge in der Wilhelm-Glässing-Straße

Es fehlen Wohnungen

Die Wohnungsnot in Darmstadt ist das beherrschende sozialpolitische Thema in der zweiten Jahreshälfte 1988. Das Diakonische Werk und der Caritasverband schlagen Anfang Dezember die Bildung einer Arbeitsgemeinschaft öffentlicher und privater Träger zur Behebung der Wohnungsnot in Darmstadt vor. Diese soll Maßnahmen beraten und durchführen, etwa die Einrichtung einer „Fachstelle" für Obdachlose und Wohnungsnotfälle. Erhaltenswerter und preisgünstiger Wohnraum, so wird gefordert, muss saniert und für bestimmte Bevölkerungsgruppen die Belegungsrechte für diese Wohnungen gesichert werden. Am 13. Dezember stürmen etwa 200 Teilnehmer einer Demonstration gegen Wohnungsnot den Sitzungssaal der gerade tagenden Stadtverordnetenversammlung, entrollen Transparente und fordern in Sprechchören lautstark ein Ende der nach ihrer Meinung katastrophalen Wohnsituation. Als die Polizei den Sitzungssaal und die Empore räumt, kommt es zu Rangeleien mit den Demonstranten. Die Besetzung dauert etwa eine Stunde.

Modell des neuen Postamtes am Hauptbahnhof, das Ende 1988 präsentiert wird. Die Grundsteinlegung für den Neubau erfolgt am 29. Februar des folgenden Jahres

Luftaufnahme des Schlachthofs in der Frankfurter Straße nach der Schließung am 31. August

Anlässlich des Jubiläums „100 Jahre Eingemeindung Bessungens nach Darmstadt" wird im Juli an der ehemaligen Gemarkungsgrenze zwischen Bessungen, Nieder-Ramstadt, Traisa und Ober-Ramstadt ein neuer „Grenzstein" aufgestellt

„Kleine Woogsbande"

Die Polizei meldet am 21. November das Ende der „Kleinen Woogsbande", einer Gruppe von 13 Kindern zwischen zwölf und 16 Jahren, die seit dem Frühjahr 42 Straftaten begangen und dabei einen Schaden von rund 120 000 DM angerichtet haben.

Städtepartnerschaften

Mit einer Feier im Luisencenter beginnen am 16. Juni die „Jubiläumsfestwochen der Städteverschwisterungen". Höhepunkte sind ein Folklore-Festival auf dem Luisenplatz und zwei Konzerte des unter Leitung von Georg Mechlenburg organisierten „Europa-Jugendorchesters" mit jungen Musikern aus acht Partnerstädten. Die polnische Stadt Plock schließt am 24. September mit Darmstadt einen Städtepartnerschafts-Vertrag.

Kulturabkommen

Nach Abschluss des innerdeutschen Kulturabkommens gibt die DDR dem Schlossmuseum im Juni 1988 214 Gemälde zurück, die 1944 im Zuge der Evakuierung nach Ost-Berlin und Schloss Heidecksburg in Rudolstadt gelangt waren.

Kunststreit um Landesozialgericht

1989

Am 14. April, gut neun Monate nach dem eigentlichen Bezug des Hauses, weiht Hessens Justizminister Karl-Heinz Koch das neue Landessozialgericht am Steubenplatz ein, welches hinter seiner zeitgemäß geschwungenen Fassade auch das Sozial- und Arbeitsgericht Darmstadt sowie den Familiensenat des Oberlandesgerichtes Frankfurt beherbergt. Grund für die Verzögerung der Einweihung ist ein heftiger Meinungsstreit um den als „Kunst am Bau" in Auftrag gegebenen Bilderzyklus des Wiener Malers Alfred Hrdlicka zu Motiven aus Büchners „Woyzeck" und „Lenz". Vor allem die drastischen Darstellungen sexueller Begierden, mit denen Hrdlicka Woyzecks Fieberfantasien interpretiert, bringen die Gemüter auf und sorgen für Unruhe im Gerichtsgebäude. Die abgelehnten Bilder sollen nun ab September zunächst in einer von Diskussionen begleiteten Ausstellung im Gebäude gezeigt werden, bevor über ihre endgültige Hängung entschieden wird.

Schadensfeuer in der Müllverbrennungsanlage

Am 6. Juni brennt die im Rohbau stehende Müllverbrennungsanlage in der Pallaswiesenstraße wegen Unachtsamkeit bei Schweißarbeiten aus. Es entsteht ein Schaden von 50 Millionen Mark, der die Fertigstellung um ein weiteres Jahr verzögert. Damit verschärft sich die ohnehin prekäre Darmstädter Müllsituation erneut. Schon im Januar werden alle Baustellenabfälle aus Darmstadt nach Schöneiche bei Potsdam umdirigiert. Diese umstrittenen DDR-Exporte kommen ins Zwielicht, als der Beamte aus dem hessischen Umweltministerium, der die Kontakte geknüpft hatte, kurz darauf Geschäftsführer jener Privatfirma wird, die am Müllexport in die DDR verdient.

Brand der Müllverbrennungsanlage

Anklageerhebung im Schlachthofprozess

Im Zusammenhang mit Missständen im städtischen Schlachthof erhebt die Staatsanwaltschaft Mitte Juli Anklage gegen den Darmstädter Oberbürgermeister Günther Metzger, die hauptamtlichen Stadträte Wolfgang Rösch und Heino Swyter sowie den ehemaligen Umweltdezernenten Willy Glas.
Die Strafverfolgungsbehörde legt den vier Kommunalpolitikern umweltgefährdende Abfallbeseitigung durch pflichtwidriges Unterlassen zur Last und wirft ihnen vor, den Schlachthof bis zu seiner Schließung Ende August 1988 ohne die erforderliche Genehmigung betrieben zu haben. Entgegen der Abwassersatzung sollen Blut, Jauche, Tierkörperreste und Fette ohne Beachtung der vorgeschriebenen Grenzwerte ins Kanalnetz geflossen sein.

Chinesische Studenten demonstrieren am 5. Juni auf dem Luisenplatz gegen das Tianmen-Massaker in Peking am 3. und 4. Juni

Am 24. November wird auf dem Marktplatz das Anfang März aufgestellte Original von Waldemar Grzimeks Bronzeplastik „Berserker" gegen einen Zweitguss ausgetauscht

Öffnung der DDR-Grenzen

Nach der Öffnung der innerdeutschen Grenze nehmen DDR-Bürger am 18. November in der Hauptpost am Luisenplatz das offizielle Begrüßungsgeld und Geschenkpäckchen des Darmstädter Echo in Empfang

WAS SONST NOCH GESCHAH

25. Januar: Die 1988 begründete Hessische Kulturstiftung sichert den Verbleib des „Beuys-Blocks" im Landesmuseum; der Kaufpreis für das Ensemble des 1986 verstorbenen Künstlers beträgt 16 Millionen DM.

17. Februar: Vorstellung des ersten städtischen Kinderbeauftragten: Hans-Joachim Möglich, Schulamtsdirektor beim Regierungspräsidium i. R.

19. Februar: Erstverleihung des von dem Darmstädter Geschäftsmann Walter Steinmetz gestifteten Alternativen Büchner-Preises in der Orangerie an Walter Jens, Laudator ist der FAZ-Redakteur Marcel Reich-Ranicki.

3. März: Mit einem zweimonatigen Probelauf nimmt die TSG 1846 ihre Eissporthalle an der Kastanienallee im Bürgerpark Nord in Betrieb.

12. März: Die Kommunalwahlen führen zu einer Erneuerung der sozialliberalen Koalition unter OB Günther Metzger, der die auf 19% gewachsenen Grünen weiterhin als Koalitionspartner ablehnt.

18. Juli: Reithalle und Stallungen des ehemaligen Hessischen Landgestüts am Kavalleriesand brennen in der Nacht ab. Drei Pferde kommen in den Flammen um.

21. August: Für eine Woche umgibt die Installation „WAND SCHRANK WAND" der holländischen Raumdesignerin Anke Mensing den Langen Ludwig mit 63 Schränken.

28. September: Das Teilstück der Nordtangente zwischen Kranichsteiner Straße und Otto-Röhm-Straße wird für den Verkehr freigegeben.

9. Oktober: Mit einem Räumungsverkauf leitet die Raumausstattungs-Firma Tritsch & Heppenheimer die Aufgabe des 1929 begründeten Unternehmens ein.

4. Dezember: Die Spur der Mörder des am 30. November durch ein Bombenattentat der RAF umgekommenen Vorstandssprechers der Deutschen Bank, Alfred Herrhausen, verliert sich in Darmstadt; vergeblich durchsucht die Polizei die rund 140 Wohnungen des Appartementhauses an der Pützerstraße.

1990 — Orkan Wiebke wütet in Darmstadt

WAS SONST NOCH GESCHAH

1. Januar: Ein ökumenischer Gottesdienst bildet den Auftakt zu einer Reihe von Veranstaltungen zum 400-jährigen Bestehen des Martinsviertels.

28. März: Mit der Einführung des neuen Präsidenten des Posttechnischen Zentralamts wird auch der Bezug des rund 170 Millionen DM teuren Neubaus in der Hilpertstraße gefeiert.

18. Mai: Der Erweiterungsbau des Städtischen Alten- und Pflegeheims in der Emilstraße wird eingeweiht.

14. Juni: In einem Festakt in der Orangerie unterzeichnet die Bürgermeisterin der Stadt Szeged die Urkunde zur Städteverschwisterung.

17. Juni: Der Schriftsteller Martin Walser erhält „für sein mutiges Eintreten für die Einheit der nationalen Kultur" den Ricarda-Huch-Preis.

23. Juni: Auch Freiberg in Sachsen wird Partnerstadt.

6. Juli: Der von der Maschinenfabrik Goebel gestiftete Goebel-Preis wird erstmals für hervorragende wissenschaftliche Leistungen an Studenten und Studentinnen der Technischen Hochschule vergeben.

25. August bis 2. September: Die HEAG präsentiert auf der 11. Hessenschau erstmals die so genannten Niederflurwagen, die den Fahrgästen öffentlicher Verkehrsmittel den Ein- und Ausstieg erleichtern.

Mitte September: Das aus dem Joachim-Ernst-Behrend-Archiv hervorgegangene und als Teil des Internationalen Musikinstituts geführte Jazzinstitut erhält nach seiner Ausgliederung eigene Räumlichkeiten im Kennedy-Haus.

7. Oktober: Der Gründer und langjährige Leiter des Deutschen Polen-Instituts in Darmstadt, Karl Dedecius, nimmt in der Frankfurter Paulskirche den Friedenspreis des Deutschen Buchhandels entgegen.

6. November: Mit einem ersten symbolischen Spatenstich beginnt der Bau von 150 Sozialwohnungen auf dem Gelände der Eberstädter Kliniken. Bauherr des derzeit größten Bauprojekts in Hessen ist der Darmstädter Bauverein.

Der vom Atlantik kommende Orkan Wiebke ist der fünfte schwere Sturm des Jahres 1990. In der Nacht vom 28. Februar auf den 1. März fegt er mit Spitzengeschwindigkeiten bis 200 km/h über die Bundesrepublik hinweg und richtet vor allem in Süddeutschland große Schäden an. In Darmstadts Wäldern zerstört der Sturm allein 800 Hektar Hochwald. Zahlreiche Straßen sind wegen umgestürzter Bäume unpassierbar. Im Stadtbereich werden besonders die Marienhöhe und die Eberstädter Villenkolonie in Mitleidenschaft gezogen. Abgedeckte Dächer, umgeknickte Ampeln und eingedrückte Schaufensterscheiben zeugen von der Gewalt des Sturms. Insgesamt gehen bei Polizei und Feuerwehr über 600 Notrufe ein. Glücklicherweise bleibt es bei Sachschäden – Menschen werden in dieser Nacht in Darmstadt nicht verletzt.

Orkan Wiebke hat den Kohlberg zwischen Eberstadt und Nieder-Ramstadt verwüstet

Einweihung Museum Künstlerkolonie

Am 5. Mai wird im Ernst-Ludwig-Haus auf der Mathildenhöhe das Museum Künstlerkolonie eröffnet. Die Schausammlung dokumentiert die 15-jährige Geschichte der Darmstädter Künstlergemeinschaft und gibt einen Überblick über die Werke ihrer 23 Mitglieder. Zuvor war das in der Darmstädter Brandnacht zerstörte und 1950/51 mit einer vereinfachten Hauptfassade und geänderter Rückseite wieder aufgebaute ehemalige Ateliergebäude von verschiedenen Institutionen wie der Akademie für Sprache und Dichtung und dem Bauhaus-Archiv genutzt worden. Ab 1984 lief die Planung für die Einrichtung eines Jugendstilmuseums und die denkmalpflegerische Rekonstruktion des Gebäudes.

Anlässlich der Eröffnung des Museums Künstlerkolonie findet auf der Mathildenhöhe ein Jugendstilfest statt

GSI – Mit dem Kreisbeschleuniger auf 270 000 km/sec

Nach drei Jahren Bauzeit weiht die Gesellschaft für Schwerionenforschung (GSI) am 23. April die weltweit modernste Beschleunigeranlage für Ionenstrahlen in Wixhausen ein. Bislang arbeitete die GSI mit dem 120 Meter langen Linearbeschleuniger UNILAC, mit dem sich Ionen auf Geschwindigkeiten bis zu 60 000 km/sec beschleunigen lassen. Im neu errichteten Schwerionensynchroton, einem Kreisbeschleuniger, kann der Ionenstrahl in einigen hunderttausend Umläufen weiter auf 270 000 km/sec, also 90 % der Lichtgeschwindigkeit beschleunigt werden. Die 275 Millionen DM teuere Anlage wird von Wissenschaftlern aus aller Welt genutzt, die hier Grundlagenforschung betreiben und immer neue Anwendungen, zum Beispiel neuartige Behandlungsmethoden bei Tumorerkrankungen, entwickeln.

Mit einem kleinen Schulfest wird am 6. Dezember der dreigeschossige Neubau der Arheilger Carl-Ulrich-Schule eingeweiht

Katalog zu der Gedenkausstellung „Alexander Posch. Ein Darmstädter Maler 1890–1950", die vom 21. Januar bis zum 4. März in der Darmstädter Kunsthalle veranstaltet wurde

"Raum der Erinnerungen"

Ein Gedenkraum zur Erinnerung an die drei zerstörten jüdischen Synagogen und an das jüdische Gemeindeleben vor 1938 wird am 3. Oktober im jüdischen Gemeindezentrum eingerichtet. Die Exponate sind überwiegend Fundsachen und Geschenke früherer Gemeindemitglieder. Darunter befinden sich auch Faksimiles von Dokumenten, die in einem Gestapokeller den Krieg überstanden. Sie geben Einblick in das Leben der jüdischen Gemeinde bis zurück ins 18. Jahrhundert, z. B. ihr Hochzeitsgeschenk aus dem Jahr 1777 für den Erbprinzen und späteren Großherzog Ludwig I., als auch der Schreibsekretär in Form eines Thoraschreins zur Vermählung des Großherzogs Ludwig II. mit Markgräfin Wilhelmine. Er wurde nun von Prinzessin Margaret zurückgegeben. Zu den kostbaren Ausstellungsstücken zählen auch das Faksimile der im 15. Jahrhundert entstandenen Pessach-Haggadah, die die Befreiung der Kinder Israel aus ägyptischer Knechtschaft beschreibt sowie eine Ausgabe der Bücher Moses aus dem Jahr 1565. Zu sehen sind u. a. auch die Pläne von Georg Wickop für die orthodoxe Synagoge in der Bleichstraße von 1904, der Gebetsschal von Sigmund Rothschild, dessen Kaufhaus später in den Besitz von Henschel und Ropertz überging, und die Bronzebüste der sich vor Verfolgung sicher geglaubten Maria Trier. Vom Feuer geschwärzte Silberplättchen, Schmuck eines Thora-Samtmantels und eine verbrannte Thorarolle erinnern schließlich an die Pogromnacht 1938.

Gedenkraum der jüdischen Gemeinde in der Wilhelm-Glässing-Straße

Die „Schnelle 6"

Am Samstag, dem 23. Februar, startet die „Schnell-Linie 6" mit einer Probefahrt zwischen Luisenplatz und Eberstadt, bevor sie ab Montag zwischen den Haltestellen „Merck" und „Frankenstein" endgültig in Betrieb geht. Die Expresslinie der Straßenbahn verringert die Fahrzeit insgesamt um neun Minuten und ermöglicht in Ergänzung mit den Linien 7 und 8 einen 7,5-Minuten-Takt. Die Beschleunigung ist v. a. der „grünen Welle" der Ampelanlagen zu verdanken, bei denen die Schnell-Linie mit Hilfe eines Infrarotsenders grünes Licht anfordert. Eine weitere Zeitersparnis wird durch die Reduzierung von 22 auf 13 Haltestellen erreicht. Dies ist vermutlich der Wermutstropfen, der die Einführung der „Schnellen 6" auf eingeschränkte Begeisterung der nicht davon profitierenden HEAG-Fahrgäste stoßen lässt.

Werkschau Ludwig Meidner

Die große Werkschau „Ludwig Meidner – Maler, Zeichner, Literat" eröffnet am 15. September auf der Mathildenhöhe, mit in der prophetischen Voraussicht seiner Kriegsvisionen erschreckt

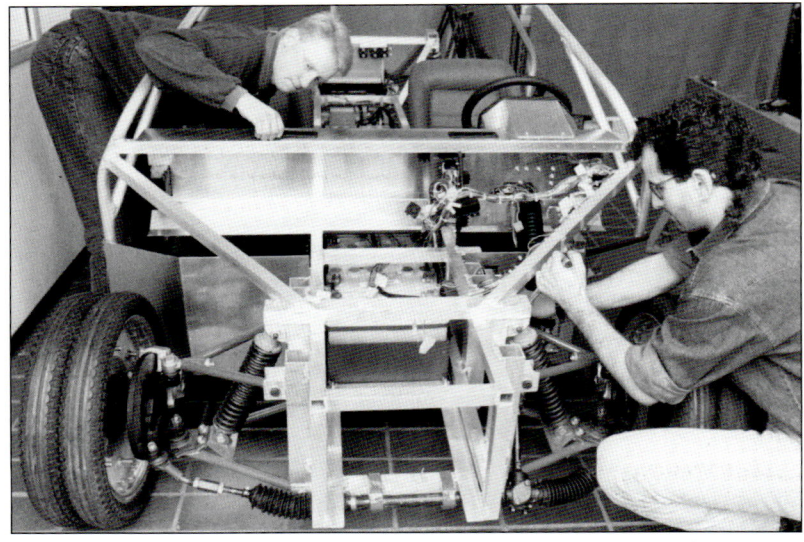

Am 8. November stürzt ein zweimotoriges Privatflugzeug, eine Cessna 310, auf zwei Wohnhäuser in der Karlstraße. Der Pilot, seine Begleiterin sowie eine Hausbewohnerin und ihre Tochter kommen ums Leben, fünf Bewohner werden leicht verletzt. Eine mögliche Ursache wird in der Vereisung der Maschine vermutet

Innenleben des an der FH für den Alltag entwickelten Elektroautos „solitaire"

1991

WAS SONST NOCH GESCHAH

17. Januar: Demonstration von rund 5000 Menschen gegen die UN-Intervention im Golfkrieg. Sie ziehen mit Fackeln vor die Cambrai-Fritsch-Kaserne und halten Mahnwache vor dem Kennedy-Haus.

25. März: Beginn des Schlachthofprozesses vor dem Landgericht Hanau gegen OB Metzger und Stadtrat Heino Swyter wegen zeitweiliger Wiedereröffnung des Schlachthofs trotz nachgewiesener Umweltbelastung.

25. April: Eröffnung der Ausstellung von sieben Skeletten der „Saurier aus China".

1. Juni: Gastspiele von Landes- und Stadttheatern aus Thüringen im Rahmen der Hessischen Theatertage.

14. Juni: Das italienische Brescia wird die 10. Schwesterstadt Darmstadts.

17. Juli: Die ESOC übernimmt die Überwachung des Erderkundungssatelliten ERS 1, der am 26. Juli mit bloßem Auge am Nachthimmel zu erkennen sein soll.

13. August: Erster Schritt zur Umwandlung der Mornewegschule in eine integrierte Gesamtschule; mit dem neuen Schuljahr nimmt sie 160 Kinder in den Klassen fünf und sieben in dieser Schulform auf.

September: Mit Saanen/Gstaad in der Schweiz feiert Darmstadt die 11. Jumelage.

6. September: Eröffnung des 10. Darmstädter Weinfests unter dem Motto „10 Jahre Menschen für Menschen" in der Wilhelminenstraße.

Oktober: Einführung einer kostenlosen Biotonne zur Förderung von nährstoffreichem Kompost und zur Verkleinerung des Müllbergs.

18. Oktober: Einweihung des supraleitenden Linearbeschleunigers „S-Dalinac", mit dem Kernphysiker der TH unerforschten Kernkräften auf die Spur kommen wollen.

19. Oktober: Verleihung des Georg-Büchner-Preises an den Liedermacher Wolf Biermann, der sich mit einer kritisch-provozierenden Rede zur Lage im wiedervereinigten Deutschland bedankt.

1992 Jugendstil-Kleinode in neuem Glanz

WAS SONST NOCH GESCHAH

1. Januar: Das von Prof. José Encarnacao geleitete Institut für graphische Datenverarbeitung avanciert zum „Fraunhofer-Institut". Mit 120 Mitarbeitern zählt es zu den weltweit wichtigsten Instituten dieser Forschungsrichtung.

8. Januar: Der Magistrat beschließt die Erhöhung der Abfallgebühren um 42 %. Hauptgrund des Preisanstiegs ist die kostenaufwendige Sanierung der Müllverbrennungsanlage.

24. März: Im Jugendstil-Fabrikbau der Firma Donges-Stahlbau an der Kirschenallee (vormals Möbel-Alter) wird das Museumsprojekt „Haus für Industriekultur Darmstadt" vorgestellt.

27. Mai: Zur Unterbringung der zahlreichen Flüchtlinge aus den Kriegsgebieten des ehemaligen Jugoslawien wird am Kavalleriesand mit dem Aufbau einer Zeltstadt begonnen.

28. Juni: Auf der Mathildenhöhe wird die gemeinsam mit dem Land Hessen vorbereitete Ausstellung „Georg Christoph Lichtenberg – Wagnis der Aufklärung" zu Lichtenbergs 250. Geburtstag eröffnet. Bis zum Ende der Schau am 30. August werden 19 000 Besucher gezählt.

18. August: Eine Gasexplosion in der Heimstättensiedlung in Folge eines durch einen Jugendlichen manipulierten Gasrohres zerstört ein Doppelhaus, drei Bewohner werden schwer verletzt. Die Druckwelle beschädigt etwa 150 Häuser.

20. September: Eine auf der Mathildenhöhe eröffnete Ausstellung erinnert an den 1842 geborenen Maler Eugen Bracht.

26. September: In Wixhausen wird ein Brandanschlag auf einen polnischen Reisebus verübt. Die Täter, drei junge Männer, werden festgenommen und wegen versuchten Mordes am 19. April 1993 zu zweieinhalb bzw. zwei Jahren Haft verurteilt.

25. November: Im Hausflur einer Apotheke am Ludwigsplatz wird ein ausgesetztes ein bis zwei Wochen altes Baby gefunden. Kurz vor Weihnachten wird der Säugling an Adoptiveltern übergeben.

Im November 1992 können gleich zwei Bauwerke aus der Epoche des Jugendstils einer neuen Bestimmung übergeben werden. Am 14. November wird im renovierten „Haus Deiters" auf der Mathildenhöhe, das Joseph Maria Olbrich seinerzeit für den Geschäftsführer der Künstlerkolonie gebaut hat, die „Darmstädter Galerie des 19. Jahrhunderts" eröffnet. Hier zeigt die Stadt in Zukunft Gemälde und andere Kunstwerke Darmstädter und hessischer Künstler, die bisher zum großen Teil im Depot verborgen waren. Knapp zwei Wochen später weiht die Südhessische Gas und Wasser AG vor dem neuen Verwaltungsgebäude an der Frankfurter Straße einen frisch restaurierten Jugendstilbrunnen ein, den Heinrich Jobst 1907 für den Vorgarten der Großherzoglichen Keramik-Manufaktur in der Noackstraße geschaffen hatte.

Galerie des 19. Jahrhunderts im Haus Deiters auf der Mathildenhöhe

Einweihung des Jugendstilbrunnens von Heinrich Jobst vor dem neuen Verwaltungsgebäude der Südhessischen-Gas und Wasser AG, 27. November

Demonstrationen gegen Rechts

Die sich im Sommer und Herbst des Jahres häufenden Gewalttaten rechtsradikaler Gruppen führen auch in Darmstadt zu Reaktionen. An einer vom PEN-Zentrum organisierten Kundgebung auf dem Luisenplatz am 7. November gegen Ausländerhass in Darmstadt nehmen 1200 Menschen teil. Der Brandanschlag von Mölln in Schleswig-Holstein, bei dem am 22. November drei Menschen ums Leben kommen, zieht in Darmstadt weitere Protestveranstaltungen nach sich. Studentische Gruppen halten Mahnwachen ab. Etwa 1000 Schüler demonstrieren am 3. Dezember gegen Fremdenhass und Rassismus. Der Magistrat untersagt ein für den 15. Dezember in der Eissporthalle angekündigtes Konzert der Rockgruppe „Böhse Onkelz", deren Fans dem rechten politischen Spektrum zugeordnet werden. An Stelle des verbotenen Konzerts findet am selben Tag auf dem Luisenplatz eine Kundgebung „gegen Rechts" statt. Veranstalter ist zusammen mit Stadtschülerrat und Kulturzentrum Oetinger-Villa das neu gegründete Bündnis gegen Rassismus und rechtsextreme Tendenzen, dem etwa 40 Gruppen und Einzelpersonen angehören. Etwa 700 Demonstranten ziehen anschließend zum Karolinenplatz, auf dem mehrere Bands spielen.

Plakat der Ausstellung „Japanische Holzschnitte". Die Kunsthalle Darmstadt zeigt 200 Holzschnitte und Zeichnungen des 19. Jahrhunderts aus einer Kölner Privatsammlung

Rund vierhundert Gäste finden sich am 18. März 1992 bei der Festveranstaltung in der Orangerie zum 90. Geburtstag des Darmstädter Ehrenbürgers Ludwig Metzger ein. In der ersten Reihe v. r.: Wissenschaftsministerin Evelies Mayer, Cornelia und Peter Benz, Ludwig und Gertrud Metzger, Ministerpräsident Hans Eichel, Landtagspräsident Karl Starzacher, OB Günther Metzger

Neue Akzente in der Kommunalpolitik — 1993

Was der 1993 nicht mehr zur OB-Wahl angetretene Günther Metzger stets vehement abgelehnt hatte – die Beteiligung der Grünen an der politischen Verantwortung – wird nach der Kommunalwahl vom 7. März Wirklichkeit. Die Kommunalwahl bringt der Darmstädter SPD erhebliche Verluste (34,2 statt 42,9%). CDU (30,3%) und FDP (7,8%) verzeichnen leichte Stimmengewinne, eigentlicher Wahlsieger sind jedoch die Grünen, die von 19 auf 25,4% zulegen. Die Einigung der Sozialdemokraten und Grünen auf eine Koalition im Stadtparlament gibt auch der notwendigen Nachwahl zum OB am 6. Juni zwischen Gerhard O. Pfeffermann (CDU) und Peter Benz (SPD) die entscheidenden Impulse. Mit Leihstimmen aus dem Lager der Grünen kommt Benz auf über 52% und kann so die Dominanz seiner Partei bei der Besetzung des OB-Postens behaupten. Mit Michael Siebert wird erstmals in Hessen ein Politiker der Grünen zum Bürgermeister gewählt. In einem Festakt am 24. Juni im Luisen-Center übergibt OB Günther Metzger die von ihm nie getragene Amtskette an seinen Nachfolger Peter Benz. Das neue Stadtoberhaupt feiert seinen Amtsantritt am Abend mit einem Open-Air-Konzert in der HEAG-Passage.

Frau Sandra Werner, die Leiterin des Büros der Stadtverordnetenversammlung, macht den neuen OB mit der Bürgermeisterkette vertraut

Gelber Sack – ein neuer Gast im Darmstädter Straßenbild

Im März wird auch Darmstadt von der Mülltrennung des Dualen Systems Deutschland (DSD) erfasst und umweltbewusste Darmstädter werfen Milchtüten, Margarinebecher und Spülmittelflaschen nicht mehr in die Mülltonne, sondern in den gelben Sack. Aus dem „Müllkalender" und den Tageszeitungen erfahren sie die Abholtermine der auf den Bürgersteigen zwischengelagerten Plastiksäcke. Die Bürger erfüllen damit ihren Teil der neuen Verpackungsverordnung, wonach Hersteller und Vertreiber Verpackungen wieder zurücknehmen müssen. Der Part des DSD besteht im Sammeln, Sortieren und Recyceln der anfallenden Wertstoffe. Erste Anlaufschwierigkeiten beim Recycling lässt die Sammelbereitschaft allerdings bereits gegen Jahresende deutlich abflauen.

Städtischer Neujahrsempfang in der Bessunger Orangerie am 10. Januar. Auftritt des Transkarpatischen Tanzensembles anlässlich der Zweitunterzeichnung der Städtepartnerschaft mit Ushgorod/Ukraine

Umweltstrafkammer billigt Metzger „unvermeidbaren Verbotsirrtum" zu

In der zweiten Runde des Schlachthofprozesses gegen Ex-OB Metzger und seinen ehemaligen Umweltdezernenten Heino Swyter vor der Umweltkammer des Landgerichtes Hanau werden beide von dem Vorwurf der umweltgefährdenden Abfallbeseitigung freigesprochen. Bei der von Metzger und Swyter zu verantwortenden Einleitung von Blut und Fett in die Kanalisation und den Darmbach im 1988 geschlossenen Schlachthof habe es sich nach Auffassung des Gerichtes um einen „unvermeidbaren Verbotsirrtum" gehandelt. Wegen einer Fristversäumnis bei der schriftlichen Urteilsbegründung müssen beide Politiker jedoch mit einer Neuauflage des Verfahrens rechnen – sofern der Bundesgerichtshof die damit begründete Revision der Staatsanwaltschaft Darmstadt zulässt.

Lichthof des am 1. März eingeweihten neuen Polizeipräsidiums mit der Freiplastik „Horizonte" (Georg Chr. Lichtenberg) von Christfried Präger

WAS SONST NOCH GESCHAH

30. Januar: Mit einer Lichterkette vom Asylantenlager am Kavalleriesand bis zur Synagoge protestieren 12 000 Menschen gegen den Fremdenhass.

27. März: Ein Kommando der Roten-Armee-Fraktion (RAF) sprengt teilweise den Neubau der Justizvollzugsanstalt Weiterstadt.

30. April: Höhepunkt der Schauspiel-Saison ist die Aufführung von Turgenjews „Ein Sommer auf dem Lande" unter der Regie des künftigen Darmstädter Schauspieldirektors Urs Schaub.

9. Mai: Erste Direktwahl des Oberbürgermeisters. Aus der notwendigen Stichwahl am 6. Juni zwischen Gerhard O. Pfeffermann (CDU) und Peter Benz (SPD) geht Benz als Sieger hervor.

5. August: Das Standesamt eröffnet eine Nebenstelle im Hochzeitszimmer der Großherzogin Eleonore im Hochzeitsturm.

5.–8. August: Weltmeisterschaften im Modernen Fünfkampf. Austragungsorte sind der Bürgerpark Nord, der Reiterhof Kranichstein und die Riflè Range der US-Army in der Dieburger Straße.

1. September: Der US-Amerikaner Richard T. Taube übernimmt die Geschäftsführung der Röhm-Pharma und besiegelt damit die 1992 vollzogene Eingliederung der Darmstädter Chemiefirma in den US-Konzern Procter & Gamble.

14. Oktober: Einweihung des neuen Finanzamtes an der Soderstraße durch die hessische Finanzministerin Anette Fugmann-Heesing.

16. Oktober: Verleihung des Büchner-Preises an den Schriftsteller Peter Rühmkorf. Die Herbsttagung der Akademie für Sprache und Dichtung stand zeitgemäß unter dem Thema „Feindbilder. Die Deutschen und die Fremden".

23. November: Der sächsische Künstler Jürgen Böttcher, der sich nach seinem Heimatort in der Lausitz „Strawalde" nennt, erhält den Darmstädter Kunstpreis 1992.

1994 Keine Rettung für den Poststeg

WAS SONST NOCH GESCHAH

12. Januar: Auf Beschluss des Magistrats sind der Woog und das Arheilger Mühlchen künftig für Eisläufer gesperrt.

10. März: Der 1894 für die Rhein-Neckar-Bahn errichtete Arheilger Bahnhof muss dem S-Bahn-Bau weichen und wird zwischen der Vorbeifahrt zweier Züge, dem Eilzug 3517 und dem Interregio 2054, gesprengt.

14. April: Der Platz am Gleisdreieck Frankfurter Straße/Ecke Bismarckstraße wird feierlich mit der Enthüllung des entsprechenden Schildes als „Willy-Brandt-Platz" benannt.

14./15. Mai: Das von der studentischen AG Hanf organisierte, von Oberbürgermeister Peter Benz verbotene so genannte Cannabis-Weekend führt zu Streit in der rot-grünen Koalition.

10. Juli: Im Hessischen Landesmuseum wird die Ausstellung „Museum der Erinnerungen" eröffnet, bei der 204 Bürger die Vitrinen mit privaten Erinnerungsstücken gestaltet haben.

15. Juli: Erstmals wird der Datterich-Ultra-Triathlon ausgerichtet, bei dem sich zehn Starter einer Mannschaft die Ultra-Distanz von 3,8 km Schwimmen, 180 km Radfahren und 42 km Laufen teilen.

11. September: Mit dem traditionellen nächtlichen Trauergeläut der Darmstädter Kirchen beginnt das Gedenken an den Tag der Zerstörung Darmstadts vor fünfzig Jahren. Schon am 10. September wurde im „Haus der Geschichte" die Ausstellung „Darmstadt in der Stunde Null" eröffnet.

29. Oktober: Einweihung der von Michael Kleinert entworfenen Stadtbibliothek am Justus-Liebig-Haus.

25. November: Das ehemalige Dugena-Gebäude am Haardtring wird nach Abschluss der Umbauarbeiten von der Fachhochschule Darmstadt zur Unterbringung der Fachbereiche Maschinenbau und Sozial- und Kulturwissenschaften übernommen.

8. Dezember: Wissenschaftler der GSI können erneut ein neues chemisches Element nachweisen. Das Element mit der Ordnungszahl 111 erhält am 1. November 2004 den Namen „Roentgenium".

Im Mai wird der von den Bahngleisen zum ehemaligen Postgebäude führende Poststeg aus dem Jahre 1912 abgerissen. Schon im Herbst 1992 hat die Deutsche Bahn beim Regierungspräsidium den Antrag auf Abbruch für das auf fünf Pfeilern ruhende vier Meter breite und 115 Meter lange Brückenbauwerk gestellt, da es den Ausbau der S-Bahn-Strecke stark behindere und die erheblich geschädigte Bausubstanz den Bahnbetrieb gefährde. Der Antrag wurde von der Stadt abgewiesen, da die Brücke zu dem unter Denkmalschutz stehenden Gesamtensemble Hauptbahnhof gehört. Auch das Landesamt für Denkmalpflege verweigerte seine Einwilligung. Das daraufhin als oberste Denkmalbehörde eingeschaltete Hessische Ministerium für Wissenschaft und Kunst erteilte jedoch Ende November 1993 die Abbruchgenehmigung, da die Erhaltung des Kulturdenkmals wegen ungewisser Nutzungsaussichten nicht zumutbar sei. Trotz der Proteste des städtischen Denkmalamts und der Suche nach potentiellen Investoren mit überzeugenden Nutzungsvorschlägen kann der Poststeg nicht gerettet werden. Er wird Anfang Mai für 2,5 Millionen DM abgerissen, obwohl die Kosten für seine Instandsetzung weit niedriger liegen würden.

Der unter Denkmalschutz stehende Poststeg kurz vor dem Abriss im Mai 1994

Darmstadts Archive ziehen in das „Haus der Geschichte"

Am 3. Februar wird das von Georg Moller gebaute ehemalige großherzogliche Hoftheater als Haus der Geschichte eingeweiht. Von dem zwischen 1817 und 1819 im klassizistischen Stil errichteten Bauwerk standen nach der Zerstörung in der Brandnacht 1944 nur noch der Portikus, die Umfassungs- und einige Innenmauern. Jahrzehnte wurde über die Zukunft der Ruine diskutiert – zeitweilig galt der Abriss als unvermeidlich. 1976 erklärte das Land Hessen seine Bereitschaft, einen Ausbau zum Archivgebäude zu unterstützen. Zehn Jahre später konnte mit den Bauarbeiten begonnen werden. Etwa 80 Millionen DM hat das Land Hessen in den Wiederaufbau des Mollerbaus investiert, in dem jetzt auf zehn Ebenen 36,5 Regalkilometer Archivgut untergebracht sind. Das Gebäude beherbergt das Staats- und das Stadtarchiv, das Wirtschafts- und das Hochschularchiv sowie die Karten- und theatergeschichtliche Sammlung der Landeshochschulbibliothek. Weiterhin sind im Haus der Geschichte die Hessische Historische Kommission, der Historische Verein für Hessen und die Familiengeschichtliche Vereinigung untergebracht.

Arts-and-Crafts-Ausstellung

In den Ausstellungshallen der Mathildenhöhe wird am 11. Dezember die Ausstellung „Arts and Crafts. Von Morris bis Mackintosh – Reformbewegung zwischen Kunstgewerbe und Sozialutopie" eröffnet.

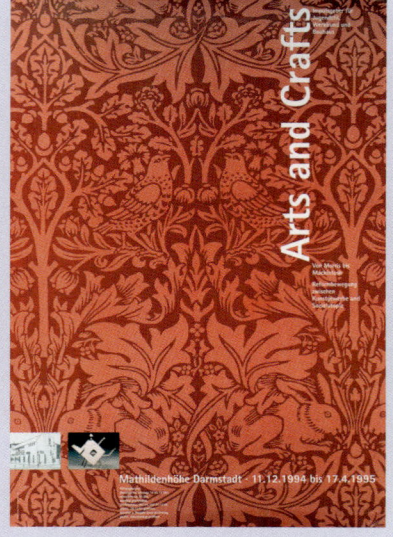

Das Plakat zur Arts-and-Crafts-Ausstellung auf der Mathildenhöhe

Im Karolinensaal wird das „Haus der Geschichte" feierlich eröffnet, in der ersten Reihe von links: TH-Präsident Helmut Böhme, Oberbürgermeister Peter Benz, Wissenschaftsministerin Evelies Mayer, Margaret Prinzessin von Hessen und bei Rhein und Moritz Landgraf von Hessen

Grube Messel wird Weltnaturerbe

1995

Als einziges Weltnaturerbe Deutschlands wird der rund 130 Meter tiefe und im Durchmesser 800 Meter große See vulkanischen Ursprungs in die Liste des Welterbes der Unesco aufgenommen. Dank der mit Algen und Pflanzenresten vermischten Tonmineralien, die sich auf dem Grund des Sees absetzten, konnten die Überreste von Flora und Fauna des Eozän in dem daraus entstehenden Ölschiefer bis in die heutige Zeit gerettet werden. Die weltweite Bedeutung besteht in ihrer hohen Anzahl und in der außergewöhnlich guten Erhaltung der Skelette samt Haut und Haar. 1871 begann der Abbau von Eisenerz und Braunkohle, der die Funde erst ermöglichte. Da sich die Schieferkohle als Brennstoff als ungeeignet erwies, verlegte man sich auf die Gewinnung von Mineralölen und Paraffinen. Im Ersten Weltkrieg galt die Grube sogar als wichtiger Rohöllieferant. Nach dem Zweiten Weltkrieg verlor sie durch das den Markt erobernde Erdöl an Bedeutung und wurde 1962 stillgelegt, 1971 wurde der Tagebau endgültig eingestellt.

Nach vereinzelten Funden um 1875 begannen 1967 die ersten wissenschaftlichen Grabungen, die durch die Pläne einer Mülldeponie gefährdet waren. Messeler Proteste verhinderten dieses Vorhaben. Gesichert wurde die Fundstätte schließlich durch den Erwerb des Landes Hessen, das sie unter Denkmalschutz stellte. Seitdem stehen die Ausgrabungen unter der Leitung des Frankfurter Senckenbergmuseums. Dort, sowie im Hessischen Landesmuseum als auch in Messel werden Fundstücke, von welchen das Urpferdchen wohl zum bekanntesten zählt, für jedermann zur Besichtigung ausgestellt.

Messeler Urpferdchen (Propalaeotherium parvulum) aus der Fossilienfundstätte Grube Messel

Denkmalgeschütztes Kleinod an der Frankfurter Landstraße

Das ehemalige Wohnhaus der Zöllner, die fast verfallene Schreiberpforte, wird am 4. November nach aufwendiger Renovierung und Sanierung eingeweiht. Ihre Geschichte beginnt im Mittelalter als einem von drei Arheilger Ortseingängen. Sie war ursprünglich als Tordurchfahrt ausgebaut mit einer zusätzlichen Behausung für zwei Zollschreiber, die der Pforte ihren Namen gaben. Als die mittelalterliche Zollstelle nach Langen verlegt wurde, behielt sie noch Bedeutung als Einnahmestelle für Wegegeld. Erst 1823 wurde sie wegen Baufälligkeit abgerissen. 50 Jahre später entstand auf den Grundmauern ein Wohnhaus mit landwirtschaftlicher Nutzung, 1963 zogen Künstler ein und gründeten die Galerie „ordo". Doch als die Pforte nach ihrem Auszug leer stand, begann für das denkmalgeschützte, leerstehende Haus eine traurige Zeit. Bis 1985 erforderte sein Zustand eine notdürftige Sanierung, um den endgültigen Verfall zu stoppen. Es dauerte fast zehn weitere Jahre, bis nach Verhandlungen mit Stadt und Denkmalschutz die jetzige Fassade zum Vorschein kam.

Die frisch renovierte „Schreiberpforte" in der Messeler Straße in Arheilgen

Am 1. Juli eröffnet die mit 6 m² wohl kleinste Galerie Darmstadts im ehemaligen 1936/37 für die Wettkampfanlagen im Woog errichteten und seit Jahren leer stehenden Kommandoturm am Woogsdamm an der Beckstraße. In der „Sport-Galerie" sollen Beispiele der Darmstädter Sportgeschichte als soziologischer Teilaspekt der Stadtgeschichte dokumentiert werden

Einweihung des 60 Millionen Mark teuren Neubaus der Eumetsat am Kavalleriesand am 26. Juni, das Daten an Wetterdienste in 17 europäische Länder liefert und einen wesentlichen Beitrag zur globalen Klimaüberwachung leistet. Das Fraunhofer-Institut liefert die entsprechende Software

Was sonst noch geschah

März: Auflösung des 32. Heeresluftverteidigungskommandos der Amerikaner, das im Golfkrieg durch die Abschüsse feindlicher Scud-Raketen bekannt geworden ist.

8. Mai: Einweihung eines Sühne- und Friedensmals im Gedenken an die Opfer des Faschismus von Thomas Duttenhöfer auf dem Kapellplatz. Eine an das Leid der rund 5000 Zwangsarbeiter erinnernde Bronzetafel des Darmstädter Bildhauers Christian Präger wird am Hauptbahnhof enthüllt.

2. Juni: Eröffnung einer „Kommunalen Galerie" im Foyer des Justus-Liebig-Hauses zur städtischen Förderung junger Kunst aus Darmstadt und Umgebung.

28. Juni: Ermordung einer jungen Friseuse und ihres Freundes in der gemeinsamen Wohnung in der Sandstraße. Der aus dem Bekanntenkreis stammende Täter wird erst knapp vier Jahre später durch sein Geständnis ermittelt.

28. Juni: Ernennung des 41-jährigen Bauingenieurs Johann Dietrich Wörner zum neuen TH-Präsidenten.

26. Juli: Das rot-grüne Bündnis zerbricht im Streit um den Haushalt und im Disput über den Wohnungsbau.

4. Oktober: Einführung eines Chipschlüssels als Zahlungsmittel in der Mensa der TH. Er soll zukünftig nicht nur Warteschlangen vermeiden, sondern auch Informationen über die kulinarischen Vorlieben der Studenten liefern.

8. November: Verurteilung des ehemaligen Oberbürgermeisters Günther Metzger durch das Landgericht Darmstadt zu 15 000 DM Geldbuße wegen umweltgefährdender Abfallbeseitigung.

17. November: Der ehemalige Bundeskanzler und Präsident des Deutschen Poleninstituts Helmut Schmidt besucht Karl Dedecius auf der Mathildenhöhe.

Dezember: Entdeckung eines alten Brunnens bei Aushubarbeiten am Arheilger Gasthaus „Zum Goldenen Löwen".

1996 Neue Ausstellung im Landesmuseum

WAS SONST NOCH GESCHAH

7. Januar: Am Darmstädter Krippenbummel, der vor sieben Jahren mit zehn Teilnehmern begann, beteiligen sich in diesem Jahr 24 Kirchengemeinden.

16. Februar: Die Firma Burda Druck kündigt die Schließung ihrer Darmstädter Niederlassung an; rund 600 Arbeitsplätze sind davon betroffen.

1. März: Nach knapp einjähriger Umbauphase wird die frühere Bessunger Turnhalle als Comedy Hall neu eröffnet.

18. März: In der Schuchardtstraße beginnt der Abriss zweier Häuser, um einen Eingangsbereich für die neue Markthalle im Carré zu schaffen.

12. April: Die denkmalgeschützte Tankstelle an der Teichhausstraße wird nach Restaurierung und Modernisierung wieder eröffnet.

29. Mai: Bürgermeister Wolfgang Gehrke stellt erstmals Pläne für die Nutzung des „Boschgeländes" vor, Teil der künftigen Weststadt.

26. Juni: Rund 2500 Teilnehmer demonstrieren bei einem Aktionstag in der Innenstadt gegen Jugendarbeitslosigkeit und Lehrstellenmangel.

14. Juli: Beim Iron Man Triathlon in Roth stellt der Darmstädter Lothar Leder bei seinem Sieg in 7:57:02 Stunden eine neue Weltbestzeit auf und bleibt als erster Triathlet unter acht Stunden.

28. Juli bis 14. August: Die Ferienkurse für Neue Musik feiern 50-jähriges Jubiläum. Einen Rückblick auf 50 Jahre Ferienkurse bietet die Ausstellung „Von Kranichstein zur Gegenwart" auf der Mathildenhöhe.

Oktober: In der Bismarckstraße 3 wird unter dem Namen „Scentral" die erste Kontaktstelle für Drogenabhängige mit einer Substitutionsambulanz für Methadon-Therapien eröffnet.

29. November: Einweihung der neu geschaffenen Stadtteilschule Arheilgen, einer kooperativen Gesamtschule, deren erster Jahrgang seit September im Gebäude der Thomas-Mann-Schule untergebracht ist.

Am 5. Dezember eröffnet das Hessische Landesmuseum nach dreijähriger Umgestaltung die neue Dauerausstellung der Geologisch-Paläontologischen und mineralogischen Abteilung. Sie bietet einen umfassenden Rundgang durch die Erd- und Menschheitsgeschichte. Startpunkt ist die Abteilung Erdgeschichte, von dort geht es in die Mineralogie, in der Mineralien aus der Sammlung Paul Ruppenthal zu sehen sind.

Der folgende Raum über die Anfänge des Lebens auf der Erde wird erst im kommenden Jahr fertig gestellt werden. Es schließt sich die Präsentation von Fossilien aus der Grube Messel an, deren natürlicher Lebensraum vor Augen geführt wird. Besucher können die fossilen Präparate mit plastischen Nachbildungen der damals lebenden Tiere, zum Beispiel des Messeler Urpferdchens, vergleichen. Ein 49 Millionen Jahre altes Krokodil aus der Grube Messel wird für die neue Schau erstmals dreidimensional aufbereitet. Den Abschluss bildet die eiszeitliche Abteilung mit vielen Funden und dem Modell eines Mammutweibchens mit Kind.

Blick in die neue Dauerausstellung im hessischen Landesmuseum: plastisches Modell einer Mammutmutter mit ihrem Kind

Der Marktplatz wird größer und größer

Am 22. Juli beginnt die Neugestaltung des Marktplatzes. Um eine einheitlich Platzanlage zu schaffen, fällt die Fahrbahn der Kirchstraße an der Ostseite weg und wird in die neue einheitliche Pflasterung aus indischem Granit einbezogen. Auch die 50 bisher vorhandenen Parkplätze sind damit weggefallen. An ihrer Stelle werden Bäume gepflanzt und neue Straßenlaternen errichtet. Strahlenförmig geht die neue Pflasterung vom Marktbrunnen aus, der ebenfalls saniert wird. Die Südhessische Gas und Wasser AG übernimmt die Patenschaft für den Brunnen. Am 16. November wird mit Jazz und Glühwein die Fertigstellung des ersten Bauabschnitts gefeiert. Endgültig abgeschlossen sind die Arbeiten erst im Juni 1997. Der Marktplatz besitzt damit den größten Umfang seiner Geschichte. Künftig sollen die im Sommer aufgestellten Tische und Stühle der angrenzenden Cafés und der neu errichteten „Wunderbar" eine mediterrane Atmosphäre schaffen. Nicht verwirklicht worden ist die ebenfalls geplante Verlegung der Haltestelle Schloss vor die Marktplatzfront des Schlosses.

Mit einem Tag der offenen Tür am 17. November wird der Abschluss der acht Jahre dauernden Sanierungsarbeiten am Jagdschloss Kranichstein gefeiert. Der Festakt mit Ministerpräsident Hans Eichel findet am 7. Dezember statt

Das Haus für Industriekultur öffnet am 14. Dezember seine Pforten für das Publikum. In der ehemaligen Halle der Möbelfirma Alter in der Kirschenallee wird die alte Tradition des Buch- und Zeitungsdrucks dargestellt

Beim ersten „Tunnel-Rave" am 19. Oktober frönen 5000 Disco-Fans ihrer Tanzlust im Wilhelminenstraßen-Tunnel, der dafür 24 Stunden gesperrt wird. Mit großem Erfolg wird außerdem am 30. November erstmals in Darmstadt eine Musiknacht veranstaltet: Bei „Live-Musik im Martinsviertel" spielen ab 21.00 Uhr 17 Bands in 17 Kneipen

S-Bahn rückt Frankfurt näher

1997

Am 1. Juni geht im Hauptbahnhof die S-Bahn nach Frankfurt in Betrieb; 580 Millionen Mark wurden in sechs Jahren in die neue Strecke investiert. Die Züge fahren im 30-Minuten-Takt – nicht direkt zum Hauptbahnhof der Mainmetropole, sondern zuerst zu den Arbeitsplätzen und Einkaufsstraßen in der City. Das Angebot findet starken Zuspruch, zugleich wird aber schmerzhaft spürbar, wie schlecht der Darmstädter Hauptbahnhof in das lokale Nahverkehrssystem eingebunden ist. Diskutiert wird, ob die S-Bahn nicht auch Merck und den Ostbahnhof anfahren könnte.

Hoher Besuch

Goldenes Buch der Stadt Darmstadt mit dem Eintrag des Bundespräsidenten Herzog und des polnischen Präsidenten Kwasniewski vom 8. Oktober. Beide sind Teilnehmer einer Podiumsdiskussion über das deutsch-polnische Verhältnis im neuen Europa.

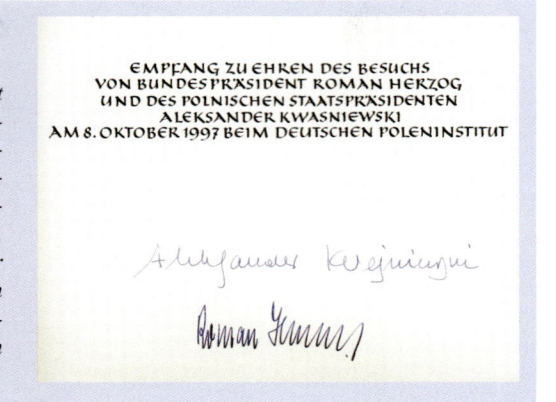

Beerdigung von Prinzessin Margaret in Darmstadt

Am 27. Januar stirbt in Schloss Wolfsgarten Prinzessin Margaret, letzte Angehörige des Großherzoglichen Hauses Hessen-Darmstadt. Sie ist 83 Jahre alt geworden. Bei der Trauerfeier am 31. Januar ist die Stadtkirche überfüllt, die Straßen im Umkreis sind von Passanten gesäumt. Viele Schaulustige warten aber auch nur auf den Auftritt der Royals aus London. Der englische Thronfolger Prinz Charles, ein Großneffe der Darmstädter Prinzessin, und sein Vater Prinz Philip, der Ehemann von Königin Elisabeth, kommen zur Trauerfeier und zur Beisetzung auf der Rosenhöhe.

Amerika-Bibliothek wird geschlossen und aufgelöst

Zum Verdruss aller Liebhaber englischsprachiger Literatur schließt die amerikanische Bibliothek im John-F.-Kennedy-Haus zum Jahresende ihre Pforten. Ihre Trägerin, die Deutsch-Amerikanische Gesellschaft, sieht sich zu ihrer Auflösung gezwungen, nachdem sich Bund und Länder aus ihrer Finanzierung zurückgezogen haben. Die Bestände der Bücherei gehen an die Stadtbibliothek und die Landes- und Hochschulbibliothek, während die Akten der ebenfalls aufgelösten Deutsch-Amerikanischen-Gesellschaft dem Stadtarchiv übereignet werden.

Seit dem 15. Oktober können sich Fahrgäste der HEAG an elektronischen Anzeigetafeln über die Abfahrtszeiten der Bahnen und Busse informieren

Neuer Ortsverwalter in Eberstadt

Joachim Pfeffer (mit Ehefrau Brigitte) wird am 1. Oktober von OB Benz und Bürgermeister Knechtel als neuer Ortsverwalter in Eberstadt eingeführt

Wochenlanger Studentenstreik in Darmstadts City

Tausende von Studenten der Technischen Universität und der Fachhochschulen beginnen Mitte November einen vierwöchigen Vorlesungsboykott als Protest gegen Stellenstreichungen, Mittelkürzungen und schlechte Studienbedingungen. Mit phantasievollen Aktionen machen die Studierenden auf ihre Misere aufmerksam: Vorlesungen werden ins Freie verlagert, der Luisenplatz wird chemisches Labor und „Wohnheim", ein Staffellauf hält den Protest zusätzlich im Bewusstsein der Öffentlichkeit. Mitte Dezember kehrt der Studienalltag zurück, ohne dass die Studenten bei Bund und Ländern konkrete Zusagen erwirken konnten.

Tumult bei „The Boyz"

Ein Autogrammtermin der Teenie-Band „The Boyz" im überfüllten Luisencenter am 19. November muss wegen tumultuarischer Szenen unter den überwiegend weiblichen Fans von den Sicherheitskräften abgebrochen werden.

Plakat und Flyer zur Ausstellung „Die Darmstädter Sezession 1919–1997" vom 25. Mai bis 31. August im Städtischen Ausstellungsgebäude Mathildenhöhe

WAS SONST NOCH GESCHAH

7. Januar: Der hessische Ministerpräsident Hans Eichel macht auf einer Informationstour zur Biotechnologie Station bei der Fa. Röhm.

23. Januar: Im Jugendstilmuseum präsentiert der Bauverein sein Projekt eines Hundertwasserhauses auf dem ehemaligen Schlachthofgelände.

13. Februar: Stadtrat Gerd Grünewaldt und die Leiterin der Sozialverwaltung, Wilma Mohr, stellen in Eberstadt-Süd ein neues Stadtviertelbüro vor, das Anlaufstelle für Problemfälle des Wohngebietes sein soll.

2. März: Die Kommunalwahl bestätigt weitgehend die alten Stimmenverhältnisse. Der starke Auftritt der Liste Europa (LEU) mit 4,5 % verdrängt die FDP aus dem Stadtparlament. SPD und Grüne erneuern ihre 1995 geplatzte Koalition.

15. März: Einweihung eines von Bernhard Meyer gestalteten Denkmals in der Großen Bachgasse für die im Dritten Reich ermordeten Sinti und Roma.

17. April: Eröffnung der neuen Darmstädter Shopping-Mall „Carré" mit angegliedertem Behördenzentrum.

31. Mai: Eröffnung des vom Freundeskreis Stadtmuseum eingerichteten Altstadtmuseums im Hinkelsturm. Hauptattraktion ist das von Christian Häussler gebaute Altstadtmodell im Maßstab 1:160.

15. Juni: 25. Hochzeitsturmfest auf der Mathildenhöhe. Im Rahmenprogramm landet die Weltmeisterin im Zielspringen, Denise Bär, mit ihrem Gleitfallschirm auf dem Europaplatz.

26. Juli: Der Fotograf Pit Ludwig, langjähriger Präsident der Darmstädter Sezession und Mentor der Darmstädter Kunstszene, stirbt im Alter von 81 Jahren in Darmstadt.

23. September: Atomkraftgegner stoppen mit einer Sitzblockade einen Castor-Zug mit radioaktiven Brennelementen zwischen Messel und Kranichstein.

30. September: Eröffnung der neuen Stadtverwaltung im ehemaligen Schlachthof.

1998 — Langer Ludwig wird endlich Heiner

WAS SONST NOCH GESCHAH

27. Januar bis 1. März: Die Kunsthalle am Steubenplatz veranstaltet die Ausstellung „Architektur der fünfziger Jahre – Die Darmstädter Meisterbauten".

15. Februar: In den Ausstellungshallen auf der Mathildenhöhe wird die Retrospektive zum Werk des österreichischen Künstlers Friedensreich Hundertwasser eröffnet. Die Ausstellung zieht in vier Monaten 105 000 Besucher an.

22. März: Der in Darmstadt geborene Schauspieler Karlheinz Böhm bekommt für sein Engagement in der von ihm gegründeten Hilfsaktion „Menschen für Menschen" die Silberne Verdienstplakette der Stadt Darmstadt im Rahmen einer Benefizveranstaltung im Kleinen Haus des Staatstheaters verliehen.

6. April: Der erste Niederflur-Triebwagen des Typs ST 13 der HEAG geht nach Griesheim auf Jungfernfahrt. 30 Niederflurwagen des Typs SB 9 sind bereits seit 1994/95 in Betrieb.

28. Mai: Im Literaturhaus (Kennedy-Haus) in der Kasinostaße wird die Luise-Büchner-Bibliothek des Darmstädter Frauenrings festlich eröffnet.

24. Juni: Das Jagdmuseum im Jagdschloss Kranichstein wird nach abgeschlossener Sanierung des Gebäudes wiedereröffnet.

7. September: Der 1,5 Kilometer lange Nordabschnitt der Arheilger B 3-Umgehung wird für den Verkehr freigegeben. Die erste Teilstrecke stellt eine Verbindung zwischen der Egelsbacher Autobahn und dem Anschluss Weiterstadt her.

27. September: In seinem ersten Bundestagswahlkampf gewinnt der DGB-Kreisvorsitzende Walter Hoffmann den traditionellen Darmstädter SPD-Wahlkreis 143 zurück, den Eike Ebert vier Jahre zuvor überraschend an Andreas Storm von der CDU verloren hatte.

17. Oktober: Die österreichische Schriftstellerin Elfriede Jelinek wird von der Akademie für Sprache und Dichtung „für die vielstimmige Kühnheit ihres erzählerischen und dramatischen Werks" mit dem Georg-Büchner-Preis ausgezeichnet.

Am 25. Oktober schenkt das Land Hessen der Stadt Darmstadt das von Georg Moller, Ludwig Schwanthaler und Johann Baptist Scholl d. J. gestaltete Ludwigsmonument auf dem Luisenplatz. Das Ludwigsmonument – von den Darmstädtern der Lange Lui genannt – ist Großherzog Ludewig I. gewidmet, der in seiner vierzigjährigen Regierungszeit die Wirtschaft, die Wissenschaft und die Künste förderte und dem Land 1820 eine Verfassung gab. Drei Tage, so heißt es in der Chronik, haben die Darmstädter vor 154 Jahren die Denkmalseinweihung gefeiert – unter dem Jubel des Volkes, Glockengeläut und 101 Kanonenschüssen wurde das Monument am 25. August 1844 feierlich enthüllt. Mit der Übergabe an die Stadt Darmstadt im Jahre 1998 ist der Lange Ludwig nun endlich Heiner.

Enthüllung des Straßenschilds „Wissenschaftsstadt Darmstadt" am 4. März in der Rheinstraße durch Oberbürgermeister Peter Benz und den hessischen Innenminister Gerhard Bökel. Bereits 1997 war der Titel an die Stadt verliehen worden, die von B wie Biologische Versuchsanstalt bis Z wie Zentrum für Graphische Datenverarbeitung über 30 wissenschaftliche Einrichtungen verfügt

Am 25. Oktober wird der „Lange Ludwig" vom Land Hessen an die Stadt Darmstadt übergeben

Luise-Büchner-Bibliothek zieht ins Literaturhaus

Die nach der Frauenrechtlerin Luise Büchner (1821–1877) benannte Spezialbibliothek für Frauengeschichte und Frauenfragen zieht 1998 in das Literaturhaus, dessen Räumlichkeiten die Stadt Darmstadt zur Verfügung stellt. Die Büchersammlung war zunächst im Keller des Liebighauses, später innerhalb der deutsch-amerikanischen Bibliothek im John-F.-Kennedy-Haus untergebracht. Danach wurde die Bibliothek 15 Jahre vom Frauenring in Hamburg betreut.

Die Ende der 1960er Jahre von Mitgliedern des Darmstädter Frauenrings begründete Sammlung, die unter anderem Biografien bedeutender Frauen, klassische Werke zur Frauenemanzipation sowie die Werke Darmstädter Autorinnen enthält, umfasst mittlerweile über 4000 zum Teil antiquarische Bände.

Luise-Karte-Haus im Elisabethenstift eröffnet

Am 19. November wird auf dem Gelände des Elisabethenstifts die neue geriatrische Abteilung mit Klinik- und Pflegeeinrichtungen eröffnet. In dem nach der Diakonissin Schwester Luise Karte benannten, rund 30 Millionen DM teuren Gebäude an der Erbacher Straße ist eine bislang einmalige Einrichtung zur medizinischen Versorgung und Betreuung alter Menschen geschaffen worden. Die Kombination von Krankenhaus und Pflegeheim, Psychiatrie und Physiotherapie erlaubt ein abgestuftes integriertes Versorgungssystem, das darauf abzielt, die Selbstständigkeit alter Menschen so lange wie möglich zu erhalten.

Letzte Bauarbeiten vor der Eröffnung der neuen geriatrischen Abteilung des Elisabethenstifts

Erstes Fahrrad-Parkhaus

Im ehemaligen Verteilersteg der DB-Gepäckannahme des Hauptbahnhofs wird am 26. November das erste Fahrrad-Parkhaus seiner Art in Deutschland eingeweiht und verhindert so das Schicksal des Poststegs, der zuvor abgerissen wurde.
Bereits 1991 keimte die Idee, Fahrradpendlern eine ordentliche Abstellmöglichkeit am Hauptbahnhof anzubieten. Wie Autofahrer ziehen die Radler einen Parkschein am Automaten ohne ihr Gefährt zu verlassen und gelangen nach dem Abstellen des Rads direkt vom Parkhaus über Treppen zu den Bahnsteigen.
Der nahe gelegene Fahrradladen „Baisikl" übernimmt die Überwachung des Parkhauses per Monitor sowie auf Wunsch einen Service rund ums Rad vom Aufpumpen bis zum Verleih und den Verkauf der Dauerkarten, die zu einem günstigen Tarif zu erstehen sind.

Fahrrad-Parkhaus

Seit Mai bereichert eine von Cornelia Müller entworfene Stahlskulptur die Rosenhöhe, gedacht als Bühne für Konzerte und Regendach für Parkbesucher

Schlossgrabenfest

Nach dem Knoblauch- und Altstadtfest bekommt das Heinerfest mit dem Schlossgrabenfest ein weiteres Innenstadtereignis an die Seite gestellt. Das mit zwei Bühnen vorwiegend auf Friedens- und Karolinenplatz stattfindende dreitägige und eintrittsfreie Musikfest mit einer „kulinarischen Weltreise" übertrifft trotz des feuchten Wetters zum Auftakt mit über 40 000 Besuchern alle Erwartungen. Fünfzig Bands aus der Region spielen für einen guten Zweck, denn der Erlös aus den Standgebühren kommt einer ambulanten Erziehungshilfe zugute. Außer einigen Lärmbeschwerden geht das Fest ohne größere Zwischenfälle über die Bühne und soll in den folgenden Jahren noch größer und schöner wiederholt werden.

Wartehalle Eberstadt, seit 7. Juni als Geschäftszentrum eröffnet

Centenarium auf der Mathildenhöhe

Die Freiluftausstellung zum hundertjährigen Bestehen der Künstlerkolonie unter dem Motto „Intervention" wird mit dem Ziel eröffnet, einen Kunstdialog der heutigen Kunst mit dem Jugendstil zu beginnen, der mit seinen Reformbewegungen und Ideen immer wieder zum Diskurs herausforderte. Parallel zur Ausstellung über die ersten sieben Gründungsmitglieder der Künstlerkolonie zeigen auch dieses Mal sieben Künstler ihre Werke. Neben den Ausstellungsbeiträgen gibt es als Besonderheit eine „sehr disparate Klanginstallation", die für die 100-tägige Dauer der Ausstellung in der Warteschleife der städtischen Telefonanlage zu hören ist. Eine weitere Attraktion gibt es mit der „Centenarium-Aktionsbühne" im Luisencenter, wo Performances zum „Fest des Lebens und der Kunst" zu sehen sind.

Centralstation, eine ehemalige HEAG-Maschinenhalle wird Kulturzentrum

1999

WAS SONST NOCH GESCHAH

18. Januar: Günter Strack, 1929 in Darmstadt geboren, stirbt in Münchsteinach an Herzversagen. Er war in Darmstadt durch Theaterrollen wie die des Gunderlochs im „Fröhlichen Weinberg" und überregional durch Fernsehserien wie „Die Zwei" und „Die Drombuschs" bekannt.

31. Januar: Entscheidung im zweiten Wahlgang der Oberbürgermeisterwahl: Peter Benz setzt sich gegen seinen Herausforderer der CDU, Wolfgang Gehrke, durch.

5. März: Gründung des größten Verbundunternehmens zur Stromversorgung im deutschsprachigen Raum mit Darmstadt, Mainz, Wiesbaden und Offenbach unter dem Namen „Ennex".

25. März: Einweihung der ehemaligen Maschinenhalle der HEAG als Veranstaltungsort unter dem Namen „Centralstation" für Konzerte, Kino, Kinderveranstaltungen und Ausstellungen.

26. März: Veranstaltung der bislang wohl größten Netzwerkparty mit rund 630 Internet-Spielern aus Deutschland, Schweden, England, Österreich und der Schweiz durch den Internetverein „Dark Breed" in einer alten Fabrikhalle der Firma Schenck in Arheilgen.

17. April: Hochzeitsfeier des Außenministers Joschka Fischer mit Nicola Leske im Jagdschloss Kranichstein, dessen Waffensammlung an den Wänden zugehängt wird, damit an diesem Tag nichts an den Kosovo-Krieg erinnert.

9. September: Am 9. 9. 99 wollen rund fünfmal soviel Paare heiraten wie an normalen Tagen.

20. Oktober: Eine Explosion bei dem Chemie- und Pharmahersteller Merck verursacht Schäden in Millionenhöhe. Rund 150 Feuerwehrleute sind drei Stunden im Einsatz.

24. Oktober: Eröffnung der „Art Nouveau"-Ausstellung auf der Mathildenhöhe mit Toulouse-Lautrecs berühmter Lithographie „Moulin Rouge".

1. November: Zusammenlegung der beiden Sendestudios des Lokalsenders „Radar", vorher in der Bismarckstraße und in der Hindenburgstraße, nun am Steubenplatz 12.

2000 Hundertwasserhaus

WAS SONST NOCH GESCHAH

27. Januar: Beim live übertragenen „Stadtgespräch" des hessischen Rundfunks in der Orangerie geht es um den „Parteispenden-Sumpf" und darum, wie man die Spendenpraxis der politischen Parteien besser kontrollieren kann.

14. Februar: Eine junge Frau wird mit ihrem Auto beim Überqueren der Heidelberger Straße an der Rennbahn von einer Straßenbahn erfasst und kommt ums Leben. Sie ist das dritte Unfallopfer an dieser Stelle innerhalb von vier Jahren. Der Gleisübergang wird daraufhin geschlossen.

1. März: Die Fachhochschule Dieburg, früher Telekom FH, wird Teil der Fachhochschule Darmstadt.

21. März: Die Renaturierung des Saubachs ist abgeschlossen. Der Bach fließt jetzt über ein neu gestaltetes Biotop-Gelände an der Lichtenbergschule zur Bessunger Kiesgrube.

25. April: Der DGB sagt die Maikundgebung ab, nachdem das „Internationale 1. Mai Bündnis" die rot-grüne Bundesregierung, das Bündnis für Arbeit und den DGB angegriffen hat.

6. Mai: Ein Feuer in der früheren Mensa der TU an der Lichtwiese richtet einen Millionenschaden an.

28. Mai: Petra Wassiluk vom ASC Darmstadt wird in Troisdorf Deutsche Meisterin über 10 000 Meter.

30. Juni: Endgültige Schließung des Eisenbahn-Ausbesserungswerks, der „Knell", an der Frankfurter Straße.

9. Juli: Triathlet Lothar Leder gewinnt in Roth den Iron Man Europe.

9. August: Ein zweimotoriges Geschäftsflugzeug stürzt über dem August-Euler-Flugplatz ab. Die drei Insassen kommen ums Leben. Der Pilot hatte wegen technischer Probleme eine Notlandung versucht.

1. September: Die neue Sperrverordnung tritt in Kraft. Straßenprostitution ist nur noch in der Kirschenallee erlaubt.

28. November: In der Alsfelder Straße wird bei Kanalarbeiten eine Fünfzentnerbombe aus dem Zweiten Weltkrieg gefunden und entschärft.

Am 15. September wird eine neue Darmstädter Sehenswürdigkeit, das von dem österreichischen Künstler Friedensreich Hundertwasser entworfene Wohnhaus im Bürgerparkviertel, eingeweiht. Gut zwei Jahre haben die Arbeiten an dem vom Bauverein errichteten Miethaus mit 105 Wohnungen zwischen 47 und 160 Quadratmetern Größe gedauert, bei dem praktisch kein Bauteil „von der Stange" stammt. Alle Fenster, Treppen, Säulen usw. sind Maßanfertigungen. Das ansteigende, zum Teil begehbare Dach ist mit Bäumen und Sträuchern bepflanzt und gibt dem Haus den Namen „Waldspirale". Der Künstler selbst kann die Fertigstellung seines letzten Werkes nicht mehr erleben, er ist am 19. Februar des Jahres plötzlich gestorben.

Die von Friedensreich Hundertwasser entworfene Waldspirale

Tödliche Attacke auf Autofahrer

Von einer Fußgängerbrücke an der Karlsruher Straße werfen zunächst unbekannte Täter am Abend des 27. Februar große Steine auf vorbeifahrende Autos. Insgesamt sechs Autos werden dabei getroffen, zwei Frauen kommen ums Leben, mehrere Personen werden zum Teil schwer verletzt. Als Täter werden am nächsten Tag drei amerikanische Schüler im Alter von 14–18 Jahren festgenommen, die in der angrenzenden Lincoln-Siedlung wohnen. Das Verbrechen löst in Darmstadt Trauer und Bestürzung aus. Die Fußgängerbrücke wird gesperrt. Am 1. Dezember beginnt vor dem Landgericht Darmstadt der Prozess gegen die drei Steinewerfer, die am 22. Dezember zu Haftstrafen von sieben, acht und achteinhalb Jahren Jugendhaft verurteilt werden.

Jubiläum des Polen-Instituts

Aus Anlass des 20-jährigen Bestehens des Polen-Instituts kommen Bundespräsident Johannes Rau und der polnische Staatspräsident Aleksander Kwasniewski am 25. März auf Einladung des Präsidenten des Instituts, Hans Koschnick, nach Darmstadt. Beim Festakt im Staatstheater erhält Koschniks Vorgänger, Ex-Bundeskanzler Helmut Schmidt, die Silberne Verdienstplakette der Stadt Darmstadt.

Großbrand

Ein vermutlich durch Brandstiftung verursachtes Feuer im Toom-Markt an der Unteren Rheinstraße in der Nacht vom 22. zum 23. März vernichtet Waren im Millionenwert

Eröffnung des Cinemaxx-Kinos am 10. Februar mit acht Kinosälen für bis zu 1874 Besucher gegenüber dem Hauptbahnhof

Ehemalige Zwangsarbeiter besuchen Darmstadt

Fernand Durvieux, 76 Jahre alter ehemaliger belgischer Zwangsarbeiter in der Kokerei des städtischen Gaswerks, wird bei einem Empfang der Stadt Darmstadt in der Gaststätte Bockshaut am 4. Dezember geehrt. Die Stadtverordnetenversammlung hat am 30. März beschlossen, 10 000 DM als Entschädigung jedem ehemaligen Zwangsarbeiter zukommen zu lassen, der während des Zweiten Weltkriegs in städtischen Diensten stand. Insgesamt konnte das Stadtarchiv 173 ehemalige Zwangsarbeiter ermitteln, die in den Stadtwerken, beim Tiefbauamt, Stadtgärtnerei, Stadtkrankenhaus, Stadtgut Gehaborn, Fuhr- und Reinigungsamt u. a. städtischen Dienststellen Zwangsarbeit geleistet haben. Insgesamt waren während des Zweiten Weltkriegs in Darmstadt etwa 20 000 Zwangsarbeiter eingesetzt. Im Juni 2001 sind weitere ehemalige Zwangsarbeiter aus der Ukraine, aus den Niederlanden und aus Frankreich in Darmstadt zu Besuch.

Fernand Durvieux, früherer Zwangsarbeiter, wird am 4. Dezember vom belgischen Generalkonsul begrüßt; dazwischen OB Peter Benz

Kumulieren und Panaschieren

Aus der Kommunalwahl am 18. März gehen die Darmstädter als zweifacher Hessenmeister hervor: landesweit spricht keine Kommune besser auf das neue Wahlverfahren vom „Kumulieren und Panaschieren" („Häufeln und Aufteilen") an, und nirgendwo anders gehen prozentual mehr Einwohner zur Wahlurne. Unter dem erstmals gültigen neuen Wahlrecht können neben ganzen Listen auch Kandidaten verschiedener Parteien unterschiedlich gewichtet werden. In Darmstadt nutzen 60 Prozent der Wähler diese kreative Wahlmöglichkeit, weitaus mehr als in allen anderen hessischen Städten. Die Wahlbeteiligung ist niedrig, aber mit 49,8 Prozent ebenfalls die höchste aller hessischen Städte. Über einen ersten Platz freut sich auch die rot-grüne Koalition: mit einem Sitz behauptet sie knapp ihre Mehrheit im Stadtparlament

Frau Stefanie Müller vom Wahlamt zeigt zum Beginn des Briefwahlverfahrens am 19. Februar erstmals den umfangreichen Wahlzettel für die Kommunalwahl

Stadtkämmerin Diekmann geht unter im Strudel der Abwasserproblematik

Die Übertragung der Abwasserklärung auf das städtische Unternehmen HSE ruft eine IG Abwasser auf den Plan, die mit der HSE über die Rechtmäßigkeit und Richtigkeit ihrer Gebühren streitet. Als ein Verwaltungsgerichtsurteil den Beschwerdeführern am 29. März Recht gibt und die Berechnungsart der HSE für nicht rechtmäßig erklärt, muss die Stadt ihre Gebühren neu kalkulieren und mit einem kostspieligen Rückzahlungsverfahren rechnen. Da Stadtkämmerin Diekmann dies für den geeigneten Zeitpunkt hält, um öffentlich über höhere Abwasserkosten zu spekulieren, wird sie am 7. August von OB Peter Benz ins Sozialdezernat versetzt und dessen seitheriger Leiter Gerd Grünewaldt zum neuen Kämmerer ernannt.

Beabsichtigter Verkauf der Knell bringt Stadtplanung in Schwung

Die Räumung des Bundesbahnausbesserungswerks („Die Knell") durch die Deutsche Bahn AG und der in Aussicht gestellte Verkauf des Geländes an die Stadt Darmstadt gibt Anlass zu stadtplanerischen Großprojekten, die OB Peter Benz am 2. März auf einem Expertenkolloquium über die Zukunft der Knell vorstellt. Im Kern der Planungen steht eine „Rochade" zwischen der HEAG und dem Landkreis: Der städtische Servicekonzern baut neu auf der Knell und verkauft seine bisherige Kranichsteiner Zentrale als Verwaltungssitz an den Landkreis. Auch die Müllabfuhr und den Messplatz möchte die Stadt auf die Knell verlegen und den bisherigen Messplatz zum Wohngebiet umwidmen. Voraussetzung ist allerdings, dass die Bahn AG die Knell zu einem akzeptablen Preis abgibt.

Architekt Chalabi, OB Peter Benz und TU-Präsident Wörner präsentieren am 12. Juni das überarbeitete Modell für das Kongresszentrum „Darmstadtium"

Im Neuen Rathaus liegt seit 13. September eine Kondolenzliste für die Opfer des Terroranschlages vom 11. September in New York aus. In Anwesenheit der US-Standortkommandantin Halima Tiffany, die selbst Angehörige im World-Trade-Center verloren hat, trägt sich OB Peter Benz als Erster in das Buch ein

Vier Wochen nach seiner tatsächlichen Inbetriebnahme, am 12. Oktober, wird das Parkhaus am Hauptbahnhof auch offiziell eröffnet. Vorhanden sind 410 Park+Ride-Plätze, auf dem Dach ein Solarkraftwerk der HEAG-Tochter „Natur pur"

2001

WAS SONST NOCH GESCHAH

21. Februar: Die Firma Olitzsch, Spezialgeschäft für gehobene Haushaltswaren, schließt nach 92 Jahren ihr Haus am Markt.

23. Februar: Um die zunehmende Ausländerfeindlichkeit anzuprangern, lesen einhundert Bücherfreunde in der Centralstation 24 Stunden lang aus ihren Lieblingstexten vor. Unter den Vortragenden ist auch PEN-Präsident Said.

9. März: Nach neun Monaten Bauzeit ist das neue Krematorium am Waldfriedhof fertig.

3. April: Auch das Vivarium reagiert auf die in Deutschland grassierende Maul- und Klauenseuche. Besucher müssen ab heute über Desinfektionsmatten gehen.

17. Mai: Eine 0:1-Heimniederlage im Derby gegen Kickers Offenbach beendet die Träume des SV Darmstadt 98 von einem Aufstieg in die 2. Fußballbundesliga.

7. Juni: Der Unterbezirksparteitag der SPD wählt Wolfgang Glenz zum neuen Vorsitzenden.

31. Juli: Bürgermeister Horst Knechtel setzt offiziell den Eberstädter Rathausbrunnen in Gang.

1. August: Baubeginn für die Straßenbahntrasse nach Kranichstein. Sie soll bereits Ende 2003 in Betrieb sein.

14. August: Wegen Planungsfehlern verlässt der Bauverein das Konsortium für ein Einkaufszentrum im Fina-Block und renoviert stattdessen seine Wohnungen an der Luisenstraße.

11. Oktober: Markus Trapp (32) aus Bessungen und Christoph Schuke (51) aus Frankfurt machen im Trauungszimmer des Hochzeitsturms als Erste in Darmstadt von dem seit 1. August 2001 gültigen Recht der Eingetragenen Lebenspartnerschaft für gleichgeschlechtliche Paare Gebrauch.

19. Dezember: Das Stuttgarter Architektenbüro Knoche und Kannegießer wird als Sieger im Wettbewerb für den Neubau der Bauingenieurfakultät auf der Lichtwiese bekannt gegeben. Der Neubau macht Platz für das Kongresszentrum am Schlossgraben.

2002 Bahnhof erstrahlt in neuem Glanz

WAS SONST NOCH GESCHAH

19. Februar: Mit Minna Wosk stirbt die letzte Jüdin der Darmstädter Vorkriegsgemeinde. Sie hatte als einzige ihrer Familie den Holocaust überlebt und war 1946 nach Darmstadt zurückgekehrt.

11. März: Die Darmstädter Kriminalpolizei meldet nach mehr als fünf Jahren die Aufklärung des Mordfalls Sebastian Musial. Ein 42 Jahre alter Berliner wird mittels Genanalyse überführt; er war zum Tatzeitpunkt Freigänger der Justizvollzugsanstalt Eberstadt.

28. April: Im Hessischen Landesmuseum beginnt die bis 27. Oktober dauernde Ausstellung „Die Wüste".

Mai: Mit den ersten Vorarbeiten wird die Sanierung des Staatstheaters eingeleitet, die im Sommer 2006 abgeschlossen sein soll. Das Land Hessen und die Stadt Darmstadt tragen die voraussichtlichen Kosten von 69 Millionen Euro.

10. Juni: Der Stadtteil Bessungen feiert seine Ersterwähnung im Jahre 1002.

1. August: Das erste Haus des neu erschlossenen so genannten Edelsteinviertels an der Erbacher Straße wird seinem neuen Eigentümer übergeben.

16. August: 750 Jahre Burg Frankenstein – mit einem Festakt wird der ersten urkundlichen Erwähnung im Jahre 1252 gedacht.

24. August: Der Weiße Turm geht für die symbolische Summe von einem Euro vom Land Hessen in den Besitz der Stadt Darmstadt über.

26. Oktober: Im Staatstheater wird der Schriftsteller Wolfgang Hilbig mit dem Georg-Büchner-Preis ausgezeichnet.

26. November: Wegen des Darmstädter Finanzierungsvorbehalts erhält Bad Nauheim den Zuschlag für die Landesgartenschau 2010.

30. November: Der Intercity-Express „T" wird auf den Namen „Darmstadt" getauft. Für den am so genannten Fürstenbahnsteig stattfindenden Festakt hat der in Darmstadt lebende Komponist Cord Meijering eine ICE-Fanfare komponiert.

Am 21. Januar wird der Darmstädter Hauptbahnhof nach seiner kompletten Sanierung von Hessens Verkehrsministers Dieter Posch neu eingeweiht. Die aufwändigen Erneuerungs- und Umbauarbeiten waren 1998 aufgenommen worden. Zu den Baumaßnahmen gehörten der Neubau des Reisezentrums, die Neugestaltung der Bahnsteige, die Erneuerung der Treppen und Aufzüge sowie die Sanierung der Bahnhofshalle und der Fassade. 24 Millionen Euro kostete die drei Jahre dauernde Erneuerung des zwischen 1910 und 1912 von Friedrich Pützer erbauten Bahnhofs. Die Darmstädter freuen sich über die neue Visitenkarte der Stadt und auch über die Rückkehr des einst von Darmstädter Lehrlingen des Eisenbahnausbesserungswerkes gebauten Modells der Dampflok 01. Doch schon am 24. Januar folgt die Ernüchterung. Die Bahn AG beantragt das Raumordnungsverfahren für die ICE-Strecke Frankfurt–Mannheim, das eine um Darmstadt herumführende Streckenführung vorsieht – ohne Halt im zweitgrößten Bahnhof Hessens, der von bis zu 30 000 Reisenden täglich genutzt wird.

„Ecclesia quae est in Beczingon sita"

Kaiser Heinrich II. schenkte am 10. Juni des Jahres 1002 dem Bischof Burchard von Worms den Reichsforst Forehahi, den Föhrenwald, der sich rechts des Rheins über das Ried bis zum Neckar erstreckte. Bei der Beschreibung der Forstgrenze wird in der Überlassungsurkunde eine Kirche genannt, die in einem Ort namens Beczingon gelegen ist („Ecclesia quae est in Beczingon sita").
Die erste urkundliche Erwähnung des Darmstädter Stadtteils Bessungen ist nicht nur für die Bessunger ein Grund zum Feiern. Das Bessunger Jubiläum wird von zahlreichen Veranstaltungen begleitet. Neben Konzerten, Vorträgen und Führungen werden unter anderem Ausstellungen und verschiedene Sportveranstaltungen geboten. Der Festgottesdienst in der Petruskirche und der Festakt in der Orangerie am 10. Juni bilden mit einem viertägigen Bibel-Lesemarathon, an dem 200 Darmstädter Bürger teilnehmen, den Höhepunkt der Jubiläumsfeierlichkeiten.

Der Hauptbahnhof erstrahlt nach seiner Sanierung in neuem Glanz

Nach elf Jahren Planung beginnt am 15. April der Bau des Herrngarten-Cafés. Am 23. August wird es mit einer vorläufigen Gastronomiekonzession provisorisch als Biergarten in Betrieb genommen. Die offizielle Eröffnung folgt am 6. Juni 2003

Das ehemals düstere Luisencenter hat durch den Umbau eine wesentlich freundlichere Fassade erhalten. Mit einem dreitägigen Fest wird ab 12. September der Abschluss des 26 Millionen Euro teuren Umbaus des Luisencenters gefeiert

„Was lange währt…"

Bereits 1968 war die Straßenbahnstrecke nach Kranichstein in der Diskussion, 1993 war sie ein Projekt der ersten rot-grünen Koalition. Kaum waren die Vorplanungen beendet, regte sich Widerstand, die Bahn sei zu teuer, zu laut und zerschneide den Stadtteil. Der Oberbürgermeister unterschreibt den Auftrag für das Planungsbüro nicht. Eine Wiedergeburt des Plans erlebt die Trasse mit der Neu-Auflage der rot-grünen Koalition 1997, der im Jahr 1998 zu einem Planfeststellungsverfahren führt. Fünf Jahre später wird die vier Kilometer lange Strecke tatsächlich mit dem „Feurigen Elias" feierlich eingeweiht. Von nun an gestatten es die Linien 4 und 5, tagsüber im Siebeneinhalb-Minuten-Takt vom Kranichsteiner Bahnhof in 21 Minuten zum Darmstädter Hauptbahnhof, in 35 Minuten sogar bis nach Griesheim zu gelangen. Während jahrzehntelang Straßenbahnen still gelegt und durch Busse ersetzt wurden, erleben sie in Darmstadt eine Renaissance.

Fertigstellung eines runderneuerten „Officetowers" aus dem 1968 errichtetem Menglerhochhaus im Frühsommer mit südafrikanischem Granit, Glas und Aluminium als markanter Eckpfeiler an der Kreuzung Rheinstraße/Kasinostraße

Europaplatz mit Bahngalerie

„Neue Bühne Darmstadt"

Premiere für Molières „Der eingebildete Kranke" am 13. Dezember, mit dem die 1989 gegründete freie Theatergruppe „Neue Bühne Darmstadt" ihr erstes eigenes Haus in den früheren Casino-Lichtspielen in Arheilgen bezieht.

Taufe eines „Flüchtlings"

Das erstmals 1994 in Wixhausen entdeckte, künstlich erzeugte und sehr flüchtige Element 110 wird am 2. Dezember auf Vorschlag der Gesellschaft für Schwerionenforschung (GSI) auf den Namen „Darmstadtium" getauft. Als Taufpaten stehen der GSI-Geschäftsführer Walter Hennig, Bundesforschungsministerin Edelgard Bulmahn und OB Peter Benz bereit. Auch Schüler der Georg-Büchner-Schule wohnen diesem Ereignis bei. Die Tanz-Arbeitsgemeinschaft komponierte eigens zu diesem Anlass eine Musik, um die Verschmelzung von Blei- und Nickel-Atomkernen anschaulich zu machen. Eine solche Verschmelzung gelingt sehr selten und ist wegen seiner Flüchtigkeit nur mit hochsensiblen Geräten feststellbar. Es ist das 7. Element, das nach einer Stadt benannt wurde, aber zum Zeitpunkt seiner Taufe längst nicht mehr das schwerste Element, dessen „Geburt" der GSI zu weltweitem Ansehen verhalf.

Madonna auf Wanderschaft

„Wie ein hessischer Löwe" habe Darmstadts Oberbürgermeister Benz sich dafür eingesetzt, die Darmstädter Madonna von Hans Holbein für seine Stadt zu erhalten. Mit einem Kompromiss endet der Streit um ihren Aufenthaltsort, nachdem die Erben des Hauses Hessen-Darmstadt angekündigt hatten, dieses Gemälde zu verkaufen. Die Holbein-Madonna, die um 1525/26 in Basel entstand, sich seit 1852 im Besitz der Großherzoglich-Hessischen Familie befindet und seit 1924 im Schlossmuseum Darmstadt ausgestellt war, war während des Krieges glücklicherweise ausgelagert, so dass sie ihn unbeschadet überstand. Bereits 1947 bis 1958 wurde das Gemälde an das Baseler Kunstmuseum verliehen, was im Gegenzug Darmstädter Kindern, den so genannten „Madonnenkindern", Ferien in der Schweiz ermöglichte. Nun soll es zunächst in das Frankfurter Städel umziehen, jedoch zurückkehren, sobald Umbau und Renovierung des Hessischen Landesmuseums abgeschlossen sind. Bis dahin wird die Madonna auch Portland/Oregon und ihrer Heimatstadt Basel einen Besuch abgestattet haben.

Fund von Resten der Liberalen Synagoge in der Bleichstraße am 2. Oktober, die vorerst die bauliche Erweiterung des Klinikums stoppen. Sie sollen später als sichtbare Erinnerungsstätte in dem neuen Gebäude integriert werden.

2003

WAS SONST NOCH GESCHAH

Januar: Das spanische Logrono wird die 15. Schwesterstadt und, wie auch andere Schwesterstädte, Namensgeberin für einen Triebwagen der Straßenbahn.

14. Januar: Der Darmstädter Maler Bruno Erdmann stirbt im Alter von 87 Jahren.

18. März: Die Übernahmeentscheidung des Darmstädter Haarkosmetikkonzerns Wella durch den US-Konzern Procter & Gamble für 6,5 Milliarden Euro wird veröffentlicht.

Mai: Auszeichnung der Architekten Peter Karlé und Ramona Buxbaum für den Umbau des Ledigenwohnheims und Neufert-Meisterbaus mit der Joseph-Maria-Olbrich-Plakette.

15. Juni: Volker Kriegel, aus Darmstadt stammender Jazzgitarrist und Cartoonist, stirbt im Alter von 59 Jahren.

26. Juni: Oberbürgermeister Peter Benz weiht im Westen des Hauptbahnhofes am Eingang zum Querbahnsteig und zur Bahngalerie den neuen Europaplatz ein.

10. Juli: Neueröffnung des Wella-Museums zur Kulturgeschichte der Schönheitspflege, nachdem es zehn Jahre geschlossen war.

12. Juli: Elton John spielt im Rahmen der Residenzfestspiele im Stadion am Böllenfalltor vor rund 10 000 statt der erhofften 12 000 Besucher.

31. August: Einweihung eines neuen Kindergartens auf dem Gelände der Wixhäuser Kirchengemeinde dank des Engagements der in Wixhausen ansässigen Gesellschaft für Schwerionenforschung.

5. Oktober: Austragung des Bundesentscheids im deutschen „Poetry Slam" in Frankfurt und Darmstadt. Sieger wird Sebastian Krämer.

13. November: Auszeichnung des Forschungsteams Kazuaki Tarumi, Melanie Klasen-Memmer und Matthias Bremer durch Bundespräsident Johannes Rau mit dem auf 250 000 Euro dotierten Deutschen Zukunftspreis. Ihre Forschung ermöglicht großformatige Fernsehbildschirme auf Flüssigkristallbasis.

2004 — „Grundsteinlegung" für Jagdzeughaus

WAS SONST NOCH GESCHAH

23. Januar: Das Raumfahrtkontrollzentrum ESOC zeigt die ersten Bilder von der Mars-Oberfläche, die im Rahmen der europäischen Planetenmission „Mars-Express" gemacht wurden.

10. Februar: Am vor allem nach Schulschluss stark frequentierten Willy-Brandt-Platz wird eine Elfjährige von einem Bus überrollt und schwer an den Beinen verletzt. Die Stadt reagiert zur Entschärfung solcher Gefahren mit baulichen Korrekturen.

24. März: OB Peter Benz ordnet nach der Zerstörung einer Hoetger-Plastik eine Bewachung der Mathildenhöhe an.

23. April: „Seveso II", die neue europäische Umweltrichtlinie verbietet den neuen Messplatz auf der „Knell" wegen der Nähe zum Pharmakonzern Merck und einer möglichen Gefährdung bei Störfällen.

3. Mai: „Anna" („alles, nur nicht aufgeben") heißt das im April gestartete Projekt der Abteilung für Psychosomatik und Psychotherapie der Darmstädter Kinderkliniken Prinzessin Margaret. Mit Hilfe der Claudia-Ebert-Stiftung und der Stiftung Deutsche Bank wird ein Krisentelefon geschaltet.

16. Mai: Drei Lichtenbergschüler werden Bundessieger beim Wettbewerb „Jugend forscht". Sie haben herausgefunden, welche Zahlen die höchste Gewinnquote erzielen.

2. Juni: Das „Cybernarium" eröffnet seine Dauerausstellung auf dem Gelände der Telekom am Kavalleriesand nach dreieinhalbjähriger Planung.

12. Juni: Anlässlich der Feier zum 125-jährigen Bestehen wird der Stadtbibliothek der Hessische Bibliothekspreis für ihr innovatives Konzept verliehen.

21. Juli: Darmstadt ist einer Studie der Baseler Prognos AG zufolge nach München die Stadt mit der höchsten Zukunftsfähigkeit.

7. November: Zum Gedenken an die im Zweiten Weltkrieg von Darmstadt aus deportierten Juden, Sinti und Roma wird am Güterbahnhof ein Mahnmal eingeweiht, das „Denkzeichen Güterbahnhof".

Nachdem die Sanierung bereits ein halbes Jahr zuvor begonnen hat, treffen sich am 19. Mai etwa 50 Vertreter von Stadt Darmstadt, Land Hessen, Stiftung Hessischer Jägerhof und anderen Institutionen, um einen Sanierungs-Grundstein in die Mauer des im 17. und 18. Jahrhundert in mehreren Bauphasen entstandenen Jagdzeughauses beim Jagdschloss Kranichstein einzumauern. Jagdschloss und Zeughaus gelten als eine in Hessen einmalige Anlage. Nach Abschluss der Sanierung soll das Zeughaus, das einst zur Unterbringung von Pferden, Jagdutensilien und zeitweise auch Soldaten diente, ein Artenschutzmuseum beherbergen, das mit einer entsprechenden didaktischen Aufbereitung auch Schulklassen zugute kommen soll. Außerdem sind Tagungsräume, eine jagdkundliche Bibliothek und ein Archiv vorgesehen.

Jagdzeughaus in Kranichstein

Prettlacksches Gartenhaus

Einst weit außerhalb der Stadt 1711 als Lusthaus des Generalleutnants Johann Rudolf von Prettlack erbaut, liegt es heute, als Teil des Prinz-Georgs-Gartens, nahezu mitten in der Stadt und soll auch heute der Freude und Muße dienen: als erstes öffentliches Lesezimmer Deutschlands. Nach einer aufwändigen Restaurierung ist die „Beletage" mit ihren Bücherregalen den Besuchern ab dem Sommer während der Gartenöffnungszeiten zugänglich. Das erste öffentliche Lesezimmer gilt als Experiment, ohne Gebühren und Leihfristen, lediglich an den verantwortungsvollen Umgang der Leser appellierend, die die Bücher sowohl vor Ort, im Garten als auch zu Hause lesen können.

Das Haus nach der Sanierung

Das im Bau befindliche neue Justizzentrum am Mathildenplatz, dahinter die Materialprüfungsanstalt. Am 3. September wird Richtfest gefeiert. Es wird mit 55 Millionen Euro vermutlich rund 25 Millionen Euro billiger als geplant

Interessante Funde in der größten Baugrube Darmstadts

Die Baustelle für das Wissenschafts- und Kongresszentrum am Schlossgraben, Ecke Alexanderstraße erweist sich beinahe täglich als Fundgrube von Zeugnissen aus dem alten Darmstadt. Unmittelbar neben dem erhaltenen Stadtmauerrest aus dem 14. Jahrhundert wird im Oktober ein Teil eines Verteidigungstunnels gefunden, der unter dem Zwinger, dem Raum zwischen innerer und äußerer Stadtmauer, verlief. Im November findet man Reste eines Mauerwerks, das man zunächst für einen Brunnen aus jüngerer Zeit hält. Im Dezember stellt sich heraus, dass es sich um Teile eines Wehrturms der äußeren Stadtmauer handelt, da die Mauerreste Schießscharten aufweisen. Während man den Wehrtunnel wieder zuschüttet, werden Überlegungen angestellt, wie und zu welchem Preis der Turmrest in den Neubau des Kongresszentrums integriert werden kann.

Reste der inneren und äußeren Mauer am Schlossgraben, zum Teil 2004 aufgedeckt

Der Löw' ist los in Darmstadt

Ein spezieller Mix aus Kunst- und Werbeaktion soll nach dem Willen der Stadtmarketinggesellschaft Pro Regio und ihres Leiters Michael Blechschmitt seit dem 10. September für die Darmstädter Geschäftswelt werben. In der Innenstadt werden 35 gleichförmige Löwenfiguren aus glasfaserverstärktem Polyester aufgestellt, für die Einzelhandelsfirmen die Patenschaft übernehmen. Jeder der Löwen erhält eine individuelle künstlerische Ausgestaltung durch bildende Künstler oder Kinder. Ab Montag, dem 11. September, werden sie für jeweils ein halbes Jahr vor den Läden ihrer Paten wachen. Mit ähnlichen Aktionen waren bereits die Städte Berlin und Zürich vorangegangen. Dass man den Job des Werbeträgers in Darmstadt ausgerechnet einem Löwen anvertraut, geht auf die heraldische Verwendung des Tieres im Stadtwappen und in zahlreichen öffentlichen Denkmälern zurück. Eine auswärtige Passantin kommentiert trocken: „Kinder tätscheln die Dinger, Erwachsene fallen eher drüber!"

Löwenfigur, mit der sich das Juweliergeschäft Techel an der im September von Pro Regio gestarteten Werbeaktion „Löwenstarkes Darmstadt" beteiligt

Baubeginn für Kongresszentrum „Darmstadtium"

Am 22. April wird am Schlossgraben der Grundstein für das neue Darmstädter Kongresszentrum „Darmstadtium" gelegt und am nächsten Tag begeht man dort mit einem Volksfest den „Tag der offenen Baustelle". Der Neubau des Architekten Tarik Chalabi aus Wien umfasst eine Nutzfläche von 18 000 Quadratmetern und enthält einen Kongresssaal für 1500 Besucher, der sich in drei einzeln nutzbare Säle unterteilen lässt. Eine Tiefgarage mit 420 Stellplätzen wird unter der Alexanderstraße mit der Karolinenplatzgarage verbunden und vom geplanten Karolinenhotel mitgenutzt. Als Eröffnungstermin des Darmstadtiums ist der 6. Oktober 2007 vorgesehen, eine erste Veranstaltung soll bereits für den 6. Dezember 2007 gebucht sein.

Erstes Bambushaus Deutschlands

Mit der Anlieferung von Strohballen beginnt am 15. Juli auf dem Grundstück Heidelberger Straße 25 der Bau des ersten Bambushauses in Deutschland. Das nach Feng-Shui-Prinzipien errichtete Gebäude entsteht als Verwaltung der Autoservice-Firma ARSD. Bauherr des eigenwilligen Architekturprojektes ist der Investor Henry Nold, der bereits im Oktober 2004 mit der Komplettsanierung des benachbarten Hochhauses als Studentenwohnheim Aufmerksamkeit erregte. Der Entwurf des kleeblattförmigen und vollständig aus Naturstoffen bestehenden Hauses stammt von dem Büro Shakti-Architektur in Mossautal, hinter dem sich die ehemaligen Studenten der TU Darmstadt, Susanne Körner und Tilman Schäberle, verbergen.

„Darmstädter Frieden"

Oberbürgermeister Walter Hoffmann aus Darmstadt und Bürgermeister Peter Rohrbach aus Weiterstadt begraben am 30. August am Ortschild Mainzer Straße symbolisch das Kriegsbeil. Beide Kommunen hatten sich nach der Gemeindereform von 1977 mehrmals vor dem Verwaltungsgericht getroffen. Anlässe waren der Ausbau der Darmstädter Weststadt und die Ansiedlung von Großmärkten in Weiterstadt.

OB-Direktwahl

Aus der OB-Direktwahl am 9. März geht CDU-Kandidat Wolfgang Gehrke zunächst als Sieger hervor (34,8 %), verliert aber die notwendige Nachwahl am 23. März gegen Walter Hoffmann von der SPD, weil die Grünen eine Wahlempfehlung für Hoffmann aussprechen.

Nachtansicht des vom Darmstädter Architekturbüro Rittmannsperger und Partner geplanten und wohl bis 2007 fertiggestellten Karolinenhotels zwischen Haus der Geschichte und Universitätsverwaltung

2005

WAS SONST NOCH GESCHAH

3. Januar: Die Darmstädterin Gudrun Kraft schildert dem DE, wie sie an Weihnachten 2004 im Wagen des Altbundeskanzlers Kohl der Tsunami-Katastrophe in Sri Lanka entkommen kann.

21. Mai: Premiere von Carlo Goldonis „Trilogie der Sommerfrische" im Staatstheater. Über 200 Einwohner stiften ihre abgelegten Urlaubskoffer für das Bühnenbild.

1. Juni: Bundeskanzler Gerhard Schröder kommt anlässlich des 30-jährigen Jubiläums der Raumfahrtagentur ESA zu einer Stippvisite ins Kontrollzentrum der ESOC.

17. Juni: Festakt zum 675-jährigen Stadtjubiläum im Staatstheater. Die Veranstaltung wird vom 23. Juli vorgezogen, weil der scheidende OB Benz dann nicht mehr im Amt wäre.

16. Juli: Das 1957 eröffnete FINA-Parkhaus schließt. Es macht Platz für das Einkaufszentrum „Boulevard" des Investors Peter Kolb, dessen Bau im Oktober beginnt.

23. Juli: Abschwimmen im Zentralbad. Nach Teilabriss und Umbau entsteht an seiner Stelle bis Ende 2007 die Wellness-Oase „Jugenstilbad Darmstadt".

17. September: Einweihung der restaurierten und im Inneren künstlerisch völlig neu gestalteten Ludwigskirche.

5. Oktober: Im Landesmuseum startet die Ausstellung über den Keltenfürsten vom Glauberg. Die endgültige Aufstellung der Funde ist noch strittig zwischen Bad Nauheim und dem 2006 beginnenden Neubau des Landesmuseums.

14. Oktober: Stadtrat Klaus Feuchtinger erteilt den hochfliegenden städtischen Plänen für die Knell einen Dämpfer. Weder der EAD noch die HSE wollen dorthin umziehen.

18. Oktober: Einweihung des Instituts für Bauingenieurwesen auf der Lichtwiese.

5. November: Die Schriftstellerin Brigitte Kronauer erhält den Büchner-Preis.

Weitere Bücher aus dem Wartberg Verlag für Ihre Region

Bundesweit im Buchhandel!

Das ganz **persönliche Geschenk**
Die Jahrgangsbände
1929–1966

... für Frank zum 40. Geburtstag,
... für Lisa, meine beste Freundin aus der ersten Klasse,
... für Tante Marie, die so gerne jung war,
... für den Kollegen Kalle zum Dienstjubiläum
... und: für mich.

je Band nur 12,90 Euro

Erinnern Sie sich an die ersten 18 Lebensjahre – an Ihre **Kindheit und Jugend!**

Tolle Fotos und Geschichten mitten aus dem Alltag, geschrieben von Autoren aus Ihrem Jahrgang, lassen eigene Erinnerungen lebendig werden.

www.**kindheit**und**jugend**.de
www.**jahrgangsbaende**.de

Wartberg Verlag GmbH & Co. KG
Bücher für Deutschlands Städte und Regionen

34281 Gudensberg-Gleichen, Im Wiesental 1 · Telefon (05603) 93050 · Fax (05603) 3083 · www.wartberg-verlag.de